国家社会科学基金重大项目（20ZDA069）
国家社会科学基金重点项目（15AZD002）　**资助**
国家自然科学基金面上项目（71573088）

中国技术进步系列丛书

技术进步方向
及其跨国传递效应

JISHU JINBU FANGXIANG
JIQI KUAGUO CHUANDI XIAOYING

王林辉　董直庆　等　著

中国财经出版传媒集团
经济科学出版社
Economic Science Press
·北京·

图书在版编目（CIP）数据

技术进步方向及其跨国传递效应/王林辉等著. --
北京：经济科学出版社，2023.8
（中国技术进步系列丛书）
ISBN 978-7-5218-5120-5

Ⅰ.①技… Ⅱ.①王… Ⅲ.①技术进步-研究-中国
Ⅳ.①F124.3

中国国家版本馆 CIP 数据核字（2023）第 173326 号

责任编辑：杜　鹏　常家凤
责任校对：李　建
责任印制：邱　天

技术进步方向及其跨国传递效应

王林辉　董直庆　等　著

经济科学出版社出版、发行　新华书店经销

社址：北京市海淀区阜成路甲 28 号　邮编：100142

编辑部电话：010-88191441　发行部电话：010-88191522

网址：www.esp.com.cn

电子邮箱：esp_bj@163.com

天猫网店：经济科学出版社旗舰店

网址：http://jjkxcbs.tmall.com

固安华明印业有限公司印装

710×1000　16 开　12.5 印张　200000 字

2023 年 8 月第 1 版　2023 年 8 月第 1 次印刷

ISBN 978-7-5218-5120-5　定价：98.00 元

前　言

　　技术进步方向衡量技术进步对要素边际产出的相对影响，若技术进步更有利于提升某一要素的边际产出，则称技术进步朝该要素方向发展或偏向于这一要素，这体现在两要素构成的等产量曲线上，反映要素投入比不变时技术进步引致等产量曲线的切线发生偏转现象。当前，世界技术创新国和技术出口国主要为发达国家，其技术往往耦合创新国要素禀赋，表现出资本和技能密集型特征。中国借助技术引进和自主创新方式实现技术升级，耦合发达国家要素禀赋特征的技术引进，可能会诱发技术进步朝偏向于资本方向演进。诚然，技术进步往往以设备等资本品为载体，由于技术进步外部性，意味着技术进步偏向属性也可能伴随国外商品和技术贸易实现空间传递。已有研究涉足技术进步方向的空间扩散问题，但大多局限于一国范围内，关于技术进步方向是否表现出跨国传递特征，相关研究尤显匮乏。通常要素和技术会耦合式发展，即技术引进国的要素丰裕度和要素结构，也会引发技术进步偏向性转变，现有研究往往忽视其路径转换和跨国传递机制。本书着眼于要素和技术动态耦合条件下后发国家的技术追赶路径、技术进步偏向性的形成机理和跨国传递机制，从而为中国制造业技术升级路径选择提供理论依据。

　　本书可能的创新之处如下。第一，将技术进步分成渐进式技术与蛙跳式两类，将人力资本分类重构质量阶梯模型，考察不同约束条件下技能和技术耦合对后发国家技术追赶的可能影响；结合经济时序数据模拟后发国家在技能和技术既定约束下实现技术赶超的均衡条件，以及在异质性技术与人力资本耦合环境中的技术追赶过程与技术赶超时间。第二，创新性地从异质性行业角度出发，构建行业差异化的技术创新方向模型，数理推演技术创新方向对异质性行业及整体技术追赶的动态作用，结合中美数据模拟其动态变化特征；建立蕴含于新增机器中的物化型技术与人力资本耦合模型，探究人力资本与物化形态技术的耦合效应对后发国家技术追赶的作用，以及不同技术创新方向对后发国家技术追赶周期的影响。第三，构建技术进步偏向性跨国传递模型，分析蕴含创新国要素禀赋的技术偏向属性随着技术引进如何传递到引进国，数值模拟在不同技术演进过程中，自主研发和技术引进部门的技术进步方向和偏向强度的变化趋势，探讨技术进步偏向性在不同国家间的传递机制；引入技术进步适配性，考察在不同技术进步差距及技术适配条件下，技术进步偏向性跨国传递路径的动态变化过程。第四，基于 2014 年之前中国技术进步更多呈现出资本偏向的逆要素禀赋特征，故利用中国 1985～2014 年数据从跨国传递视角，解释中国技术进步资本偏向成因，剖析不同技术载体如外商直接投资（FDI）、商品进口和设备引进都可能是技术进步偏向性跨国传递渠道的作用。采用标准化系统法和似不相关模型测算技术进步偏向性，结合面板分位数回归模型，检验 FDI、商品进口、设备引进等与技术进步偏向性的关系，分析不同技术溢出形式对技术进步偏向性跨国传递的作用效应及技术进步方向的演化路径。

本书由王林辉教授领导的团队成员共同参与完成，参与本书写作和校对润色的有董直庆教授、杨博助理研究员、胡晟明讲师、王辉讲师、焦翠红副教授、江雪萍硕士研究生、袁礼副教授、王璐博士研究生、陈琦博士研究生、冯彤博士生、张潇博士生。本书每一部分内容都包含了团队成员的贡献，其中王林辉教授负责全书所有章节研究内容的构思、写作和框架安排。相关的章节写作具体分工如下：第一章，王林辉教授、董直庆教授、王璐博士生、张潇博士生；第二章，董直庆教授、胡晟明讲师、王林辉教授；第三章，王林辉教授、王辉讲师、董直庆教授、袁礼副教授；第四章，董直庆教授、焦翠红副教授、王林辉教授；第五章，王林辉教授、杨博助理研究员、冯彤博士生；第六章，王林辉教授、杨博助理研究员；第七章，王林辉教授、江雪萍硕士研究生、杨博助理研究员；第八章，王林辉教授、王璐博士生、陈琦博士生。

笔者

2023 年 10 月

目　录

第一章

文献综述

第一节 技术追赶路径的相关文献

当前，世界经济不确定性不断增大，贸易保护主义思想抬头，世界各国愈发重视技术进步在经济发展中的作用。中国经济步入新常态以来，中美贸易摩擦频繁发生。在发达国家封锁高端技术的背景下，中国需要明确技术创新方向，精准评估技术追赶周期并实现技术赶超，在关键核心技术领域取得突破性进展。

改革开放以来，伴随着中国经济的高速增长，研发投入规模也稳步提升，并迅速跻身世界高研发投入国家行列。以研究与开发（R&D）经费投入为例，2013 年中国 R&D 经费投入总量首次跃居世界第二，占美国研发投入总量的40%；2020 年 R&D 经费投入总量达到 24 393.1 亿元，约占美国投入总量的54%。然而，研发投入大幅增长并未同等提升中国技术创新实力。如果以发明专利授权增长率表征创新效率，2000 ~ 2014 年中国创新效率甚至出现持续下滑态势（孙早和许薛璐，2017）。另外，2018 ~ 2019 年"全球百强创新机构"榜单中，中国内地仅有华为、比亚迪和小米三家企业上榜，上榜企业数量仅为美国的1/11。事实显示，中国企业的自主创新能力尤其是硬核技术依旧薄弱，技术创新效率不高，诸多高新技术领域仍缺乏关键核心技术，距离世界技术前沿尚有一定距离（冯根福等，2006；吴延兵，2008；张海洋和史晋川，2011）。单纯通过增加研发投入，可能无法有效提高中国创新质量。

后发国家创新方式的选择对于提升技术创新效率与实现技术赶超尤为关键（Sawada，2010；傅晓霞和吴利学，2013；余泳泽和张先轸，2015）。凯勒（Keller，2004）指出，技术引进在后发国家的技术创新过程中扮演着重要角色，可以通过技术溢出效应提升引进国的技术水平。问题是，伴随着后发国家的技术进步和技术追赶，发达国家高端核心技术封锁现象更加明显，仅仅依赖技术引进已无法实现关键核心技术的突破。2016年5月，国务院发布《国家创新驱动发展战略纲要》，提出通过创新驱动战略推进自主创新能力的提升。然而一个关键的问题是，不同行业由于要素禀赋和行业发展水平的差异，技术水平与前沿技术的距离也不相同。不同技术差距的行业如何选择适宜的技术创新方向，如何实现技术赶超成为亟须解决的核心问题。

关于后发国家技术追赶路径，比较优势理论认为，后发国家经济发展起步较晚，在制度层面和研发人才储备等方面与发达国家存在较大差距，后发国家应该根据自身的要素禀赋条件选择技术创新模式，尤其是利用技术后发优势采用引进模仿的创新方式，能够有效规避自主创新的不确定风险，通过技术更新实现技术追赶（林毅夫和张鹏飞，2005；Keller and Yeaple，2009）。刘小鲁（2011）发现，技术引进能够通过技术外溢效应促进中国创新能力提升。豪威特（Howitt，2000）和阿西莫格鲁等（Acemoglu et al.，2006）将技术扩散引入新增长模型中，考察发达国家和发展中国家的技术互动机理，认为技术引进对发展中国家的技术进步具有重要作用，因为通过技术引进与模仿可以使后发国家学习到前沿技术，当模仿创新经过一定时间的累积后，技术模仿国也可能会出现技术蛙跳，转而成为下一代技术的创新者和领导者（Mukoyama，2003）。当然，并非所有的技术引进都能对引进国技术进步产生积极影响，相关研究表明，后发国家引进的前沿技术能否有效发挥溢出效应，取决于后发国家的技术吸收能力（Fracasso et al.，2014）。

随着后发国家与发达国家技术差距的不断缩小，通过引进实现技术升级会更加困难。后发国家想成功赶超甚至成为新的领导者，只有依靠自主创新才能实现技术的根本性突破。洛斯和蒂默（Los and Timmer，2005）认为，各国劳动生产率存在明显差异，模仿与吸收发达国家的前沿技术，是一个缓慢且具较高成本的过程，因而通过技术溢出效应实现增长趋同的可能性较小。企业只有发挥自主创新能力，通过核心关键技术突破才可能成为新型技术的领导者。特别是在工业化发展的中后期，由于技术复杂性和学习成本的上升，与模仿创新相比，自主创新提升全要素生产率的空间更大，美国、德国、法国等发达国家的技术经济史已充分证实，只有通过自主创新才能实现技术赶超（孙早和宋炜，2013）。在中国经济转型升级过程中，不乏通过模仿创新而在国际市场中占据一席之地的企业或行业（Wu et al.，2010），但也有诸多企业陷入"引进—落后—再引进—再落后"的怪圈，出现低端技术锁定的局面（吕一博等，2017）。黄先海和宋学印（2017）依据技术维度，将后发国家划分为远离前沿和准前沿经济体，发现竞争导向型技术追赶模式有利于准前沿经济体的技术追赶，但却可能导致远离前沿的经济体陷入低水平技术竞争境地。

适宜性技术进步理论认为，后发国家技术变迁路径并非一成不变，某一时期依靠技术引进，但当技术积累到一定阶段时则以自主创新为主。技术引进和自主创新并非独立，两者可能互为补充呈耦合式发展。在不同的经济发展阶段，不同条件下甚至可能会交替主导技术创新方式（李小平，2007）。后发国家与先发国家的技术差距大小，是后发国家技术创新模式选择的重要依据。当后发国家技术离前沿水平较远时，适宜选择以技术引进为主的创新模式；当后发国家技术水平与先发国家差距较小时，适合选择以自主研发为主的创新模式（Benhabib et al.，2014；König et al.，2016；欧阳峣和汤凌霄，2017）。巴苏和威尔（Basu and Weil，1998）及卡塞利和科尔曼（Caselli and Coleman，

2006）则认为，技术引进效率取决于引进的前沿技术与本国的技术差距，技术差距过大或过小都不利于技术效率提升。只有两国技术差距适度，才能使技术引进效率最优，但对于不同类型和不同要素密集度的行业，最优技术引进效率的合意技术差距不同（王林辉和张伊依，2016）。余泳泽和张先轸（2015）利用"北方创新—南方模仿"的分析范式，从理论上分析创新模式的选择问题，认为地区创新模式的选择依赖于地区经济发展阶段、要素禀赋水平和制度环境等条件。陈凤仙和王琛伟（2015）认为，不同阶段自主创新和引进模仿创新分别扮演不同角色，利用中国省际面板数据检验两者对专利产出的贡献，发现在低收入组，模仿创新对创新能力的提升贡献更大。此外，产权制度、研发政策和产业政策等对后发国家技术引进效率也存在影响（Mahmood and Rufin，2005；Vandenbussche et al.，2006；Ha et al.，2009；Okawa，2010；黄先海等，2016）。

就我们研究所及，文献研究的特点主要有三：一是已认识到技术进步路径对技术追赶是重要的，并对不同技术创新方式进行了系统性探讨，关注后发国家模仿创新和自主创新在技术追赶过程中的作用，但未定量考察技术创新方向如何影响技术追赶，缺乏对不同技术创新方向下技术追赶的动态特征系统性描述的，以及后发国家技术与要素的匹配在技术追赶过程可能扮演的重要角色。二是虽然近代部分后发国家已成功实现技术赶超，但更多的发展中国家技术进步缓慢，出现技术停滞甚至落入低技术均衡陷阱。为什么不同后发国家会出现差异化技术追赶后果？后发国家在何种条件下才能实现技术追赶？自主创新在破除均衡技术差距过程中发挥多大贡献？既有文献关于这些问题缺乏系统性的分析与评价。三是前沿文献已开始关注技术追赶的周期问题（Acemoglu and Cao，2015），但技术创新方向与技术追赶周期的理论研究尚处初始阶段，目前尚无文献结合后发国家经济数据，真实模拟不同情境中的技术追赶周期及其变化特征。

第二节　技术进步方向的相关文献

希克斯（Hicks，1932）首次回答了诱致性技术创新的动力问题，引入要素替代弹性将不同类型技术进步相联系，认为要素替代弹性控制要素相对供给及技术创新对要素收入份额的影响方向。其中，依据技术进步对资本和劳动边际生产率的影响，将技术创新分成三种类型：劳动节约型技术创新（技术创新更有利于提高资本的边际产出）、资本节约型技术创新（技术创新更倾向于提高劳动的边际产出）和中性技术创新（技术创新对要素边际产出的影响无差异）。通常，要素价格决定技术进步类型，要素相对价格的变化将诱使技术创新朝节约昂贵要素方向发展。最终市场会出现哪一类型的技术创新，既取决于要素相对价格，也受制于要素相对替代关系。索尔特（Salter，1960）认为，如果生产要素按照边际生产率支付报酬，那么要素价格就无贵贱之分，只有创新可能性前沿才能决定技术选择（Kennedy，1964），而劳动的稀缺性更易于刺激劳动增进型技术创新，使经济处于稳态均衡（Habakkuk，1962）。

以哈巴谷（Habakkuk，1962）、阿迈德（Ahmad，1966）和大卫（David，1965）等为代表的诱致性技术创新理论，开始关注要素价格与技术创新的关系，回答经济体内为什么能够产生某一类型的技术创新（Acemoglu，2003）。德兰达基斯和菲尔普斯（Drandakis and Phelps，1965）首次系统阐述了技术进步的决定因素及要素价格与技术进步的关系。尼尔森和菲尔普斯（Nelson and Phelps，1966）认为，人力资本对新技术的采用是重要的，技术创新和新技术引进需要更多的技能劳动，人力资本越丰裕的经济体，将使用更前沿的技术且技术效率也会更高。阿特金森和斯蒂格利茨（Atkinson and Stiglitz，1969）认为，技术进步无法同比例提高所有要素的生产率，技术创新通常是局部有效的，即技术创新只能提升特定资本—劳动比的生产率，而并非所有技术，这种现象在"干中学"过程中更容易自然发生。这暗示资本—劳动比越高，其资本越丰富，"干中学"效应越强，技术进步越偏向于资本。

毫无疑问，"干中学"对技术改进和技术创新是重要的，但现实经济中大量的技术创新却更多来自 R&D 活动（Acemoglu，2014）。阿特金森和斯蒂格利茨（Atkinson and Stiglitz，1969）强调，R&D 活动表面上可能指向所有技术，但一旦付诸实施，其创新结果却仅指向某一类专有技术。阿西莫格鲁（2014）认为，阿特金森和斯蒂格利茨（Atkinson and Stiglitz，1969）的文献是传统中性技术进步与现代有偏型技术进步研究的真正分叉点，已触及经济活动结果会出现哪一类型的技术创新，这类创新会对要素价格和要素收入分配产生什么样的影响。但阿特金森和斯蒂格利茨（Atkinson and Stiglitz，1969）模型的不足也是明显的，特别是缺乏相应的微观基础，没有演绎出对应于特定资本—劳动比的技术创新，其局部有效性是如何发生的，以及技术创新动力源自何处，又如何内生于 R&D 活动（Acemoglu，2014）。之后，由于欧美国家经济增长的稳定性和卡尔多经验事实的普遍性，即在资本—劳动收入占比稳定阶段，技术进步更多表现为劳动增进型和希克斯（Hicks）中性特征，20 世纪 60～90 年代技术进步方向理论几乎处于停滞（Acemoglu，2002a）。直到 20 世纪 90 年代初，各国普遍出现资本投资收益逆转和劳动收入占比下降现象，要素收入分配领域的反常现象，迫使人们重新思考技术进步方向问题（Acemoglu，2003b；Acemoglu，2007），代表性研究有巴苏和威尔（Basu and Weil，1998）、基利（Kiley，1999）、阿西莫格鲁和齐利博蒂（Acemoglu and Zilibotti，2001）、甘西亚（Gancia，2003）、托尼希和蒂埃里（Thoenig and Thierry，2003）、卡塞利和科尔曼（Caselli and Coleman，2006）、杜兰顿（Duranton，2004）、琼斯（Jones，1995）和阿西莫格鲁（Acemoglu，1998，2002，2003，2007，2012，2014）。

如果将当今世界分成南北经济体，北方国家的技能劳动禀赋（H/L）和资本密集度（K/L）更高，R&D 活动和技术创新主要集中于北方，南方国家则更多通过技术引进和技术模仿实现技术升级。巴苏和威尔（Basu and Weil，1998）依据阿特金森和斯蒂格利茨（Atkinson and Stiglitz，1969）技术进步局部有效性的思想，将其模型化，假定技术创新源于"干中学"效应，以资本密集度表征技术水平，认为技术水平与技术创新国家的资本密集度相匹配，对于要素禀赋明显处于劣势的南方国家而言，应用北方技术创新国家的前沿技术往往并不适用。与阿特金森和斯蒂格利茨（Atkinson and Stiglitz，1969）的思想类似，巴苏和威尔（Basu and Weil，1998）模型中的技术创新也主要源于干中学效应，与大量技术创新来自 R&D 活动的现实明显不符。针对在前沿技术创新的过程中人力资本的参与度和重要性越来越高，以及 R&D 活动的普遍性，阿西莫格鲁和齐利博蒂（Acemoglu and Zilibotti，2001）引入 R&D 活动，对比干中学和 R&D 活动的两类技术创新方式，将技术进步建立在人力资本差距而非资本—劳动比上，并将原来一般化的生产要素 Z/L 模型转化为 H/L 模型（将 Z 类要素定义为技能劳动）。假定南方国家无知识产权保护，模型均衡结果显示北方国家的 R&D 活动使技术创新向丰裕度更高的技能劳动方向发展，即技能劳动相对于非技能劳动越丰富，技术进步就越偏向于技能劳动。由于北方国家的前沿技术往往蕴含自身的人力资本禀赋，若将其应用于技能劳动相对稀缺的南方国家，技术和要素禀赋的非匹配易使南方国家技术引进出现低效率，进而技术进步表现出局部有偏性特征。

可以说，巴苏和威尔（1998）、阿西莫格鲁（1998）和基利（Kiley，1999）首次将技术进步方向内生化，运用数理模型考察了技术进步局部有效性形成的微观基础。这类模型的思想明显有别于以罗默（Romer，1990）、格罗斯曼和赫尔普曼（Grossman and Helpman，1991a）和阿洪和豪威特（Aghion and Howitt，1992）为代表的第一代内生技术进步模型——技术创新形成技术垄断后再形成垄断竞争，而是将焦点转向市场能够产生哪类技术创新即技术进步方向问题。不过，阿西莫格鲁（2002a）认为，这些技术进步方向模型没有回答 R&D 活动的主体及技术创新的定价问题，尤其是技术进步方向的形成因缺乏微观基础而饱受争议。为此，阿西莫格鲁（2002a）结合 CES 生产函数构建两要素（Z/L）和两技术（A_Z/A_L）的技术进步方向模型，通过技术创新可能性前沿分析技创新的均衡过程，考察在技术创新利润激励条件下，要素价格效应和市场规模效应如何影响技术进步方向。需求面均衡结果显示，替代弹性、要素丰裕度和要素价格决定技术进步方向，进而表现出价格效应和市场规模效应。而供给面均衡结果显示，技术创新利润决定企业选择何种类型的技术进步。阿西莫格鲁（2003）分析美国 1949～1995 年技能供给和技能溢价的关系，发现虽然大学毕业生的供给持续增加，但学历溢价却没有下降，认为生产要素对技术进步方向的作用存在价格效应和规模效应，技能劳动供给快速增长，将诱发技术进步更加向技能劳动方向发展，即技能劳动供给加速，则技术进步技能偏向程度增加。

阿西莫格鲁 ［1998，2002（a，b），2003（a，b），2007，2012，2014］技术进步方向内生化模型的主要思想可以简要概括为：一国最终产品的生产需要投入 Y_Z 和 Y_L 两类中间品来获取，而中间品 Y_Z 和 Y_L 则通过分别投入数量为 X_Z 的 N_Z 型机器和数量为 X_L 的 N_L 型机器来生产，若机器生产厂商和中间品生产厂商满足最优化条件，均衡时机器数量 X_Z 和 X_L 将可以表征为其价格的函数，最优化价格为一常数（$\psi/1 - \beta$），进而机器数量在均衡模型中消失了，仅剩余机器设备种类（N_Z 和 N_L）来表征技术进步，与要素 Z 和 L 一起生产 Y。从其技术进步方向模型中可以看出，技术进步最初以机器设备种类数和机器数量来表征。在分析市场规模效应时，将中间品分成 N 类，分析中间品不同种类（N_Z/N_L）和不同数量（X_Z/X_L）对技术创新方向的影响，重点考察的是种类扩大型技术进步的作用，也就是说，这类模型将同类新旧投资品以相同单位表征，没有重视新旧投资品质量存在的差异，也就无法深入考察产品质量变化对技术进步方向的影响。

此外，前沿技术进步方向模型假定要素供给外生，未重视技术进步方向变化引发要素报酬变化而内生影响要素供给（邓明，2014）。董直庆等（2014）引入个体的高等教育选择，将技能劳动供给内生化，演绎技术、技能和教育耦合机制，结合中国数据模拟不同技术进步路径下，技术进步方向、劳动供给和技能溢价的演变规律，发现个体会根据劳动力市场信息和自身能力，决定是否接受高等教育。其临界值受制于个体对未来工资和劳动时间的预期，而劳动供给和劳动技能则受技术水平的影响。当技能劳动和非技能劳动供给不变时，中性技术进步将同比例地提高技能和非技能劳动的工资，但对两者的工资比无影响，表现出无偏性特征。而技能偏向型技术进步对劳动工资比存在直接影响，通过提高技能劳动相对于非技能劳动的工资引致技能溢价，其作用强度取决于自身的水平和替代弹性。当技能劳动和非技能劳动供给内生可变时，中性和技能偏向型技术进步都会对教育选择和技能劳动供给产生影响。偏向型技术进步有助于提高技能劳动工资，使个体选择高等教育。而中性技术则同时提升技能与非技能劳动的报酬，使个体在收入提高后，更愿意接受高等教育。因此，无论是中性还是偏向型技术进步，都会通过影响技能劳动报酬方式内生地改变社会技能劳动供给的数量。维奥兰特（Violante，2008）发现，技能需求和技能报酬保持与人力资本和技术进步同步增长趋势，资本、技术和技能互补性越高，则技能和设备越易替代非技能劳动，技能劳动需求越大且报酬越高，技术和技能劳动会相互强化。莫里斯和韦斯顿（Morris and Western，1999）发现，正是技术进步大发展使异质性劳动生产率变化引致劳动报酬非均等化。尤其是 20 世纪 90 年代后软件机器设备业投资迅猛增长和物化型技术进步大发展，高技能劳动者市场需求更大且收益更高，技术进步技能偏向性日趋强化（Violante，2008；Acemoglu，2007）。

伴随技术进步方向理论的发展，一国技术进步方向和偏向强度日益受到经验研究的重视。在资本与劳动层面，大卫和克伦德特（David and Klundert，1965）利用 CES 生产函数估计美国的技术进步方向，发现美国技术进步有利于资本边际产出且总体上偏向于资本。布兰查德（Blanchard，1997）发现，宏观经济总量产出满足有偏性 CES 生产技术，但克伦普等（Klump et al.，2007，2008）指出，如果直接应用 CES 生产函数估计要素替代弹性及要素增进型技术进步，结论往往并不稳健，而引入供给面的标准化系统法以及更具弹性的生产函数进行估计，结果将更稳健，要素替代弹性估计的显著性也会得到提升。克伦普等（Klump et al.，2007）结合三方程估计法（NSSA）测算美国 1953 ~ 1998 年的替代弹性，发现资本和劳动替代弹性小于 1，美国技术进步在该时期总体上偏向于资本。克伦普等（Klump et al.，2008）利用标准化系统法，估计了欧元区 1970 ~ 2005 年资本与劳动的替代弹性后，发现欧元区技术进步也偏向于资本，这在芬兰和日本等国家也得到充分验证（Sato and Morrita，2009）。

戴天仕和徐现祥（2010）利用类似思路估算了我国 1978 ~ 2005 年资本与劳动的替代弹性约为 0.736，发现我国技术进步在 1979 ~ 1982 年偏向于劳动，而在 1983 ~ 2005 年总体偏向于资本。黄先海和徐圣（2009）从一般函数出发推导出要素份额、劳动边际产出和劳动弹性的作用关系模型，结果发现，我国技术进步整体偏向于资本。董直庆等（2010）首先检验我国生产函数形态，再依据要素替代弹性值估计不变和时变要素替代弹性下我国技术进步偏向性水平，发现相对于中性技术的柯布—道格拉斯（Cobb Douglas，C-D）生产函数，有偏型不变替代弹性（Constant Elasticity of Substitution，CES）生产函数、可变替代弹性（Variable Elasticity of Substitution，VES）生产函数更适合描述经济产出，要素替代弹性处于（0.5，0.7）间，我国技术进步正朝偏向于资本的方向发展。类似地，邓明（2014）利用标准化系统法估算了 1990 ~ 2010 年我国省际层面的技术进步方向，发现多数发达地区技术进步呈现资本偏向特征。王林辉等（2017）测算出美国制造业技术进步偏向性，在 20 世纪 90 年代到 2008 年金融危机发生之前，资本偏向特征明显。中国劳动要素丰裕，发展劳动偏向型技术符合要素禀赋条件，但改革开放后技术进步表现出从劳动向资本偏向的转变，且资本偏向趋势增强。戴天仕和徐现祥（2010）使用 CES 生产函数设定技术进步方向指数来定量测度技术进步偏向性，发现改革开放初期技术进步偏向于劳动，1983 年开始偏向资本且偏向程度越来越大。

综合而言，国内文献更多停留在技术进步偏向性问题本身，通过技术进步偏向性模型构建技术进步方向指数，考察技术进步偏向性的变化趋势，及其对要素结构和要素收入分配格局的影响。并未重视技术进步偏向性是否存在路径依赖？技术进步偏向性变化的决定因素是什么？在什么条件下技术进步偏向性会发生路径转换？后发国家技术引进后偏向性是否以及如何发生传递？哪些因素影响技术进步偏向性的跨国传递？这些问题经验研究均未给予解释。

第三节　技术进步方向的路径依赖与跨国
传递效应的相关文献

技术进步往往更易朝丰裕要素方向发展，如果要素和技术能够相互强化，这是否会使技术进步方向出现路径依赖？或者说，如果假定技术进步具有路径依赖性，由于发达国家资本和技能劳动密集度高，是否意味着资本偏向型和技能偏向型技术进步总由发达国家所研发，而发展中国家仅研发劳动偏向型技术？依据阿西莫格鲁（2002a）的供给面技术创新模型，这完全是可能的。一般而言，若某一要素越丰裕或市场供给越多，技术进步将朝更多使用该丰裕要素的方向发展。技术进步越偏向，要素报酬越高，则越激励市场增加该要素的供给，进而使技术进步方向越强，这种正向反馈机制使丰裕要素供给和技术进步方向相互强化。

然而，现实经济表明，事实并非如此简单。因为客观条件变化，要素丰裕度会随之改变，技术进步方向将出现变化。汉隆（Hanlon，2015）考察外在条件变化如何影响要素供给和要素价格，进而改变技术进步方向。对比存在技术进步方向转变的印度棉市场与无技术进步方向转变的巴西和埃及棉市场，发现在技术进步强偏向性作用下，虽然印度棉花供给不断增加，但棉花价格反而上升。而在巴西和埃及棉市场，由于棉花供给或棉花丰裕度的提高，市场需求却没有变化，引致棉花价格下降。这表明，要素禀赋条件的变化使技术进步方向发生转变，进而要素相对供给和相对价格也对技术进步方向产生了内生化的响应。

一般地，技术进步方向的路径依赖程度越弱，其路径转换的可能性越大。通常技术进步是企业有目的性研发投资决策的结果，若以水平型（种类扩大型）和垂直型（质量提升型）技术创新产品表征技术进步，格罗斯曼和赫尔普曼（Grossman and Helpman，1991）以及甘西亚和齐利博蒂（Gancia and Zilibotti，2005）引入种类扩张型技术创新构建领导者—跟随者模型，假定南北经济系统中南方国家劳动力相对富足，北方国家则拥有丰裕的人力资本，即以北方创新—南方模仿的方式生产产品，企业通过 R&D 活动提高投入品质量，发现一国知识产权保护制度对技术创新利润保护程度不同，将会加速或抑制技术应用的速度，进而改变技术进步方向。然而，这类模型并未区分企业在位者和进入者身份对技术创新的影响，企业身份对破坏性创新和生产率增长都是重要的（熊比特，1942）。阿西莫格鲁（Acemoglu，2010）在模型中引入在位者和新进入者，假定在位者更多投入质量增进型技术，而新进入者却以激进方式研发种类扩大型技术，替代旧技术和在位者，假定仅最前沿技术被使用且技术演进满足泊松过程，通过内生化企业身份与技术创新过程，考察新进入者和在位者研发对生产率的影响，将一国生产率增长分解为在位者和新进入者的贡献，发现在位者的质量增进型技术可以解释大部分生产率增长。新进入者竞争使在位者利润下降，在位者研发投入下降超过新进入者技术贡献时，新进入者贡献与生产率表现出负向关系。巴特尔斯曼和多姆斯（Bartelsman and Doms，2000）以及福斯特等（Foster et al.，2001）实证检验发现，25% 以上的行业 TFP 增长归结于新企业的贡献（Lentz and Mortensen，2008），即约 75% 生产率增长来自在位企业的作用。这表明，新企业进入将使企业研发活动更多转向种类扩大型技术创新，改变原有技术进步路径。不过，阿西莫格鲁（Acemoglu，2010）的在位者和进入者模型考察企业身份对种类扩大或质量提升型技术创新的影响，但并未考虑其对技术进步方向的影响。同一类型要素内部结构的变化也正在影响技术进步方向。邓明（2014）认为，人口年龄结构的变动将导致资本—劳动投入比例的变动，老年人口比重的提高使劳动力变得更为稀缺，通过模型考察劳动变化率如何影响技术进步方向，发现在完全竞争市场下老龄人口抚养比例提高将使技术进步偏向于劳动，老年人口抚养比越高，则技术越偏向于劳动。

　　然而，技术进步方向并非内生于本国自身要素禀赋，在开放经济条件下可能会受到国际贸易和赶超战略等因素的影响（李卓和李智娟，2012）。由于发达国家和发展中国家的要素禀赋具有很大差异，因而技术进步偏向性和强度也大相径庭。一般而言，发达国家技术进步路径更多采取自主创新的形式，而发展中国家技术引进较多（刘小鲁，2011）。巴苏和威尔（Basu and Weil，1998）、阿西莫格鲁（Acemoglu，2002；2003）认为，每种技术都有与之相匹配的要素投入结构，发达国家资本深化程度通常超过发展中国家，因此在研发中会衍生出与经济中较丰裕的资本要素相结合的技术及技术组合，呈现出资本偏向特征。相对于发达国家而言，发展中国家往往劳动要素丰裕，故多使用劳动偏向型技术，而引进发达国家技术后，技术进步方向会发生转变。科等（Coe et al.，1997）认为国际贸易能通过"干中学"效应提高技术落后国家技术水平，也会通过要素市场结构影响技术进步。凯勒（Keller，2000）研究发现中间品贸易引起的技术溢出效应更大，国际贸易不仅能促进发展中国家的技术进步，发达国家之间的国际贸易也会提高其技术水平。杨飞（2014）研究价格效应、竞争效应和规模效应对技术进步技能偏向性的作用，发现进口和出口过程分别通过竞争效应和价格效应影响技术进步技能偏向性，而规模效应发挥的作用相对较小。高格和格林纳韦（Gorg and Greenaway，2004）认为，FDI可以通过示范模仿效应、竞争效应、人员流动和产业关联效应促进技术溢出。董直庆等（2016）认为，贸易自由化引发的市场竞争效应、产品价格竞争效应和市场规模效应，都是引发技术进步偏向性在传递中发生变化的原因；并建立了技术进步方向的跨国传递模型，研究了技术进步偏向性跨国传递的内在机理，认为发展中国家会根据本国要素禀赋结构选择相近的技术或对所引进的技术进行改良，改变技术使用过程中的要素配置结构，使之更适宜本国国情。中国在引进发达国家先进设备的过程中，这种基于发达国家资源禀赋的有偏性技术进步也会随之传递，进而影响中国技术进步方向。

　　此外，一个相关的问题是，技术进步方向若能实现跨国传递，传递后是否会出现弱化现象？阿西莫格鲁、甘西亚和齐利博蒂（Acemoglu，Gancia and Zili-botti，2013）认为，国际贸易对跨国技术进步方向的作用是关键的。南北方国家人力资本禀赋差异明显，尤其是南方国家知识产权保护程度普遍较弱，北方国家如果生产与劳动而非技能互补型技术，南方国家可以迅速地通过模仿提高技术效率，而北方国家却无法通过国际贸易方式在南方获得技术创新收益。这样，国际贸易强化了北方国家技术创新朝技能劳动方向发展。阿西莫格鲁（Acemoglu，2003）依据国际贸易理论认为，技能劳动的世界平均水平相对于发达国家更稀缺，国际贸易将增加北方技能密集型产品的价格，由于发展中国家的知识产权保护较弱，依其要素禀赋发展劳动密集型技术的创新利润不高，只能从北方国家引进技能密集型技术，但技术与其要素并不匹配，降低南方国家技术效率提升。相反，如果南方国家加强知识产权保护，对于北方国家而言进行劳动密集型技术创新也同样有利可图，北方国家将加大对劳动密集型技术研发，再通过国际贸易方式将技术传递到发展中国家获取创新利润，技能密集型和劳动密集型技术将共同研发，技术进步方向可能表现出中性趋势。

上述研究表明，技术进步方向存在跨国传递效应，技术输出国的技术进步方向对技术引进国具有导向作用，但国内外学者对技术进步方向传递研究较少。既有的国内外文献对技术进步方向的研究，大多集中于研究一国范围内技术进步偏向性及地区与行业差异（Thoenig and Verdier，2003；Gancia，2003；Caselli and Coleman，2006），对技术进步偏向性形成和跨国传递效应研究更为匮乏，也未能较好地解释中国技术进步方向呈现的逆要素禀赋特征。

第二章

技术追赶路径：渐进式还是蛙跳式技术创新

改革开放四十余年来，中国经济增长取得了举世瞩目的成就，技术进步发挥着不可替代的作用。据世界银行统计，中美 R&D 支出占 GDP 比重差距不断缩小，科技期刊文章数量迅猛增长且开始赶超欧美，并于 2016 年超越美国。然而，中国技术创新规模扩张同期并未推动质量同步提升，技术竞争力有限，尖端领域技术仍受欧美国家扼制。在大规模研发资本和人力资本投入的同时，技术创新却依旧保持低效率。根据国家统计局数据①，对比中美两国体现创新质量的发明专利申请授权数占专利总数的情况，自 2001 年起美国发明专利授权数比重均保持在 0.7 以上；中国发明专利授权数占比在 1998 ～ 2017 年均小于 0.2，尽管表现出小幅上升趋势，但仍与美国存在明显差距，实用新型专利是中国最为主要的专利形式，在 1998 ～ 2017 年，年均值保持在 0.5 左右。欧美国家科技扼制和技术封锁事件表明，中国技术能否改变现有路径最终实现技术赶超，在于注重科技成果数量的同时，更需将创新质量放在首位。

---

① 根据国家统计局公布的国内外三种专利授权数，计算发明专利授权数占比。

第一节　技术追赶理论模型演绎

技术创新方式在技术追赶过程中作用突出。关于后发国家技术追赶问题，多数研究关注自主研发和技术引进（Barroand Sala-i-Martin，1997；Acemoglu et al.，2006；刘小鲁，2011；傅晓霞和吴利学，2013；孙早和许薛璐，2017）。研究发现，后发国家通过引进先发国家技术和管理经验等，利用后发和成本优势不断缩小与发达国家的差距，可以实现技术超越（Brezis et al.，1993；林毅夫和张鹏飞，2006），但也有可能形成均衡技术差距而落入"技术追赶陷阱"（Acemoglu and Zilibotti，2001）。此外，一些研究将重心放在企业市场进入对在位企业的技术追赶或取代问题上，引入探索性 R&D 与开发性 R&D 将技术分为渐进式创新和激进式创新，考察其对企业市场分布和市场绩效的影响（Acemoglu and Cao，2015；Akcigit and Kerr，2018）。当然，技术差距也会对企业创新行为产生影响，黄先海和宋学印（2017）根据自主创新能力和模仿吸收能力划分研发人员，发现后发国家与先发国家的技术差距对企业雇佣不同类型研究人员的策略转换存在显著影响。

简言之，既有文献关注人力资本和技术进步在技术追赶过程中的作用，但研究或者集中考察单一性质人力资本的作用，忽视人力资本结构变化可能会对技术进步产生影响，或者从创新方式异质性即自主创新和模仿创新方式方面，探究不同技术创新方式对后发国家技术追赶的作用，忽视不同类型或性质技术演进可能引致的后果，尤其缺乏系统分析技能和技术耦合的技术创新效应。诚然，阿西莫格鲁和曹（Acemoglu and Cao，2015）以及阿克斯吉特和克尔（Akcigit and Kerr，2018）考虑到不同的 R&D 活动会产生异质性创新结果，但这类讨论只是限于一国企业之间的技术追赶问题。

基于此，本节将技术进步分成渐进式和蛙跳式两类，结合不同情境技能与技术耦合的中间品质量阶梯模型，讨论技能和技术耦合与对后发国家的技术追赶关系问题。本节可能的边际贡献在于：（1）将技术进步分成渐进式技术和蛙跳式技术两类，结合人力资本结构，重构质量阶梯模型，考察不同约束条件下技能和技术耦合对后发国家技术追赶的可能影响。（2）结合中国经济时序数据，创新性地模拟后发国家在技能和技术既定约束下实现技术赶超的均衡条件，以及异质性技术与人力资本耦合环境中的技术追赶过程与技术赶超时间。

假设 1　在后发国家经济环境中，代表性家庭在 t 时刻提供人力资本总量为 H_t。由于个体受教育程度差异，人力资本分为低技能与高技能两类，比重分别为 $\psi \in (0，1)$ 和 $1 - \psi$。ψ 反映人力资本的技能结构，ψ 越大技能结构越朝向低技能，反之则表示技能结构向高技能转变。低技能人力资本中比例 $\mu \in (0，1)$ 用于最终产品生产和 $1 - \mu$ 投入 R&D 活动，高技能人力资本则全部投入 R&D 活动。μ 可以表征人力资本投入结构，μ 越大表明投入越朝向生产活动，反之则投入结构转向研发。低技能与高技能人力资本的工资分别为 w_{lt} 和 w_{ht}。

假设 2　沿袭阿西莫格鲁等（Acemoglu et al.，2006）的设计思路，将最终产品生产函数设定为带有中间品质量的 Cobb-Douglas 形式如下：

$$Y_t = \frac{1}{1 - \alpha}(\mu\psi H_t)^\alpha \int_0^1 A_{it}^\alpha X_{it}^{1-\alpha} di \qquad (2-1)$$

其中，Y_t 表示最终产品在 t 时刻的产出，X_{it} 表示在最终产品生产过程中使用的第 i 种中间品的数量，A_{it} 表示第 i 种中间品的质量，$\alpha \in (0，1)$ 表示低技能人力资本最终产品产出弹性。假设第 i 种中间品价格为 P_{it}，生产部门根据利润最大化原则选择中间品和低技能人力资本投入如下：

$$\max_{X_{it}，\mu\psi H_t} Y_t - P_{it}X_{it} - w_{lt}\mu\psi H_t$$

将式（2-1）代入并利用一阶条件，可得第 i 种中间品的反需求函数和低技能工资如下：

$$P_{it} = (\mu\psi H_t)^\alpha A_{it}^\alpha X_{it}^{-\alpha} \qquad (2-2)$$

$$w_{lt} = \frac{\alpha}{1 - \alpha}(\mu\psi H_t)^{\alpha-1} \int_0^1 A_{it}^\alpha X_{it}^{1-\alpha} di \qquad (2-3)$$

假设 3 中间品部门 i 垄断第 i 种中间品的生产，结合罗默（Romer，1990）的研究，假定中间品的生产以最终产品作为投入，参照阿西莫格鲁和曹（Acemoglu and Cao，2015），假设中间品生产的边际成本为 $1 - \alpha$。中间品部门根据垄断利润最大化原则，选择第 i 种中间品的最优供给量如下：

$$\max_{X_{it}} P_{it}X_{it} - (1 - \alpha)X_{it}$$

结合式（2-2）和一阶条件，可求第 i 种中间品在最终产品生产中的最优供给量如下：

$$X_{it} = \mu\psi H_t A_{it} \tag{2-4}$$

将式（2-4）代入式（2-2），可得中间品价格为 $P_{it} = 1$。

由中间品部门的垄断利润最大化问题容易知道，中间品部门 i 获得的垄断利润如下：

$$\pi_{it} = \alpha\mu\psi H_t A_{it} \tag{2-5}$$

再将式（2-4）代入式（2-1），令 $A_t \equiv \int_0^1 A_{it}di$，表征后发国家的整体技术水平，从而可以将最终产品产值和低技能人力资本工资表述为最优化形式如下：

$$Y_t = \frac{1}{1 - \alpha}\mu\psi H_t A_t \tag{2-6}$$

$$w_{lt} = \frac{\alpha}{1 - \alpha}A_t \tag{2-7}$$

从式（2-6）可以看出，低技能人力资本投入生产活动比重和丰裕度越高，整体技术水平不断提高，产品产值则越大。从式（2-7）可以看出，伴随低技能人力资本产出弹性增大和整体技术水平的提升，其工资会随之提高。根据式（2-4），将中间品部门的总生产成本表述为最优化形式如下：

$$\bar{X}_t = (1 - \alpha)\mu\psi H_t A_t \tag{2-8}$$

假设 4 后发国家的中间品部门既进行中间品的生产活动，也通过开展 R&D 活动以实现技术创新提高中间品质量。为简化分析，设定渐进式创新为在形状、构造、外观设计等方面对原有机器设备进行简单的、改进性的技术创新，其技术水平提升幅度小。蛙跳式创新为对机器设备的形状、构造等方面提出具有实用性的新技术方案引致技术水平幅度提升较大的创新方式，如晶体管的发明和人类基因图谱的创建等。假设第 i 种中间品在第 t 期发生渐进式创新和蛙跳式创新时，其质量会在原先基础上分别增加 λ_N 和 λ_E 倍，即其技术进步率分别为 λ_N 和 λ_E，且 $\lambda_N < \lambda_E$。若技术创新失败，则第 i 种中间品的质量水平保持不变。将第 i 种中间品技术进步规律表示如下：

$$A_{it+\Delta t} = \begin{cases} (1 + \lambda_N)A_{it}, & 概率\ \gamma_{Nit}\Delta t + o(\Delta t) \\ (1 + \lambda_E)A_{it}, & 概率\ \gamma_{Eit}\Delta t + o(\Delta t) \\ A_{it}, & 概率\ 1 - \gamma_{Nit}\Delta t - \gamma_{Eit}\Delta t - o(\Delta t) \end{cases} \quad (2-9)$$

其中，γ_{Nit} 和 γ_{Eit} 分别表示第 i 种中间品在 t 时刻的渐进式与蛙跳式创新成功率。

由式（2-9）可得第 i 种中间品质量关于时间 t 的增量如下：

$$\dot{A}_{it} = \lim_{\Delta t \to 0} \frac{\mathbb{E}(A_{it+\Delta t}) - A_{it}}{\Delta t} = A_{it}(\lambda_N\gamma_{Nit} + \lambda_E\gamma_{Eit}) \quad (2-10)$$

由式（2-10）可知，若第 i 种中间品质量即中间品部门 i 的技术水平 A_{it} 越高，渐进式创新和蛙跳式创新成功率 γ_{Nit} 和 γ_{Eit} 及技术进步率 λ_N 和 λ_E 越高，那么第 i 种中间品质量增加幅度越大。

假设 5 创新成功率与人力资本投入正相关，并与产品质量提升幅度成反比（Aghion and Howitt，1992；易信等，2015）。渐进式创新成功率主要取决于低技能人力资本投入，而蛙跳式创新成功率则受制于高技能人力资本投入。琼斯（Jones，1995）研究发现，R&D 人员在过去几十年显著增加，却并未显著提高生产效率。为避免规模效应，将中间品部门 i 的人力资本投入转化为其占总人力资本的比重。同时，当期技术水平对渐进式和蛙跳式创新成功率存在正向影响即"巨人肩膀"效应，且先发国家前沿技术或两国技术差距会对创新成功率产生正向溢出效应即"后发优势"。将渐进式创新与蛙跳式创新的研发概率函数设定如下：

$$\gamma_{Nit} = \eta_N \frac{A_t^\delta}{D_t} \left(\frac{H_{lit}}{\lambda_N A_{it} H_t}\right)^\delta ; \gamma_{Eit} = \eta_E \frac{A_t^\delta}{D_t} \left(\frac{H_{hit}}{\lambda_E A_{it} H_t}\right)^\delta \qquad (2-11)$$

其中，η_N、$\eta_E > 0$ 分别表示渐进式和蛙跳式创新效率参数。H_{lit} 和 H_{hit} 分别表示中间品部门 i 在 R&D 活动中投入的低技能和高技能人力资本。$\delta \in (0, 1)$ 为低技能和高技能人力资本的研发弹性。$D_t = A_t / F_t$ 表示后发国家与先发国家之间的技术差距，其中，F_t 是先发国家在 t 时刻的整体技术水平，D_t 增加表明技术差距缩小。

根据式（2-5），为提高中间品生产的垄断利润，中间品部门会通过实施 R&D 活动以谋求技术创新，进而提高中间品质量，则 R&D 活动的研发收益相当于中间品部门垄断生产利润的增量。中间品部门 i 在研发创新过程中的利润最大化问题，等价于在既定的人力资本投入总量约束下，选择人力资本投入通过技术创新方式提高中间品质量，中间品生产利润净增量最大化问题：

$$\max_{H_{lit}, H_{hit}} \dot{\pi}_{it} - w_{lt} H_{lit} - w_{ht} H_{hit}$$

$$\text{s. t.} \int_0^1 H_{lit} di = (1-\mu)\psi H_t ; \int_0^1 H_{hit} di = (1-\psi) H_t$$

通过将式（2-5）对时间 t 求导，代入式（2-10）、式（2-11），可得中间品 i 的垄断利润增量如下：

$$\dot{\pi}_{it} = \alpha\mu\psi H_t^{1-\delta} A_{it}^{1-\delta} A_t^\delta (\eta_N \lambda_N^{1-\delta} H_{lit}^\delta + \eta_E \lambda_E^{1-\delta} H_{hit}^\delta)/D_t + \alpha\mu\psi \dot{H}_t A_{it}$$

将中间品 i 的垄断利润增量 $\dot{\pi}_{it}$ 代入研发利润最大化问题，可得分部门最优研发投入如下：

$$H_{lit} = \frac{A_{it}}{A_t}(1-\mu)\psi H_t ; H_{hit} = \frac{A_{it}}{A_t}(1-\psi) H_t \qquad (2-12)$$

假设6 最终产品去向有二：一是作为中间品生产的投入；二是用于代表性家庭的消费。中间品生产的总成本为 $\bar{X}_t$，并且代表性家庭将取得的工资收入全部用于最终产品消费，则有：

$$Y_t = \bar{X}_t + w_{lt}\psi H_t + w_{ht}(1-\psi) H_t \qquad (2-13)$$

将式（2-6）~式（2-8）代入式（2-13），可得人力资本的投入结构与技能结构满足约束如下：

$$\psi = \frac{\omega}{(2-\alpha)\mu - 1 + \omega} \tag{2-14}$$

其中，ω 为高技能与低技能人力资本工资之比，表示技能溢价。根据式（2-14），为了保证 $\mu \in (0, 1)$，需要假定 $\psi \in \left(\frac{\omega}{1-\alpha+\omega}, 1\right)$。同样，为使 $\psi \in (0, 1)$，需要 $\mu \in \left(\frac{1}{2-\alpha}, 1\right)$。这是源自模型假定只有低技能人力资本投入最终产品的生产活动。假定经济需保持最低限度的增长，低技能人力资本占比与其投入生产活动比重存在下界。

已知 $A_t \equiv \int_0^1 A_{it} di$ 表示后发国家整体技术水平，结合式（2-9）、式（2-11）和式（2-12），可以将后发国家整体技术进步率 g_{At} 表示如下：

$$\begin{aligned} g_{At} &= \lim_{\Delta t \to 0} \frac{1}{A_t \Delta t} \left(\int_0^1 A_{it+\Delta t} di - A_t \right) \\ &= \eta_N \lambda_N^{1-\delta}(1-\mu)^\delta \psi^\delta / D_t + \eta_E \lambda_E^{1-\delta}(1-\psi)^\delta / D_t \end{aligned} \tag{2-15}$$

由式（2-15）可以看出，人力资本结构和异质性技术耦合共同影响技术进步，整体技术进步率可分解为渐进式创新和蛙跳式创新的加权和，将其分别记为渐进式创新和蛙跳式创新贡献 g_{Nt} 和 g_{Et}：

$$g_{Nt} \equiv \eta_N \lambda_N^{1-\delta}(1-\mu)^\delta \psi^\delta / D_t;$$
$$g_{Et} \equiv \eta_E \lambda_E^{1-\delta}(1-\psi)^\delta / D_t \tag{2-16}$$

结论 1　技能和技术耦合共同决定后发国家技术进步，整体技术进步率可以分解为技能人力资本和技术耦合的渐进式创新贡献 g_{Nt} 和蛙跳式创新贡献 g_{Et}。

为了讨论后发国家对先发国家能否实现技术赶超的条件，假设先发国家的技术进步率外生给定为 g_F，即 $\dot{F}_t/F_t = g_F$。根据后发国家与先发国家之间技术差距 $D_t = A_t/F_t$，结合后发国家技术进步率 g_{At}，可以表示出技术差距变化率 g_{Dt} 如下：

$$g_{Dt} = \dot{D}_t/D_t = \eta_N \lambda_N^{1-\delta}(1-\mu)^\delta \psi^\delta / D_t$$

$$+ \eta_E \lambda_E^{1-\delta} (1-\psi)^\delta / D_t - g_F \qquad (2-17)$$

假设后发国家技术进步达到均衡状态的时刻为 t^*，在均衡状态下，两国分别以固定技术进步率 g_{At^*} 和 g_F 实现技术进步，则均衡时技术差距可能存在三种情况：（1）若 $g_{At^*} < g_F$，技术差距逐渐扩大，后发国家落入"技术追赶陷阱"，技术赶超失败；（2）若 $g_{At^*} > g_F$，技术差距不断缩小，在某一特定时刻后发国家实现技术赶超；（3）若 $g_{At^*} = g_F$，两国达到技术追赶均衡，技术差距不再发生变化，这会产生两种后果，要么后发国家技术水平在达到均衡前已超越先发国家；要么永久无法实现超越，落入"技术追赶陷阱"。在此，进一步讨论 $g_{At^*} = g_F$ 时后发国家可以实现技术赶超的条件，结合式（2-15），可求得技术差距均衡值 D^* 如下：

$$D^* = [\eta_N \lambda_N^{1-\delta} (1-\mu)^\delta \psi^\delta + \eta_E \lambda_E^{1-\delta} (1-\psi)^\delta] / g_F \qquad (2-18)$$

可知，当 $D^* \geq 1$ 即 $\eta_N \lambda_N^{1-\delta} (1-\mu)^\delta \psi^\delta + \eta_E \lambda_E^{1-\delta} (1-\psi)^\delta \geq g_F$ 时，后发国家才能实现对先发国家的技术赶超。

结论2 后发国家并非一定能够实现技术追赶，若达到技术均衡时后发国家技术进步率小于先发国家，技术差距将不断扩大进而落入"技术追赶陷阱"，反之可实现技术赶超。但倘若两国均衡技术进步率相等 $g_{At^*} = g_F$，只有当人力资本结构与异质性技术满足 $\eta_N \lambda_N^{1-\delta} (1-\mu)^\delta \psi^\delta + \eta_E \lambda_E^{1-\delta} (1-\psi)^\delta \geq g_F$ 时，后发国家才能实现技术赶超，否则也会落入"技术追赶陷阱"。

在后发国家可以实现技术赶超条件下，假设后发国家在 T 时刻的技术水平与先发国家相等，即在 T 时刻实现技术赶超 $D_T = 1$。结合式（2-17），可得如下关系式：

$$\ln \frac{1}{D_0} = \ln \frac{D_T}{D_0} = \int_0^T \frac{d \ln D_t}{dt} dt = \int_0^T g_{Dt} dt$$

$$= [\eta_N \lambda_N^{1-\delta} (1-\mu)^\delta \psi^\delta + \eta_E \lambda_E^{1-\delta} (1-\psi)^\delta] \int_0^T \frac{1}{D_t} dt - T g_F$$

$$= [\eta_N \lambda_N^{1-\delta} (1-\mu)^\delta \psi^\delta + \eta_E \lambda_E^{1-\delta} (1-\psi)^\delta] T / D_\varepsilon - T g_F$$

其中，$D_0 < 1$，表示初始时刻后发国家技术水平落后于先发国家，$\varepsilon \in [0, T]$。

由此可得，技术赶超时间满足：

$$T = \frac{\ln(1/D_0)}{[\eta_N \lambda_N^{1-\delta}(1-\mu)^\delta \psi^\delta + \eta_E \lambda_E^{1-\delta}(1-\psi)^\delta]/D_\varepsilon - g_F} \qquad (2-19)$$

由式（2-19）可知，当 $g_{A\varepsilon} = [\eta_N \lambda_N^{1-\delta}(1-\mu)^\delta \psi^\delta + \eta_E \lambda_E^{1-\delta}(1-\psi)^\delta]/D_\varepsilon > g_F$ 时，$T > 0$，表明后发国家在某个时刻 ε 技术进步率大于先发国家，T 时刻可实现技术赶超。由 $\partial T/\partial \lambda_N < 0$、$\partial T/\partial \lambda_E < 0$，可知伴随渐进式和蛙跳式技术进步率提高，后发国家技术赶超时间缩短。

结合式（2-14），将技术追赶时间 T 关于人力资本的投入结构 μ 求导，可得：

$$\frac{\partial T}{\partial \mu} \propto \Lambda - \frac{1-\mu}{(2-\alpha)\mu - 1}$$

其中，$\Lambda \equiv \left(\frac{\eta_N}{\eta_E}\right)^{\frac{1}{1-\delta}} \frac{\lambda_N}{\lambda_E} \left(\frac{1-\alpha+\omega}{2-\alpha}\right)^{\frac{1}{1-\delta}} \frac{1}{\omega}$。当 $\mu > \frac{1+\Lambda}{(2-\alpha)\Lambda - 1}$ 时，$\partial T/\partial \mu > 0$，当 $\frac{1}{2-\alpha} < \mu < \frac{1+\Lambda}{(2-\alpha)\Lambda - 1}$ 时，$\partial T/\partial \mu < 0$。可知，技术赶超时间与人力资本的投入结构存在"U"形关系，当投入结构满足 $\mu = \frac{1+\Lambda}{(2-\alpha)\Lambda - 1}$ 时，后发国家技术赶超时间最短。

将技术赶超时间 T，关于人力资本的技能结构 ψ 求导，可得：

$$\frac{\partial T}{\partial \psi} \propto \frac{(1-\alpha)\psi - \omega(1-\psi)}{1-\psi} - \Lambda(2-\alpha)\omega$$

当 $\psi > \frac{(2-\alpha)\Lambda\omega + \omega}{(2-\alpha)\Lambda\omega + 1 - \alpha + \omega}$ 时，$\partial T/\partial \psi > 0$，当 $\frac{\omega}{1-\alpha+\omega} < \psi < \frac{(2-\alpha)\Lambda\omega + \omega}{(2-\alpha)\Lambda\omega + 1 - \alpha + \omega}$ 时，$\partial T/\partial \psi < 0$。人力资本的技能结构与技术赶超时间同样存在"U"形关系，当技能结构满足 $\psi = \frac{(2-\alpha)\Lambda\omega + \omega}{(2-\alpha)\Lambda\omega + 1 - \alpha + \omega}$ 时，后发国家可以最快实现技术赶超。

结论 3　若后发国家在特定时间内实现技术赶超，其赶超时间取决于异质技术进步率以及人为资本投入结构和技能结构，但技术和技能影响迥异。其中，渐进式和蛙跳式技术进步表现出反向作用，而人力资本投入结构和技能结构则表现出"U"形效应特征。

第二节 模型参数校准与估计

为使模型模拟结果更具代表性，在此设计中国为后发国家且美国为先发国家（孙早和许薛璐，2017；黄先海和宋学印，2017），以中美为代表模拟后发国家对先发国家的技术追赶过程。需要校准的参数包括：人力资本最终产品产出弹性 α、人力资本研发弹性 δ、人力资本投入结构 μ 和技能结构 ψ、渐进式和蛙跳式技术进步率 λ_N 和 λ_E、渐进式和蛙跳式创新效率参数 η_N 和 η_E、先发国家整体技术进步率 g_F、初始技术差距 D_0、技能溢价 ω。

首先，估计人力资本投入的研发弹性 δ，参考吴延兵（2006）的设计思路，结合研发生产函数构建个体固定效应模型式（2－20）：

$$\ln INN_{it} = \beta_0 + \delta \ln RDL_{it} + \beta_1 \ln RDK_{it} + \beta_2 SAL_{it} + \beta_3 PER_{it}$$
$$+ \beta_4 OWN_{it} + \beta_5 TEC_{it} + \omega_i + \upsilon_{it} \qquad (2-20)$$

其中，下标 i 表示第 i 个行业或地区，t 表示年份，ω_i 表示个体异质性的截距项，υ_{it} 表示伴随个体与时间变化的随机误差项。INN_{it} 表示创新产出变量，采用新产品销售收入或专利申请受理数衡量。RDL_{it} 表示研发过程中的人力资本投入，利用 R&D 人员全时当量表示。RDK_{it} 为 R&D 资本存量，由于 R&D 资本存量无法直接获取，借鉴白俊红（2011）计算 R&D 资本存量的永续盘存法[①]得

[①] R&D 资本存量：赋予消费者价格指数与固定资产投资价格指数的权重 0.38 与 0.62，构造 R&D 支出价格指数（白俊红，2011），利用 R&D 支出价格指数，以 2009 年为基期，平减扣除人员劳务费的 R&D 活动经费内部支出，可得 R&D 实际投资。根据 $RDK_0 = RD_0/(g+\xi)$，计算初始时刻 R&D 资本存量。其中，RD_0 为初始时刻的 R&D 实际投资，ξ 为折旧率，通常取为 15%，g 为样本期间 R&D 实际投资的平均增长率。

到。SAL_{it}、PER_{it}、OWN_{it}、TEC_{it} 为模型控制变量，分别表示行业或地区的企业规模、绩效、产权关系以及技术水平，指标设计见表 2.1。

表 2.1   变量指标设计

变量	名称	单位	指标说明
创新产出	INN	亿元或个	新产品销售收入（用工业生产者出厂价格指数平减）或国内专利申请受理数
R&D 人员	RDL	人年	R&D 人员全时当量
R&D 资本	RDK	亿元	R&D 资本存量（采用永续盘存法计算得到）
规模变量	SAL	亿元	资产总计/企业数量（用固定资产投资价格指数平减）
绩效变量	PER	—	利润总额/主营业务收入
产权变量	OWN	—	国有控股工业企业销售产值/全部工业企业销售产值
技术变量	TEC	—	有 R&D 活动的企业数/全部企业数量

资料来源：《中国统计年鉴》《中国科技统计年鉴》。

采用中国 2012～2016 年 38 个工业行业面板数据，以及 30 个地区（由于数据局限性剔除港澳台地区和西藏自治区）的面板数据估计研发弹性 δ，数据源于 2012～2016 年《中国统计年鉴》《中国科技统计年鉴》。

表 2.2 给出人力资本研发产出弹性 δ 的估计结果。结果显示，只有采用专利申请数表示创新产出，同时采用创新投入与产出的总量指标时，人力资本研发产出弹性均显著大于 0，δ 估计值分别为 0.418 和 0.594，表明 R&D 活动规模报酬递减。

表 2.2   人力资本研发弹性的估计结果

被解释变量	分行业数据		分地区数据	
	总量指标	人均指标	总量指标	人均指标
新产品销售收入	−0.269 （0.332）	0.122 （0.463）	0.109 （0.211）	−0.556 （0.437）
专利申请数	0.418 *** （0.149）	0.366 （0.354）	0.594 *** （0.126）	−0.428 （0.460）

注：括号中的数字表示标准误，*** 表示在 1% 的水平显著。

其次，为了估计人力资本技能结构基准值 ψ，先采用教育回报率方法测算人力资本存量（彭国华，2005），计算公式为 $H_{it} = e^{\chi(E_{it})}L_{it}$，其中，$H_{it}$ 和 L_{it} 分别

为 i 部门在第 t 期的人力资本存量和就业人数，E_{it} 为平均受教育年限。$\chi(E_{it})$ 为表示教育回报率的分段函数：$E_{it} \in [0, 6]$ 时，$\chi = 0.18$；$E_{it} \in (6, 12]$ 时，$\chi = 0.134$；$E_{it} \in (12, \infty)$ 时，$\chi = 0.151$。按照各学历层次的一般受教育年限，设定未上过小学为 0 年、小学为 6 年、初中为 9 年、高中为 12 年、大专为 15 年、本科为 16 年、研究生为 20 年，并将本科及以上毕业的就业人员分类为高技能人力资本组，而将本科以下的就业人员分类为低技能人力资本组，依据各学历层次就业人员数占比加权平均，可得低技能组与高技能组的平均受教育年限。利用 2009～2016 年各地区就业人员受教育程度构成数据，代入上述公式即可测算出各地区各时期低技能与高技能人力资本存量。最后以 2009～2016 年低技能人力资本存量平均占比估计技能结构 $\psi = 0.94$。人力资本投入结构则以 2009～2016 年就业人员中非 R&D 人员平均占比表征，估计结果为 $\mu = 0.97$。

在 C-D 形态最终产品生产函数中，将人力资本产出弹性即要素份额设定为 $\alpha = 2/3$。参照巴罗和萨拉（Barro and Sala-i-Martin，2004）的参数设定，将先发国家的技术进步率设定为 $g_F = 0.02$。结合阿西莫格鲁和曹（Acemoglu and Cao，2015）的参数设计思想，将渐进式技术进步率设定为 $\lambda_N = 0.02$，蛙跳式技术进步率设为 $\lambda_E = 0.2$。参考吉亚辉和祝凤文（2011）的做法，利用中美两国的研发支出占 GDP 的比重之比，表征后发国家与先发国家之间的技术差距 D_t，数据来源于世界银行数据库，将 2009～2016 年技术差距的平均值作为初始技术差距即 $D_0 = 0.694$。借鉴宋冬林等（2010）、陆雪琴和文雁兵（2013）的思路，本节采用科学研究和技术服务行业平均工资与其他所有行业平均工资之比度量技能溢价，将 2009～2016 年的平均技能溢价作为技能溢价的估计值即 $\omega = 1.487$，数据取自《中国统计年鉴》。为测算后发国家整体的技术水平 A_t，采用实际 GDP 表示最终产品产出价值，人力资本投入为教育回报率法得到的人力资本存量表征，中间品投入利用固定资本形成总额度量，再根据式（2-1），可以求得该段时间中国的整体技术水平 A_t。以地区全要素生产率表示各中间品部门的技术水平 A_{it}，选择 31 个地区 2009～2016 年的面板数据，数据来源于《中国统计年鉴》，借鉴李小平和朱钟棣（2005）的测算思路，可得各地区全要素生产率。《中华人民共和国专利法（2020 修正)》指出，"授予专利权的发明和实用新型，应当具备新颖性、创造性和实用性"，"创造性，是指与现有技术相比，该发明具有突出的实质性特点和显著的进步，该实用新型具有实质性特点和进步"。由此可以看出，发明专利代表的创新成果的技术水平提升幅度大于实用新型专利或外观设计专利。由于数据可得性，本节以发明专利授权数表征蛙跳式创新。同时，采用实用新型和外观设计专利授权数表征技术增幅较小的渐进式创新产出，数据取自《中国科技统计年鉴》。

最后，根据渐进式与蛙跳式创新研发概率函数即式（2 - 11），校准渐进式创新效率 η_N 与蛙跳式创新效率 η_E。通过设定研发弹性 $\delta = 0.418$ 或 0.594，渐进式、蛙跳式技术进步率 $\lambda_N = 0.02$、$\lambda_E = 0.2$，结合 2009～2016 年 31 个地区的技术水平、低技能与高技能人力资本投入、发明与非发明专利授权数、整体技术水平、技术差距、总人力资本投入，代入渐进式与蛙跳式研发生产函数式（2 - 11），可得各地区渐进式与蛙跳式创新效率值，以所有地区在此期间渐进式与蛙跳式的平均创新效率，校准参数 η_N 与 η_E。汇总上述模型参数的估计与校准结果，如表 2.3 所示。

表 2.3　　　　　　　　　　　　　**模型参数的设定结果**

组别	δ	μ	ψ	α	g_F	D_0	ω	λ_N	λ_E	η_N	η_E
基准	0.418	0.97	0.94	2/3	0.02	0.694	1.487	0.02	0.2	0.060	0.030
对照	0.594	0.97	0.94	2/3	0.02	0.694	1.487	0.02	0.2	0.026	0.022

第三节　数值模拟结果与评价

根据模型推导和参数设定，采用数值模拟方法描述技术追赶过程，选择基准情况 $\delta = 0.418$ 时为基准模拟结果，对照组 $\delta = 0.594$。数值模拟主要包括三方面：一是描述人力资本结构的影响；二是渐进式与蛙跳式技术的作用；三是技能和技术耦合的共同影响。

（一）数值模拟 1：人力资本结构的影响

模拟人力资本结构与中美技术差距的动态变化过程，检验人力资本结构变化对后发国家技术追赶的影响。图 2.1（a）为基准组即 $\delta = 0.418$ 时，人力资本投入结构 μ 分别为 0.76、0.85、0.94、0.985 和 1 时，中美技术差距的动态变化过程。图 2.1（b）为基准组即 $\delta = 0.418$ 时，人力资本技能结构 ψ 分别为 0.82、0.86、0.90、0.96 和 1 时，中美技术差距的动态变化过程。图 2.1（c）和（d）分别为对照组 $\delta = 0.594$ 的结果。

首先，考察人力资本投入结构对技术追赶的作用。由图 2.1（a）知，当 $\mu = 0.76$ 时，即人力资本投入生产活动的比重为 0.76 时，中美技术差距呈现扩大趋势。当 $\mu = 1$ 时，尽管技术差距逐渐缩小，但是中国均未实现对美国的技术赶超。而当 $\mu = 0.85$、0.94 和 0.985 时，中国均能够在未来实现对美国的技术赶超。由此可知，人力资本投入生产活动或 R&D 活动比重过大，均会导致中国技术追赶失败，形成"技术追赶陷阱"。并且表明，若人力资本投入 R&D 活动比重过大（如某种意义上的人力资本错配），由于过多人力资本进入研发部门，减少生产部门产出，而研发创新最终需要依赖于生产活动为基础，进而降低技术创新效率。同时，因为人力资本引发渐进式创新，只能推动技术水平小幅度提升，处在技术落后地位的后发国家，无法通过渐进式创新实现对先发国家的技术赶超。随着人力资本投入生产活动的比重逐期增多，技术差距均衡值呈现先增大后减小的变化，技术赶超时间则表现出先缩短后延长的趋势，从而验证后发国家技术追赶时间与人力资本投入结构之间的"U"形关系。并且当 $\mu = 0.94$ 时，中国能以最快技术赶超美国。当然，若人力资本投入生产活动比重过大也可能存在问题，R&D 活动需要高技能人力资本，但高技能人力资本研发蛙跳式创新的失败概率高，也容易造成后发国家技术追赶失败。

图 2.1（b）描述不同技能结构对技术追赶的影响。当 $\psi = 1$ 时，即经济系

统中全为低技能人力资本时，中美技术差距在未来表现为逐步拉大的变化过程。而当 $\psi = 0.96$ 时，尽管在达到均衡前，技术差距逐渐缩小，但是最终未能实现技术赶超。当 $\psi = 0.82$、0.86 和 0.90 时，中国均能实现技术追赶，并且在达到均衡后，对美国保持技术领先。由此可知，经济系统中，低技能人力资本过多，高技能人力资本过少时，中国无法实现对美国的技术赶超。原因在于高技能人力资本可以推动技术增幅较大的蛙跳式创新实现，低技能人力资本只能引致技

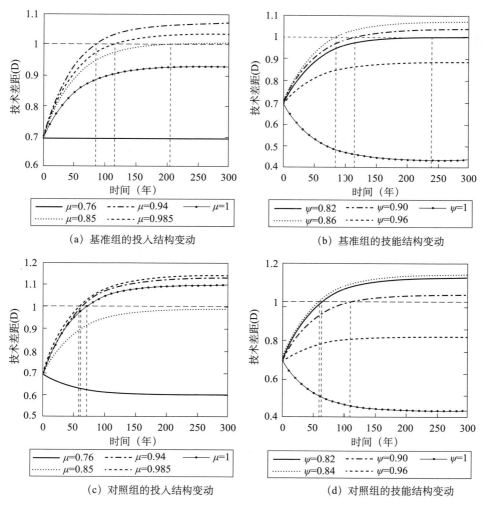

图2.1 不同人力资本结构下中国的技术追赶过程

术增幅较小的渐进式创新，仅依靠或过度依赖渐进式创新较难取得高于先发国家的技术进步率，从而在技术水平落后的情况下技术追赶失败。同样可以发现，随着人力资本技能结构朝高技能方向变化，技术赶超时间呈现先缩短后减小的变化趋势，表明技术赶超时间与技能结构之间存在"U"形关系。并且当 ψ = 0.86 时，中国技术赶超美国的时间最短。

图 2.1（c）和（d）提供人力资本研发弹性提高时，人力资本结构对技术差距的影响关系是否发生变化的对照组结果。整体而言，随着研发弹性提高，各人力资本结构下的技术赶超时间均有所缩短，原因在于创新成功率随之提高。由图 2.1（c）可知，μ = 1 即将所有低技能人力资本均投入生产活动，此时中国仍能在达到均衡前实现对美国的技术赶超，这是因为随着人力资本研发弹性提高，高技能人力资本驱动蛙跳式创新成功率得到增加，仅依靠高技能人力资本执行 R&D 活动，中国也能实现技术超越。而人力资本投入生产活动过少时即 μ = 0.76，中国仍未实现技术赶超。技术赶超时间与人力资本投入结构的"U"形关系未发生改变，但当 μ = 0.985 时，中国可以最快实现技术赶超。最优人力资本投入结构将随着人力资本研发弹性提高朝生产活动方向变化，即减少低技能人力资本投入 R&D 活动比重，这是由于技术增幅较大的蛙跳式创新成功率随之提高，R&D 活动会更多依靠高技能人力资本执行。由图 2.1（d）可知，ψ = 0.96 和 1 时，中国技术赶超失败，因为高技能人力资本占比过低，较难推动技术增幅较大的蛙跳式创新实现。技能结构对技术赶超时间的"U"形影响关系同样未发生变化，但当 ψ = 0.84 时，中国实现技术赶超时间最短，增加人力资本研发弹性会促使最优技能结构朝高技能方向变化。

汇总 δ = 0.418 或 0.594 时不同人力资本结构下，中美技术差距在第 250 期的均衡值，以及中国能否技术赶超美国的结果及赶超时间，见表 2.4。由表 2.4 左上半部分可知，δ = 0.418 时，随着投入结构朝生产活动方向变化时，技术差距均衡值先增加后减小，赶超时间先减小后增加，并且当 μ = 0.94 时，不仅赶超时间最快，而且均衡时相对先发国家技术水平最大。

表 2.4 不同人力资本结构下的技术差距均衡值及赶超时间

投入结构 μ	技术差距均衡值 D^*	赶超时间（年）	技能结构 ψ	技术差距均衡值 D^*	赶超时间（年）
$\delta = 0.418$					
0.760	0.689	否	0.820	1.001	239
0.790	0.862	否	0.840	1.060	89
0.820	0.948	否	0.860	1.067	85
0.850	1.003	205	0.880	1.056	92
0.880	1.039	107	0.900	1.033	114
0.910	1.060	89	0.920	1.000	248
0.940	1.067	85	0.940	0.951	否
0.970	1.054	94	0.960	0.884	否
0.985	1.032	115	0.980	0.783	否
1.000	0.928	否	1.000	0.437	否
$\delta = 0.594$					
0.760	0.605	否	0.820	1.123	63
0.790	0.792	否	0.840	1.138	59
0.820	0.905	否	0.860	1.117	64
0.850	0.986	否	0.880	1.083	77
0.880	1.047	99	0.900	1.036	110
0.910	1.093	72	0.920	0.979	否
0.940	1.125	62	0.940	0.908	否
0.970	1.139	58	0.960	0.820	否
0.985	1.135	59	0.980	0.701	否
1.000	1.095	72	1.000	0.437	否

同样地，表 2.4 右上半部分直观地展现技能结构对技术差距均衡值的倒"U"形影响和对赶超时间的"U"形影响，并且当 $\mu = 0.985$ 时，后发国家在最快赶超先发国家同时均衡状态下技术领先发达国家更多。因此，存在最优人力资本投入结构与技能结构，促使后发国家以最快时间技术赶超先发国家，并且均衡时相对技术水平更大。$\delta = 0.594$ 是对照组结果，可知技术差距均衡值与

投入结构和技能结构同样表现为倒"U"形关系，而赶超时间与人力资本结构呈现"U"形关系。尽管人力资本研发弹性增加，最优人力资本投入结构朝生产活动方向变化，最优技能结构朝高技能方向改变，各人力资本结构下的赶超时间均有所缩短，但是人力资本结构对后发国家技术追赶的影响关系未发生变化。

根据式（2–16），将技术进步分解为渐进式与蛙跳式创新贡献，表2.5提供不同人力资本结构下技术进步的异质性创新贡献分解结果。首先，观察到各人力资本结构下技术进步率、渐进式与蛙跳式创新贡献随时间趋于稳定。其次，容易看出随着投入结构朝生产活动方向变化，整体技术进步率先提高后降低，渐进式创新贡献逐渐减少，蛙跳式创新贡献逐渐增加，由于人力资本更多地用于生产活动，R&D活动越来越依靠高技能人力资本执行，特别是$\mu=1$时，渐进式创新贡献为0，技术进步完全由高技能人力资本引致的蛙跳式创新推动。但是技术进步率经历提高后开始下降，因此，人力资本在生产与R&D活动之间存在最优权衡结果。而随着人力资本技能结构朝低技能方向变化，技术进步率呈现先提高后降低的变化，渐进式创新贡献逐步增加，蛙跳式创新贡献随之减少，由于经济系统中低技能人力资本占比提高，使更多低技能人力资本可以投入R&D活动，尤其是$\psi=1$，经济中全为低技能人力资本，蛙跳式创新无法实现，因此，贡献降为0，并且技术进步率也随之降低，由此表明，技能结构存在适宜性比例使技术进步率最高。

表2.5　　　　　　不同人力资本结构下的技术进步异质性创新贡献分解

时间	g_{At}	g_{Nt}	g_{Et}	g_{At}	g_{Nt}	g_{Et}	g_{At}	g_{Nt}	g_{Et}
	$\mu=0.76$			$\mu=0.88$			$\mu=1$		
1	0.0199	0.0123	0.0076	0.0300	0.0088	0.0212	0.0268	0.0000	0.0268
10	0.0199	0.0123	0.0076	0.0277	0.0081	0.0196	0.0254	0.0000	0.0254
50	0.0199	0.0124	0.0076	0.0228	0.0067	0.0161	0.0221	0.0000	0.0221
100	0.0200	0.0124	0.0076	0.0209	0.0062	0.0148	0.0207	0.0000	0.0207

续表

时间	g_{At}	g_{Nt}	g_{Et}	g_{At}	g_{Nt}	g_{Et}	g_{At}	g_{Nt}	g_{Et}
	$\mu = 0.76$			$\mu = 0.88$			$\mu = 1$		
150	0.0200	0.0124	0.0076	0.0203	0.0060	0.0144	0.0203	0.0000	0.0203
200	0.0200	0.0124	0.0076	0.0201	0.0059	0.0142	0.0201	0.0000	0.0201
250	0.0200	0.0124	0.0076	0.0200	0.0059	0.0141	0.0200	0.0000	0.0200
	$\psi = 0.82$			$\psi = 0.9$			$\psi = 1$		
1	0.0289	0.0023	0.0266	0.0298	0.0090	0.0208	0.0126	0.0126	0.0000
10	0.0269	0.0021	0.0248	0.0276	0.0083	0.0192	0.0134	0.0134	0.0000
50	0.0226	0.0018	0.0208	0.0228	0.0069	0.0159	0.0164	0.0164	0.0000
100	0.0209	0.0017	0.0192	0.0209	0.0063	0.0146	0.0185	0.0185	0.0000
150	0.0203	0.0016	0.0187	0.0203	0.0062	0.0142	0.0194	0.0194	0.0000
200	0.0201	0.0016	0.0185	0.0201	0.0061	0.0140	0.0198	0.0198	0.0000
250	0.0200	0.0016	0.0185	0.0200	0.0061	0.0140	0.0199	0.0199	0.0000

（二）数值模拟 2：异质性技术的影响

为探究异质性技术变化对技术追赶的影响，在技能结构 ψ 取实际数据估计值 0.94 时，令 $[\lambda_N, \lambda_E] = [0.01, 0.19]$、$[0.02, 0.20]$、$[0.03, 0.21]$、$[0.04, 0.22]$ 和 $[0.05, 0.23]$，模拟中美技术差距的动态变化过程。[①] 图 2.2（a）和（b）分别显示 $\delta = 0.418$ 和 $\delta = 0.594$ 时技术差距的变化情况。

由图 2.2（a）可知，随着渐进式与蛙跳式技术进步率的提升，中国实现技术赶超的可能性越大，由最初 $[\lambda_N, \lambda_E] = [0.01, 0.19]$ 和 $[0.02, 0.20]$ 时的技术追赶失败，再到 $[\lambda_N, \lambda_E] = [0.03, 0.21]$、$[0.04, 0.22]$ 和 $[0.05, 0.23]$ 时，中国能以越短的时间实现技术赶超。但是注意技术赶超时间缩短的幅度却逐渐减小，因为蛙跳式相对渐进式技术进步率之比即 λ_E / λ_N 逐步减小，蛙跳式创新相对作用随之降低，技术赶超难度逐渐增加，体现了蛙跳式创新对

---

① 由于 λ_N、λ_E 和 δ 发生改变，$\delta = 0.418$ 时，创新效率 η_N 和 η_E 也相应重新校准为 $[\eta_N, \eta_E] = [0.045, 0.029]$、$[0.060, 0.030]$、$[0.071, 0.030]$、$[0.080, 0.031]$、$[0.088, 0.031]$，而 $\delta = 0.594$ 时，$[\eta_N, \eta_E] = [0.027, 0.032]$、$[0.041, 0.032]$、$[0.051, 0.033]$、$[0.060, 0.033]$、$[0.069, 0.035]$。

于促进后发国家技术追赶的重要性。

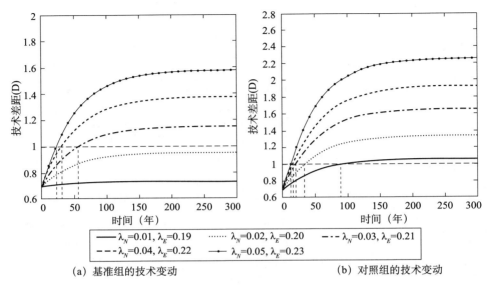

图 2.2　不同技术进步率下中国的技术追赶过程

图 2.2（b）提供改变人力资本研发弹性时，不同技术下中美技术差距的变化。$\delta = 0.594$ 时，中国实现技术赶超时间随渐进式与蛙跳式技术进步率增加而缩短，但是由于蛙跳式与渐进式技术进步之比减小，赶超时间缩短幅度越来越小。与图 2.2（a）相比，随着人力资本研发弹性提高，在各渐进式与蛙跳式技术进步率下，中国技术赶超时间均有一定缩短，尤其是 $[\lambda_N, \lambda_E] = [0.01, 0.19]$ 和 $[0.02, 0.20]$ 时，由原先 $\delta = 0.418$ 时的技术赶超失败转为 $\delta = 0.594$ 时的技术追赶成功。

不同渐进式与蛙跳式技术进步率下的技术差距均衡值和赶超时间如表 2.6 所示。$\delta = 0.418$ 或 0.594，随着渐进式与蛙跳式技术进步率提高，技术差距均衡值逐渐增大，表明在达到均衡状态时，中美之间技术差距最小或中国技术水平领先美国最大，并且技术赶超时间也随之加快。在 $\lambda_N = 0.02$ 和 $\lambda_E = 0.20$ 的基准情况下，如果 $\delta = 0.594$，那么中国需要 33 年能技术赶超美国，如果当渐进式与蛙跳式技术进步率提升到 $\lambda_N = 0.07$ 和 $\lambda_E = 0.25$，那么中国仅需 9 年时间就能对美国实现技术超越。人力资本研发弹性提高要求研发人员学历水平和技能水平的总体提高，而异质性技术进步率的提升体现为创新成果质量的增加。因此，为促进中国实现技术追赶，需要重视创新成果质量提升与高素质人才培养教育。

表 2.6　　　　　　　　　　不同技术下的技术差距均衡值及赶超时间

渐进式 技术进步率 λ_N	蛙跳式 技术进步率 λ_E	$\delta = 0.418$		$\delta = 0.594$	
		技术差距 均衡值 D^*	赶超时间 （年）	技术差距 均衡值 D^*	赶超时间 （年）
0.01	0.19	0.732	否	1.061	89
0.02	0.20	0.951	否	1.341	33
0.03	0.21	1.150	56	1.655	20
0.04	0.22	1.369	31	1.925	16
0.05	0.23	1.571	23	2.253	12
0.06	0.24	1.792	18	2.565	10
0.07	0.25	1.988	15	2.847	9

比较异质性技术即渐进式与蛙跳式创新对于推动技术追赶的贡献大小，如表 2.7 所示。在整体技术进步率 g_{At} 趋于均衡的过程中，渐进式与蛙跳式创新贡献也逐渐趋于稳定。横向比较来看，随着渐进式与蛙跳式技术进步率提升，整体技术进步率随之提高，并且渐进式与蛙跳式创新推动技术进步的贡献也逐渐增加。但渐进式与蛙跳式的相对创新贡献大小受制于渐进式与蛙跳式技术进步率之比，若比值增加，则在技术追赶过程中，渐进式创新发挥的作用逐渐越发重要。

表 2.7　　　　　　　不同技术下技术进步的异质性创新贡献分解

时间	$\lambda_N = 0.01$、$\lambda_E = 0.19$			$\lambda_N = 0.02$、$\lambda_E = 0.20$			$\lambda_N = 0.03$、$\lambda_E = 0.21$		
	g_{At}	g_{Nt}	g_{Et}	g_{At}	g_{Nt}	g_{Et}	g_{At}	g_{Nt}	g_{Et}
1	0.0211	0.0053	0.0158	0.0274	0.0106	0.0168	0.0332	0.0159	0.0173
10	0.0209	0.0053	0.0156	0.0258	0.0100	0.0158	0.0299	0.0144	0.0156
50	0.0204	0.0052	0.0152	0.0222	0.0086	0.0136	0.0235	0.0113	0.0122
100	0.0201	0.0051	0.0151	0.0208	0.0080	0.0127	0.0211	0.0101	0.0110
150	0.0201	0.0051	0.0150	0.0203	0.0079	0.0124	0.0204	0.0098	0.0106
200	0.0200	0.0051	0.0150	0.0201	0.0078	0.0123	0.0201	0.0097	0.0105
250	0.0200	0.0051	0.0150	0.0200	0.0078	0.0123	0.0201	0.0096	0.0104

（三）数值模拟3：技能和技术耦合的影响

为了讨论人力资本投入结构和技能结构与异质性技术对中国技术追赶的耦合影响，分别令投入结构 μ 为 0.76、0.82、0.88 和 0.94 时，以及技能结构 ψ 为 0.82、0.86、0.90 和 0.94，模拟基准组 $\delta = 0.418$ 在不同渐进式与蛙跳式技术进步率下，即令 $[\lambda_N, \lambda_E] = [0.02, 0.20]$、$[0.03, 0.21]$ 和 $[0.04, 0.22]$，中美技术差距的动态变化过程，结果见图 2.3 和图 2.4。

图 2.3 显示，伴随人力资本投入结构朝生产活动方向变化，探究投入结构和异质性技术耦合对技术追赶的影响，可以得到，渐进式与蛙跳式技术进步率

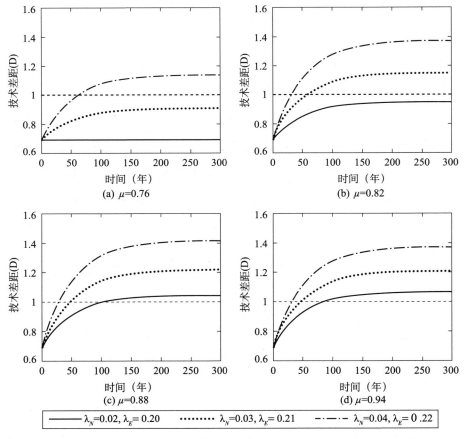

图 2.3　人力资本投入结构与异质性技术对技术追赶的耦合作用

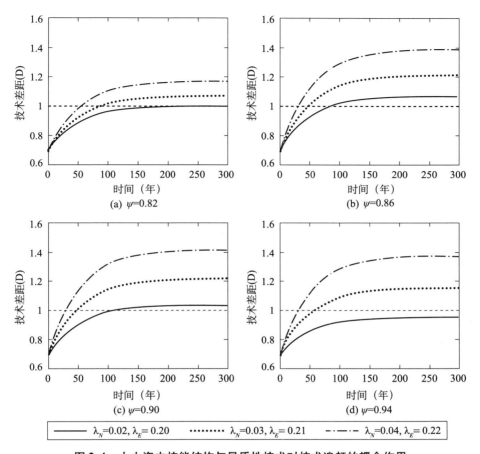

图 2.4 人力资本技能结构与异质性技术对技术追赶的耦合作用

的提升促进中国对美国的技术追赶，但是随着人力资本投入生产活动比重的变化，异质性技术进步率对技术追赶的影响也会发生改变。若渐进式与蛙跳式技术进步率较低，即 $[\lambda_N, \lambda_E] = [0.02, 0.20]$，当投入结构 μ 从 0.76 增加至 0.94 时，中美技术差距均衡值不断增大，技术赶超可能性不断增加，完成赶超时间逐渐缩短，表明此时技术追赶最优投入结构必定大于或等于 0.94。若渐进式与蛙跳式技术进步率较高，即 $[\lambda_N, \lambda_E] = [0.03, 0.21]$ 或 $[0.04, 0.22]$，随着投入结构 μ 从 0.76 增加到 0.94，技术赶超时间呈现"U"形变化关系，并且最优投入结构在 0.88 左右，表明异质性技术进步率较大时，人力资本最优投

入结构 μ 降低，应将更多人力资本投入 R&D 活动，因为此时创新带来的技术进步提升幅度更大。此外，可以得出异质性技术对技术追赶的递增影响和人力资本投入结构对技术追赶的"U"形影响不会因为两者之间的耦合关系发生改变，当异质性技术进步率越高，人力资本投入结构趋于最优时，可以同时加快中美技术差距缩小，推动中国快速技术赶超。

图 2.4 展现人力资本技能结构与异质性技术之间的耦合关系。同样地，在各技能结构下，异质性技术保持着对技术追赶的递增影响。伴随技能结构朝低技能方向变化，即 ψ 从 0.82 逐步增加至 0.94，各异质性技术进步率下，技术赶超时间与技能结构之间均表现为"U"形关系，但是随着蛙跳式与渐进式技术进步率之比减小，实现最快技术赶超的人力资本结构 ψ 随之提高，当 $[\lambda_N,$ $\lambda_E] = [0.02，0.20]$ 时，最优技能结构大约在 0.86，而当 $[\lambda_N，\lambda_E] = [0.04，$ 0.22]$ 时，最优技能结构近似为 0.90，表明经济系统中的低技能人力资本占比应提高。因为渐进式创新由低技能人力资本驱动，而高技能人力资本执行蛙跳式创新，当渐进式创新成果质量逐渐逼近蛙跳式创新时，R&D 活动应更多地以成功率更大的渐进式创新为主。由此得出，人力资本技能结构与异质性技术间的耦合关系不会改变各自对技术追赶的影响，并且异质性技术进步率越高，技能结构越优化，中国实现技术赶超的可能性则越大，赶超时间也越短。

为清晰地展现技能与技术之间的耦合关系，表 2.8 给出在不同人力资本结构和异质性技术进步率下的技术差距均衡值，以及实现技术赶超情况下的赶超时间。

表 2.8 上半部分给出投入结构与异质性技术间的耦合关系。就每列而言，技术差距均衡值随异质性技术进步率提高而增加，赶超时间同步缩短。每行反映投入结构趋向生产活动时，在异质性技术进步率较低情况下，投入结构对技术差距均衡值的递增影响；在异质性技术进步率较高的情况下，投入结构对均衡值的倒"U"形影响以及对赶超时间的"U"形影响。比较而言，当异质性技术进步率最低即 $[\lambda_N，\lambda_E] = [0.01，0.19]$，并且投入结构 $\mu = 0.76$ 即人力

资本投入生产活动比重过少时，中国落入"技术追赶陷阱"并且均衡状态下的中美技术差距最大，中国技术水平落后于美国最多。而当异质性技术进步率最高即 $[\lambda_N, \lambda_E] = [0.05, 0.23]$，并且 $\mu = 0.88$ 即投入结构适宜时，中国在第22年实现技术赶超，追赶时间最短，并且均衡时中美之间的相对技术水平为1.584，表明此时中国技术领先美国最多。

表2.8　　　不同人力资本结构及技术下的技术差距均衡值及赶超时间

项目	技术差距均衡值 D^*				赶超时间（年）			
投入结构 μ	0.76	0.82	0.88	0.94	0.76	0.82	0.88	0.94
$\lambda_N = 0.01$、$\lambda_E = 0.19$	0.462	0.729	0.842	0.904	否	否	否	否
$\lambda_N = 0.02$、$\lambda_E = 0.20$	0.689	0.948	1.039	1.067	否	否	107	85
$\lambda_N = 0.03$、$\lambda_E = 0.21$	0.908	1.148	1.212	1.202	否	56	45	47
$\lambda_N = 0.04$、$\lambda_E = 0.22$	1.136	1.368	1.409	1.367	59	31	29	31
$\lambda_N = 0.05$、$\lambda_E = 0.23$	1.357	1.569	1.584	1.503	32	23	22	25
技能结构 ψ	0.82	0.86	0.90	0.94	0.82	0.86	0.90	0.94
$\lambda_N = 0.01$、$\lambda_E = 0.19$	0.905	0.898	0.833	0.732	否	否	否	否
$\lambda_N = 0.02$、$\lambda_E = 0.20$	1.001	1.067	1.033	0.951	239	85	114	否
$\lambda_N = 0.03$、$\lambda_E = 0.21$	1.006	1.208	1.209	1.15	85	46	46	56
$\lambda_N = 0.04$、$\lambda_E = 0.22$	1.164	1.378	1.409	1.369	53	31	29	31
$\lambda_N = 0.05$、$\lambda_E = 0.23$	1.230	1.521	1.587	1.571	43	24	22	23

表2.8下半部分显示人力资本技能结构与异质性技术的耦合关系。纵向来看，异质性技术进步率提高促进中国技术追赶。横向来看，只有在 $[\lambda_N, \lambda_E] = [0.01, 0.19]$ 时，技能结构与技术差距均衡值表现出反向关系，其余情况下均表现为倒"U"形关系以及与赶超时间的"U"形关系，并且最优技能结构随渐进式相对蛙跳式技术进步率提升而增加。综合来看，当异质性技术进步率最低即 $[\lambda_N, \lambda_E] = [0.01, 0.19]$，高技能人力资本占比过低即 $\psi = 0.94$ 时，中国技术追赶失败，并且均衡时与美国间的技术差距最大。当异质性技术进步率最高即 $[\lambda_N, \lambda_E] = [0.05, 0.23]$，技能结构适宜即 $\psi = 0.9$ 时，中国实现技术赶超时间最短，为22年，并且均衡时中美相对技术水平为1.587，在赶超情况

下中国相对美国整体技术水平最高。

第四节　本章小结

本章引入技术水平提升幅度不同的渐进式与蛙跳式创新，考虑人力资本技能高低，重构中间品质量阶梯模型，探讨人力资本与异质性技术耦合对后发国家技术追赶的影响。结合经济时序数据校准理论模型参数，模拟不同参数约束下后发国家对先发国家的技术追赶过程。模型演绎和数值模拟结果表明：人力资本与异质性技术耦合影响技术进步，一国整体技术进步率可以分解为低技能人力资本和技术耦合的渐进式创新与蛙跳式创新贡献。后发国家存在技术追赶失败的可能，若技术均衡时后发国家技术进步率小于先发国家，将落入"技术追赶陷阱"，反之则实现技术赶超。而如果两国均衡技术进步率相等，后发国家需要满足特定的人力资本与异质性技术条件，才能实现技术赶超，否则技术追赶失败。如果后发国家在实现技术赶超的情况下，其赶超时间受制于异质性技术进步率和人力资本投入结构与技能结构，但两者存在不同影响，其中渐进式与蛙跳式技术进步表现为反向作用，而人力资本投入结构和技能结构则表现出"U"形影响特征。当技术进步率提升且人力资本结构适宜时，后发国家能以更快的速度实现技术赶超。

第三章

技术进步路径：模仿创新还是自主创新

本章借鉴阿西莫格鲁和曹（Acemoglu and Cao，2015）的技术追赶模型，通过引入技术创新方向和要素匹配性，构建异质性行业技术追赶模型，数理推演技术创新方向对技术追赶的影响，结合中美行业数据模拟均衡技术进步率和技术追赶周期。本章的边际贡献在于：一是有别于以往研究仅局限于前沿技术差距约束下后发国家的技术追赶过程（Acemoglu et al.，2002；赖明勇，2005；孙早和许薛璐，2017），创新性地从异质性行业角度出发，构建行业差异化的技术创新方向模型，数理推演技术创新方向对异质性行业及整体技术追赶的动态作用，结合中美数据模拟其动态变化特征；二是已有文献多研究研发人员或研发资本等单一要素对后发国家技术创新影响（Vandenbussche et al.，2006；Ha et al.，2009），本节通过建立蕴含于新增机器中的物化型技术与人力资本耦合模型，探究人力资本与物化形态技术的耦合效应对后发国家技术追赶的影响，定量评估技术创新方向和要素匹配度对技术追赶的作用；三是构建数理模型推演技术进步方向和技术追赶周期的关系，结合中美数据模拟不同技术创新方向对后发国家技术追赶周期的影响。

第一节　模型设定与技术特征

假设 1　后发国家 i 行业代表性生产厂商投入劳动和机器设备，共同生产出中间品 $Y_i(t)$，中间品加总为最终品 $Y(t)$，生产函数形式设定如下：

$$Y(t) = \left(\sum_i^n Y_i(t)^{\frac{\varepsilon-1}{\varepsilon}} \right)^{\frac{\varepsilon}{\varepsilon-1}} \qquad (3-1)$$

其中，$Y_i(t)$ 表示第 i 个行业第 t 年的中间品产出，n 表示市场中行业的数量，ε 表示不同行业产品之间的替代弹性。当 $0 < \varepsilon < 1$ 时，行业之间产品存在互补关系；$\varepsilon > 1$ 时，行业之间产品存在替代关系。i 行业第 t 年的经济产出形式设定如下：

$$Y_i(t) = L_i(t)^{1-\alpha} \int_0^1 A_{ij}(t)^{1-\alpha} x_{ij}(t)^{\alpha} \mathrm{d}j \qquad (3-2)$$

其中，$1 - \alpha \in (0, 1)$ 表示劳动产出弹性；$L_i(t)$ 表示 t 时刻 i 行业的劳动投入；$A_{ij}(t)$ 表示 t 时刻 i 行业代表性厂商第 j 种机器的生产效率；$x_{ij}(t)$ 表示 t 时刻 i 行业产品生产厂商使用的第 j 种机器的数量。

分行业中间品生产厂商根据以下利润最大化目标确定机器的需求数量 $x_{ij}(t)$：

$$\max \left\{ p_i(t) L_i(t)^{1-\alpha} \int_0^1 A_{ij}(t)^{1-\alpha} x_{ij}(t)^{\alpha} \mathrm{d}j - w_i(t) L_i(t) - \int_0^1 p_{ij}(t) x_{ij}(t) \mathrm{d}j \right\}$$

其中，$p_i(t)$ 表示行业 i 所生产产品在 t 时刻的价格，$p_{ij}(t)$ 表示 i 行业第 j 种机器在 t 时刻的价格，$w_i(t)$ 表示 i 行业劳动力的价格。

接下来对 $L_i(t)$ 和 $x_{ij}(t)$ 求偏导并整理可得：

$$w_i(t) = (1 - \alpha) p_i(t) L_i(t)^{-\alpha} \int_0^1 A_{ij}(t)^{1-\alpha} x_{ij}(t)^{\alpha} \mathrm{d}j$$

$$p_{ij}(t) = \alpha p_i(t) L_i(t)^{1-\alpha} A_{ij}(t)^{1-\alpha} x_{ij}(t)^{\alpha-1}$$

假设 2　不同部门使用的机器均由相应的垄断竞争厂商生产，生产单位机

器需要投入 λ 单位数量的最终产品。为简化分析，借鉴罗默（Romer，1990）以及巴罗和萨拉 – 伊 – 马丁（Barro and Sala-i-Martin，1997）的思路，将 λ 设定为 1。为中间产品生产提供机器的机器生产商，其利润最大化目标函数满足：

$$\max\left[p_{ij}(t)x_{ij}(t) - x_{ij}(t)\right]$$

其中，最终品价格设定为 1，求解该最优化问题，可知第 i 类机器生产商的最优产量与最大化利润分别为：

$$x_{ij}(t) = \alpha^{\frac{2}{1-\alpha}}p_i(t)^{\frac{1}{1-\alpha}}L_i(t)A_{ij}(t)$$

$$\pi_{ij}(t) = (1-\alpha)\alpha^{\frac{1+\alpha}{1-\alpha}}p_i(t)^{\frac{1}{1-\alpha}}L_i(t)A_{ij}(t) \qquad (3-3)$$

进一步结合式（3 – 2）可得 i 行业最优生产函数为：

$$Y_i(t) = \alpha^{\frac{2\alpha}{1-\alpha}}p_i(t)^{\frac{\alpha}{1-\alpha}}A_i(t)L_i(t)，\quad A_i(t) = \int_0^1 A_{ij}(t)dj \qquad (3-4)$$

其中，$A_i(t)$ 表示 i 行业的整体技术水平。结合式（3 – 3）可得机器研发企业的垄断利润：

$$\pi_i(t) = \vartheta p_i(t)^{\frac{1}{1-\alpha}}A_i(t)L_i(t)，\quad \vartheta = \alpha^{\frac{1+\alpha}{1-\alpha}}(1-\alpha) \qquad (3-5)$$

则 $v_{Ai}(t) = \pi_i(t)/A_i(t) = \vartheta p_i(t)^{\frac{1}{1-\alpha}}L_i(t)$ 为单位技术进步的垄断利润，ϑ 为劳动产出弹性的函数。考虑到行业 i 技术水平既受机器质量水平的影响，又受人力资本水平的影响，本节参考南希（Nancy，2014、2016）的设定，将行业 i 最终技术水平 $A_i(t)$ 设定为人力资本 $H_i(t)$ 及机器技术水平 $Q_i(t)$ 的 CES 型生产形式：

$$A_i(t) = \left(\gamma H_i(t)^{\frac{\sigma-1}{\sigma}} + (1-\gamma)Q_i(t)^{\frac{\sigma-1}{\sigma}}\right)^{\frac{\sigma}{\sigma-1}} \qquad (3-6)$$

其中，$Q_i(t)$ 表示行业 i 的机器质量，$H_i(t)$ 表示行业 i 的人力资本水平。由式（3 – 6）可知，行业 i 最终技术进步 $A_i(t)$ 在 t 时刻的增量为：

$$\dot{A}_i(t) = A_i(t)^{\frac{1}{\sigma}}\left(\gamma H_i(t)^{\frac{-1}{\sigma}}\dot{H}_i(t) + (1-\gamma)Q_i(t)^{\frac{-1}{\sigma}}\dot{Q}_i(t)\right) \qquad (3-7)$$

其中，$\sigma < 1$，表示人力资本与机器技术水平的替代弹性。γ 表示人力资本对总体技术进步的贡献，$1-\gamma$ 表示机器技术水平对总体技术进步的贡献。

假设 3　机器研发企业从事研发工作，一旦成功将提高该类机器质量，并成为新机器的垄断厂商，获得垄断利润；若技术创新失败，则无法提高机器质量，原市场结构不变（Aghion and Howitt，2009；Acemoglu et al.，2012a）。

一般而言，后发国家技术水平相对于前沿技术存在较大差距，引进发达国家前沿技术成为后发国家技术追赶的一种重要方式。伴随后发国家技术与前沿技术差距的缩小，技术引进将变得困难，自主创新逐渐取代引进创新成为技术追赶更为重要的一环。巴罗和萨拉（Barro and Sala-i-Martin，1997）建立了一个包括中间产品的研发部门、生产部门和最终产品的三部门模型，认为技术进步可表现为中间产品质量梯级序贯升级的形式。因此，本节此处引入机器质量提升型创新（Grossman and Helpman，1991a，1991b；Aghion and Howitt，1992），假定研发企业通过自主创新和引进模仿方式提升 i 行业的机器质量。如果 t 期技术创新成功，自主创新和引进模仿创新可使 Δt 期后机器质量分别提升至 $Q_{Di}(t+\Delta t)$ 和 $Q_{Fi}(t+\Delta t)$，其变化过程满足：

$$Q_{Di}(t+\Delta t) = \lambda_D \cdot Q_i(t) \cdot \Delta t, Q_{Fi}(t+\Delta t) = \lambda_F f_{Fi} \cdot F_i(t) \cdot \Delta t$$

其中，$Q_i(t)$ 表示后发国家 i 行业 t 时刻的机器质量，$F_i(t)$ 表示引进机器的质量，且 $F_i(t) \in [Q_i(t), \hat{F}_i(t)]$，$\hat{F}_i(t)$ 表示先发国家 i 行业前沿技术水平。λ_D 和 λ_F 表示自主创新部门和技术引进部门的基准创新步长，且满足 $\lambda_D > 1$ 和 $\lambda_F > 1$。$\lambda_F f_{Fi}$ 则表示通过技术引进与模仿创新，后发国家实际实现的创新步长，其中 f_{Fi} 表示后发国家知识吸收能力，且 f_{Fi} 随引进技术水平的升高而降低（潘士远和林毅夫，2006），$f_{Fi} \in (0, 1)$。

设 i 行业研发需要的投入为 $Z_{Ti}(t)$，其中自主创新和技术引进分别投入 $Z_{Di}(t)$ 和 $Z_{Fi}(t)$，研发成功率 $p_{Di}(t)$ 和 $p_{Fi}(t)$ 是劳均研发投入 $Z_{Di}(t)/L_i(t)$ 和 $Z_{Fi}(t)/L_i(t)$ 的函数，其随研发投入增加而提高。在研发投入给定的条件下，创新成功率还取决于创新成本和所要达到的机器质量技术水平。通常机器质量越高，技术创新难度越大，研发成功概率越小，因此有：

$$p_{Di}(Z_{Di}(t)) = \frac{1}{\zeta_{Di}}(Z_{Di}(t)/(L_i(t)Q_{Di}(t+\Delta t)))^\varphi$$

$$p_{Fi}(Z_{Fi}(t)) = \frac{1}{\zeta_{Fi}}(Z_{Fi}(t)/(L_i(t)Q_{Fi}(t+\Delta t)))^{\varphi} \qquad (3-8)$$

由式（3-8）可知，研发成功概率满足 $p_{Di}(0) = 0$，$p_{Fi}(0) = 0$，且 $p_{Di}'(0) = +\infty$，$p_{Fi}'(0) = +\infty$。$\varphi < 1$ 为研发产出弹性，ζ_{Di} 和 ζ_{Fi} 分别表示自主创新和模仿创新的成本参数。研发成功率随自主创新和技术引进的不断提高而下降，可知 Δt 期后 i 行业机器质量水平 $Q_i(t+\Delta t)$ 满足：

$$Q_i(t+\Delta t) = p_{Di}(t)\lambda_D \cdot Q_i(t)\Delta t + p_{Fi}(t)\lambda_F f_{Fi} \cdot F_i(t)\Delta t$$
$$+ (1 - p_{Di}(t)\Delta t - p_{Fi}(t)\Delta t)Q_i(t)$$

其中，$p_{Di}(t)\lambda_D \cdot Q_i(t)\Delta t$ 表示自主创新部门 Δt 期后研发成功后的期望机器质量，$p_{Fi}(t)\lambda_F f_{Fi} \cdot F_i(t)\Delta t$ 表示技术引进部门 Δt 期后的期望机器质量，$(1 - p_{Di}(t)\Delta t - p_{Fi}(t)\Delta t)Q_i(t)$ 表示自主创新部门与引进创新部门研发失败后的期望机器质量。

因此，t 期机器质量水平的增量为：

$$\dot{Q}_i(t) = p_{Di}(t)(\lambda_D - 1) \cdot Q_i(t) + p_{Fi}(t)(\lambda_F f_{Fi} \cdot F_i(t) - Q_i(t))$$

进一步可得后发国家的机器技术进步率为：

$$g_{Qi}(t) = p_{Di}(t)(\lambda_D - 1) + p_{Fi}(t)(\lambda_F f_{Fi} \cdot a_{Qi}(t) - 1) \qquad (3-9)$$

其中，$a_{Qi}(t) = \dfrac{F_i(t)}{Q_i(t)}$ 表示 t 期 i 行业先发国家与后发国家机器的技术差距，可反映两国 i 行业技术差距。式（3-9）机器技术进步率可以分解为两部分，$p_{Di}(t)(\lambda_D - 1)$ 为自主研发部门创新对总体机器技术进步率的贡献；$p_{Fi}(t)(\lambda_F f_{Fi} \cdot a_{Qi}(t) - 1)$ 为技术引进部门模仿创新对总体机器技术进步率的贡献，且技术引进部门模仿创新受制于后发国家的知识吸收能力 f_{Fi} 以及引进技术水平与本国现有机器技术水平的差距 $a_{Qi}(t)$。借鉴潘士远和林毅夫（2006）的研究，设定后发国家知识吸收能力 $f_{Fi} = \exp\left[\kappa\left(1 - \dfrac{F_i(t)}{Q_i(t)}\right)\right]$，原因在于后发国家与先发国家存在知识存量、知识结构、要素禀赋等方面的差距，引进的技术越先进和前沿，往往后发国家越难以模仿吸收，其中 $\kappa < 1$。后发国家将不同技术创新组合为新的生产技术，技术进步函数可表示为：

$$\dot{Q}_i(t) = \frac{1}{\zeta_{Di}} \left(\frac{Z_{Di}(t)}{L_i(t) Q_{Di}(t+1)} \right)^{\varphi} (\lambda_D - 1) \cdot Q_i(t)$$

$$+ \frac{1}{\zeta_{Fi}} \left(\frac{Z_{Fi}(t)}{L_i(t) Q_{Fi}(t+1)} \right)^{\varphi} (\lambda_F f_{Fi} \cdot F_i(t) - Q_i(t)) \quad (3-10)$$

此时研发投入的最优分配问题满足如下最大化条件：

$$\max_{Z_{Di}(t), Z_{Fi}(t)} \frac{1}{\zeta_{Di}} \left(\frac{Z_{Di}(t)}{L_i(t) Q_{Di}(t+1)} \right)^{\varphi} (\lambda_D - 1) \cdot Q_i(t)$$

$$+ \frac{1}{\zeta_{Fi}} \left(\frac{Z_{Fi}(t)}{L_i(t) Q_{Fi}(t+1)} \right)^{\varphi} (\lambda_F f_{Fi} \cdot F_i(t) - Q_i(t))$$

根据最大化条件可得最优研发投入分配满足：

$$\frac{Z_{Di}(t)}{Z_{Fi}(t)} = M(a_{Qi}(t))$$

$$= \left(\frac{\zeta_F (\lambda_D - 1)}{\zeta_D} \right)^{\frac{1}{1-\varphi}} \left(\frac{\lambda_F f_{Fi}}{\lambda_D} \right)^{\frac{\varphi}{1-\varphi}} (\lambda_F f_{Fi} \cdot a_{Qi}(t) - 1)^{\frac{1}{\varphi-1}} a_{Qi}(t)^{\frac{\varphi}{1-\varphi}}$$

$$(3-11)$$

由式（3－11）可知，研发企业研发支出的分配结构 $M(a_{Qi}(t))$ 受成本参数 ζ_D 和 ζ_F、创新步长 λ_D 和 λ_F、后发国家技术吸收能力 f_{Fi} 以及技术差距 $a_{Qi}(t)$ 的影响。其中，i 行业研发投入满足 $Z_{Di}(t) + Z_{Fi}(t) = Z_{Ti}(t)$，$Z_{Ti}(t)$ 为 i 行业研发投入。

进一步可得提升机器质量的最优研发投入分别为：

$$Z_{Di}(t) = (M(a_{Qi}(t)) / (1 + M(a_{Qi}(t)))) Z_{Ti}(t)$$

$$Z_{Fi}(t) = (1/1 + M(a_{Qi}(t))) Z_{Ti}(t) \quad (3-12)$$

令 $\theta_i(t) = \frac{Z_{Di}(t)}{Z_{Ti}(t)}$，在此将 $\theta_i(t)$ 定义为技术创新方向，用以描述经济体对自主创新与模仿创新的选择偏好。结合式（3－12），可得后发国家 i 行业技术创新方向 $\theta_i(t)$：

$$\theta_i(t) = M(a_{Qi}(t)) / (1 + M(a_{Qi}(t))) \quad (3-13)$$

将最优研发投入 $Z_{Di}(t)$ 和 $Z_{Fi}(t)$ 代入式（3－10）可得最终机器质量增量

满足：

$$\dot{Q}_i(t) = \eta_{Ti}\left(\frac{Z_{Ti}(t)}{L_i(t)}\right)^\varphi Q_i(t)^{1-\varphi} \tag{3-14}$$

其中，$E(a_{Qi}(t)) = \left(\frac{1}{\zeta_D}(M(a_{Qi}(t)))^\varphi \lambda_D^{-\varphi}(\lambda_D-1) + \frac{1}{\zeta_F}(\lambda_F f_{Fi} \cdot a_{Qi}(t))^{-\varphi}(\lambda_F f_{Fi} \cdot a_{Qi}(t)-1)\right)$；$\eta_{Ti} = E(a_{Qi}(t))(1+M(a_{Qi}(t)))^{-\varphi}$，表示后发国家 i 行业的技术研发效率。

在研发投入最优分配条件下，机器质量的增量满足式（3-14）。为此，假设人力资本的累积方程与机器技术进步形式相同，进一步设定人力资本积累方程满足：

$$\dot{H}_i(t) = \eta_{Hi}\left(\frac{Z_{Hi}(t)}{L_i(t)}\right)^\varphi H_i(t)^{1-\varphi} \tag{3-15}$$

其中，$Z_{Hi}(t)$ 表示 t 期 i 行业垄断厂商人力资本投入。

同时，在市场自由进入的条件下，研发企业研发行为的市场均衡满足技术市场出清条件，即研发企业的研发投入成本等于当期技术进步增量所带来的收益，结合单位技术进步的垄断利润 $v_{Ai}(t)$，可得最优的研发投入满足：

$$\max_{Z_{Ti}(t),Z_{Hi}(t)} v_{Ai}(t)\dot{A}_i(t) - Z_{Ti}(t) - Z_{Hi}(t)$$

其中，$Z_{Ti}(t)$ 和 $Z_{Hi}(t)$ 分别为 i 行业机器研发投入和人力资本投入，结合式（3-5），依据利润最大化目标函数，求利润最大化一阶条件可得：

$$Z_{Ti}(t) = (1-\gamma)^{\frac{1}{1-\varphi}}\vartheta^{\frac{1}{1-\varphi}}\varphi^{\frac{1}{1-\varphi}}\eta_{Ti}^{\frac{1}{1-\varphi}}p_i(t)^{\frac{1}{\psi}}A_{Ti}(t)^{\frac{1}{1-\varphi}}Q_i(t)L_i(t) \tag{3-16}$$

$$Z_{Hi}(t) = \gamma^{\frac{1}{1-\varphi}}\vartheta^{\frac{1}{1-\varphi}}\varphi^{\frac{1}{1-\varphi}}\eta_{Hi}^{\frac{1}{1-\varphi}}p_i(t)^{\frac{1}{\psi}}A_{Hi}(t)^{\frac{1}{1-\varphi}}H_i(t)L_i(t) \tag{3-17}$$

其中，$\psi = (1-\alpha)(1-\varphi)$，$A_{Ti}(t) = A_i(t)^{\frac{1}{\sigma}}Q_i(t)^{-\frac{1}{\sigma}}$，$A_{Hi}(t) = A_i(t)^{\frac{1}{\sigma}}H_i(t)^{-\frac{1}{\sigma}}$。

由最优机器研发和人力资本投入式（3-16）和式（3-17）可得：

$$\frac{Z_{Hi}(t)}{Z_{Ti}(t)} = \left(\frac{\gamma}{1-\gamma}\right)^{\frac{1}{1-\varphi}}\left(\frac{\eta_H}{\eta_{Ti}}\right)^{\frac{1}{1-\varphi}}a_{Hi}(t)^{\frac{\sigma-\sigma\varphi-1}{\sigma-\sigma\varphi}} = \Lambda(a_{Hi}(t)) \tag{3-18}$$

其中，$a_{Hi}(t) = \frac{H_i(t)}{Q_i(t)}$ 表示技能匹配度（Nancy，2014，2016）。

则人力资本投资与机器研发的最优投入结构分别为：

$$Z_{Hi}(t) = \frac{\Lambda(a_{Hi}(t))}{1 + \Lambda(a_{Hi}(t))}Z_i(t), \ Z_{Ti}(t) = \frac{1}{1 + \Lambda(a_{Hi}(t))}Z_i(t) \quad (3-19)$$

结合式（3-16）和式（3-19），可得研发总投资 $Z_i(t)$ 满足：

$$Z_i(t) = \vartheta^{\frac{1}{1-\varphi}}\varphi^{\frac{1}{1-\varphi}}\eta_{Ti}^{\frac{1}{1-\varphi}}p_i(t)^{\frac{1}{\psi}}A_{Ti}(t)^{\frac{1}{1-\varphi}}(1 + \Lambda(a_{Hi}(t)))Q_i(t)L_i(t)$$

$$(3-20)$$

根据傅晓霞和吴利学（2013）的研究可知，研发总投资的动态过程满足：

$$\frac{\dot{Z}_i(t)}{Z_i(t)} = \frac{1}{\psi}\frac{\dot{p}_i(t)}{p_i(t)} + \frac{1}{1-\varphi}\frac{\dot{\eta}_{Ti}}{\eta_{Ti}} + \frac{1}{1-\varphi}\frac{\dot{A}_{Ti}(t)}{A_{Ti}(t)}$$

$$+ \frac{(1 + \Lambda(\dot{a}_{Hi}(t)))}{(1 + \Lambda(a_{Hi}(t)))} + \frac{\dot{Q}_i(t)}{Q_i(t)} + \frac{\dot{L}_i(t)}{L_i(t)} \quad (3-21)$$

进一步结合式（3-7）、式（3-19）和式（3-20）可得总体技术进步的动态过程满足：

$$\frac{\dot{A}_i(t)}{A_i(t)} = \vartheta^{\frac{\varphi}{1-\varphi}}\eta_{Ti}^{\frac{\varphi}{1-\varphi}}p_i(t)^{\frac{\varphi}{\psi}}\varphi^{\frac{\varphi}{1-\varphi}}A_{i0}^{\frac{1-\sigma}{\sigma}}\xi(a_{Hi}(t))A_{Ti}(t)^{\frac{\varphi}{1-\varphi}} \quad (3-22)$$

由式（3-12）和式（3-16）可得：

$$Z_{Di}(t) = \vartheta^{\frac{1}{1-\varphi}}\varphi^{\frac{1}{1-\varphi}}p_i(t)^{\frac{1}{\psi}}E(a_{Qi}(t))^{\frac{1}{1-\varphi}}M(a_{Qi}(t))$$

$$(1 + M(a_{Qi}(t)))^{\frac{-1}{1-\varphi}}A_{Ti}(t)^{\frac{1}{1-\varphi}}Q_i(t)L_i(t)$$

$$Z_{Fi}(t) = \vartheta^{\frac{1}{1-\varphi}}\varphi^{\frac{1}{1-\varphi}}p_i(t)^{\frac{1}{\psi}}E(a_{Qi}(t))^{\frac{1}{1-\varphi}}(1 + M(a_{Qi}(t)))^{\frac{-1}{1-\varphi}}A_{Ti}(t)^{\frac{1}{1-\varphi}}Q_i(t)L_i(t)$$

将其代入（3-8）式，可得研发企业不同类型创新成功率 $p_{Di}(t)$ 和 $p_{Fi}(t)$：

$$p_{Di}(t) = \zeta_D^{\frac{-1}{1-\varphi}}\vartheta^{\frac{\varphi}{1-\varphi}}\varphi^{\frac{\varphi}{1-\varphi}}\lambda_D^{\frac{\varphi}{\varphi-1}}(\lambda_D - 1)^{\frac{\varphi}{1-\varphi}}p_i(t)^{\frac{\varphi}{\psi}}A_{Ti}(t)^{\frac{\varphi}{1-\varphi}} \quad (3-23)$$

$$p_{Fi}(t) = \frac{1}{\zeta_F}\zeta_D^{\frac{-\varphi}{1-\varphi}}\vartheta^{\frac{\varphi}{1-\varphi}}\varphi^{\frac{\varphi}{1-\varphi}}\lambda_D^{\frac{\varphi^2}{\varphi-1}}(\lambda_D - 1)^{\frac{\varphi}{1-\varphi}}p_i(t)^{\frac{\varphi}{\psi}}$$

$$(\lambda_F f_{Fi}a_{Qi}(t))^{-\varphi}M(a_{Qi}(t))^{-\varphi}A_{Ti}(t)^{\frac{\varphi}{1-\varphi}} \quad (3-24)$$

由式（3-23）和式（3-24）可得，模仿创新成功率受制于技术差距，而技术差距对自主创新的成功率并无影响，进一步可得技术差距对模仿创新成功率的作用：

$$
\frac{\partial p_{Fi}(t)}{\partial a_{Qi}(t)} = \frac{\varphi}{1-\varphi} \zeta_F^{\frac{-1}{1-\varphi}} \vartheta^{\frac{\varphi}{1-\varphi}} \varphi^{\frac{\varphi}{1-\varphi}} p_i(t)^{\frac{\varphi}{\psi}} \left(\frac{\lambda_F f_{Fi} a_{Qi}(t)}{\lambda_F f_{Fi} a_{Qi}(t) - 1} \right)^{\frac{-1}{1-\varphi}}
$$

$$
\frac{\lambda_F f_{Fi}(1 - k a_{Qi}(t))}{(\lambda_F f_{Fi} a_{Qi}(t) - 1)^2} A_{Ti}(t)^{\frac{\varphi}{1-\varphi}}
$$

由此可得，对于行业 i，当 $1 - k a_{Qi}(t) < 0$ 时，随着 $a_{Qi}(t)$ 的缩小，模仿创新成功的概率不断增大。当 $1 - k a_{Qi}(t) > 0$ 时，随着 $a_{Qi}(t)$ 的缩小，模仿创新成功的概率不断减小，此时，后发国家自主创新对总体技术进步率的贡献逐渐增大，技术追赶应转向以自主创新为主。结合式（3－23）和式（3－24）可知，后发国家机器技术进步率式（3－9）最大化为：

$$
\max_{F_i(t)} p_{Di}(t)(\lambda_D - 1) + p_{Fi}(t)(\lambda_F f_{Fi} \cdot a_{Qi}(t) - 1)
$$

其中，$a_{Qi}(t) = \frac{F_i(t)}{Q_i(t)}$，对 $F_i(t)$ 求一阶偏导可知，当 $a_{Qi}(t) < \frac{1}{\kappa}$ 时，$g_{Qi}(t)$ 为 $a_{Qi}(t)$ 的增函数；当 $a_{Qi}(t) > \frac{1}{\kappa}$ 时，$g_{Qi}(t)$ 为 $a_{Qi}(t)$ 的减函数。因此，引进技术与自身技术存在一个最优的技术差距 $a_{Qi}(t) = \frac{1}{\kappa}$，即技术引进的最优水平

$$
F_i(t) = \frac{Q_i(t)}{\kappa}。
$$

结合式（3－9）、式（3－23）和式（3－24），可知 $F_i(t) = \frac{Q_i(t)}{\kappa}$，使得：

$$
g_{Qi}(t) = \begin{cases} p_{Di}(t)(\lambda_D - 1) + p_{Fi}(t)\left(\lambda_F \frac{1}{\kappa} \exp(\kappa - 1) - 1\right), Q_i(t) < \kappa \hat{F}_i(t) \\ p_{Di}(t)(\lambda_D - 1) + p_{Fi}(t)\left(\lambda_F \exp\left(\kappa\left(1 - \frac{\hat{F}_i(t)}{Q_i(t)}\right)\right)\frac{\hat{F}_i(t)}{Q_i(t)} - 1\right), Q_i(t) \geq \kappa \hat{F}_i(t) \end{cases}
$$

$$
(3-25)
$$

由式（3－25）可知，后发国家技术创新一般有两种来源：本国的自主研发和从先发国家的技术引进。在考虑自身吸收能力的前提下，后发国家可以决

定从先发国家引进不同水平的技术加以模仿。第一，当 i 行业机器技术水平 $Q_i(t) \geqslant \kappa \hat{F}_i(t)$，即行业 i 为准前沿技术行业时，此时后发国家应引进先发国家最前沿的技术 $\hat{F}_i(t)$，后发国家技术进步受两类技术创新步长 λ_D 和 λ_F 以及后发国家技术吸收能力 f_{F_i} 和引进技术差距 $a_{Q_i}(t)$ 的影响。第二，当 i 行业技术水平 $Q_i(t) < \kappa \hat{F}_i(t)$，即行业 i 为远离前沿技术行业时，此时后发国家技术进步取决于自主创新与模仿创新步长 λ_D 和 λ_F 以及技术吸收因子 κ 的影响。这一阶段后发国家距前沿技术较远，最终机器技术进步可达 $\kappa \hat{F}_i(t)$。第三，后发国家不同行业处于不同技术差距阶段，需要选择差异化技术引进策略。在技术水平远离前沿技术时，如果引进最前沿技术，可能导致引进技术无法与要素禀赋相匹配，进而降低技术引进效率。此时，技术引进不仅无法缩小与先发国家的技术差距，反而可能步入技术追赶陷阱。

结论1 后发国家技术创新可通过自主研发和技术引进来实现。当行业 i 机器技术水平 $Q_i(t) \geqslant \kappa \hat{F}_i(t)$，可引进先发国家最前沿的技术 $\hat{F}_i(t)$；当 $Q_i(t) < \kappa \hat{F}_i(t)$，最优技术引进水平为 $F_i(t) = Q_i(t)/\kappa$，此时如果引进先发国家最前沿技术，可能导致要素禀赋与技术的不匹配而降低技术吸收效率。

将后发国家行业分为远离前沿行业与准前沿行业两类，则生产函数为：

$$Y(t) = \left(Y_b(t)^{\frac{\varepsilon-1}{\varepsilon}} + Y_l(t)^{\frac{\varepsilon-1}{\varepsilon}} \right)^{\frac{\varepsilon}{\varepsilon-1}}$$

其中，$Y_b(t)$ 表示远离前沿行业的产出，$Y_l(t)$ 表示准前沿行业的产出，$\varepsilon > 1$ 表示两部门产品的替代属性。根据部门 CES 生产函数设定和竞争性的市场结构，假定部门的产品价格等于产品的边际产出价值，则两部门产出关系满足：

$$\frac{Y_l(t)}{Y_b(t)} = \left(\frac{p_b(t)}{p_l(t)} \right)^{\varepsilon}$$

再将 $Y_l(t) = \alpha^{\frac{2\alpha}{1-\alpha}} p_l(t)^{\frac{\alpha}{1-\alpha}} A_l(t) L_l(t)$ 和 $Y_b(t) = \alpha^{\frac{2\alpha}{1-\alpha}} p_b(t)^{\frac{\alpha}{1-\alpha}} A_b(t) L_b(t)$ 代入可得：

$$\frac{p_l(t)^{\frac{\alpha}{1-\alpha}}A_l(t)L_l(t)}{p_b(t)^{\frac{\alpha}{1-\alpha}}A_b(t)L_b(t)} = \left(\frac{p_b(t)}{p_l(t)}\right)^{\varepsilon} \tag{3-26}$$

根据劳动市场的竞争性和流动性假定，部门间劳动要素边际产品价值满足：

$$(1-\alpha)p_l(t)L_l(t)^{-\alpha}\int_0^1 A_{lj}(t)^{1-\alpha}x_{lj}(t)^{\alpha}\mathrm{d}j$$

$$= (1-\alpha)p_b(t)L_b(t)^{-\alpha}\int_0^1 A_{bj}(t)^{1-\alpha}x_{bj}(t)^{\alpha}\mathrm{d}j$$

再将机器最优产量 $x_{lj}(t) = \alpha^{\frac{2}{1-\alpha}}p_l(t)^{\frac{1}{1-\alpha}}L_l(t)A_{lj}(t)$ 和 $x_{bj}(t) = \alpha^{\frac{2}{1-\alpha}}p_b(t)^{\frac{1}{1-\alpha}}$ $L_b(t)A_{bj}(t)$ 代入可得：

$$\frac{L_l(t)}{L_b(t)} = \left(\frac{A_l(t)}{A_b(t)}\right)^{\Omega}$$

其中，$\Omega = (\varepsilon - 1)(1-\alpha)$。设定准前沿行业与远离前沿行业劳动投入之和为总体劳动投入，即 $L_l(t) + L_b(t) = L(t)$，则有：

$$L_b(t) = \frac{A_b(t)^{\Omega}}{A_b(t)^{\Omega} + A_l(t)^{\Omega}}L(t) = m_b(t)L(t)$$

$$L_l(t) = \frac{A_l(t)^{\Omega}}{A_b(t)^{\Omega} + A_l(t)^{\Omega}}L(t) = m_l(t)L(t) \tag{3-27}$$

其中，$m_b(t) = \dfrac{A_b(t)^{\Omega}}{A_b(t)^{\Omega} + A_l(t)^{\Omega}}$，$m_l(t) = \dfrac{A_l(t)^{\Omega}}{A_b(t)^{\Omega} + A_l(t)^{\Omega}}$，分别为远离前沿行业从业人员和准前沿行业从业人员占全体从业人员的比重，$m_b(t) + m_l(t) = 1$。

将最终产品价格标准化为 1，即 $1 = (p_{bt}^{1-\varepsilon} + p_{lt}^{1-\varepsilon})^{\frac{1}{1-\varepsilon}}$。结合式（3-4）和式（3-26）可得：

$$Y_i(t) = \alpha^{\frac{2\alpha}{1-\alpha}}(A_b(t)^{\Omega} + A_l(t)^{\Omega})^{\frac{\alpha}{\Omega}-1}A_i(t)^{\Omega+1-\alpha}L(t)$$

此时后发国家经济总产出为：

$$Y(t) = \alpha^{\frac{2\alpha}{1-\alpha}}L(t)(A_b(t)^{\Omega} + A_l(t)^{\Omega})^{\frac{1}{\Omega}}$$

令 $A(t) = (A_b(t)^{\Omega} + A_l(t)^{\Omega})^{\frac{1}{\Omega}}$，将其两边对时间 t 求偏导可得：

$$g(t) = \frac{\dot{A}(t)}{A(t)} = (A_b(t)^{\Omega} + A_l(t)^{\Omega})^{-1}\left(A_b(t)^{\Omega}\frac{\dot{A}_b(t)}{A_b(t)} + A_l(t)^{\Omega}\frac{\dot{A}_l(t)}{A_l(t)}\right)$$

$$= m_b(t)g_b(t) + m_l(t)g_l(t) \tag{3-28}$$

由式（3-28）可知，行业劳动力所占份额 $m_i(t)$ 可反映行业技术进步的贡献份额。

进一步结合式（3-16）、式（3-22）和式（3-25）可得：

$$g_i(t) = A_{i0}^{\frac{1-\sigma}{\sigma}} \xi(a_{Hi}(t)) \eta_{Ti}^{-1} g_{Qi}(t)$$

将其代入式（3-28）可得：

$$g(t) = m_b(t)\eta_{Tb}^{-1}A_{b0}^{\frac{1-\sigma}{\sigma}}\xi(a_{Hb}(t))g_{Qb}(t) + m_l(t)\eta_{Tl}^{-1}A_{l0}^{\frac{1-\sigma}{\sigma}}\xi(a_{Hl}(t))g_{Ql}(t)$$

进一步结合式（3-25），可得后发国家总体技术进步率满足：

$$g(t) = m_b(t)\eta_{Tb}^{-1}A_{b0}^{\frac{1-\sigma}{\sigma}}\xi(a_{Hb}(t))\left(p_{Db}\left(\frac{1}{\kappa}\right)(\lambda_D - 1) + p_{Fb}\left(\frac{1}{\kappa}\right)\left(\lambda_F e^{\kappa - 1}\frac{1}{\kappa} - 1\right)\right)$$
$$+ m_l(t)\eta_{Tl}^{-1}A_{l0}^{\frac{1-\sigma}{\sigma}}\xi(a_{Hl}(t))\left(p_{Dl}(a_l(t))(\lambda_D - 1)\right.$$
$$\left. + p_{Fl}(a_l(t))\left(\lambda_F e^{\kappa(1-a_l(t))}a_l(t) - 1\right)\right) \tag{3-29}$$

由式（3-29）结合式（3-28）可知，后发国家总体技术进步率等于准前沿行业与远离前沿行业技术进步率的加权和，权重为行业劳动力所占份额。而行业技能匹配度对技术进步的作用，取决于其对行业技术进步率的直接影响，以及行业技术进步贡献份额的作用效应。结合行业技术进步贡献份额 $m_i(t)$ 以及行业技术进步率 $g_i(t)$ 分解式可得：

$$\frac{\partial m_i(t)}{\partial a_{Hi}(t)} = \frac{\Omega\gamma a_{Hi}(t)^{\frac{-1}{\sigma}}A_l(t)^{\Omega}A_b(t)^{\Omega}Q_i(t)^{\frac{\sigma-1}{\sigma}}A_i(t)^{\frac{1}{\sigma}-1}}{(A_b(t)^{\Omega} + A_l(t)^{\Omega})^2} \tag{3-30}$$

$$\frac{\partial g_i(t)}{\partial a_{Hi}(t)} = \vartheta^{\frac{\varphi}{1-\varphi}}p_i(t)^{\frac{\varphi}{\psi}}\varphi^{\frac{\varphi}{1-\varphi}}A_{i0}^{\frac{\sigma\varphi+1-\sigma}{\sigma-\sigma\varphi}}\gamma \cdot (\Gamma + \nabla) \tag{3-31}$$

其中，令

$$\Gamma = \frac{\sigma\varphi + 1 - \sigma}{\sigma - \sigma\varphi}\xi(a_{Hi}(t))^{\frac{1}{1-\varphi}}A_{0i}^{\frac{1-\sigma}{\sigma}}a_{Hi}(t)^{\frac{-1}{\sigma}}$$

$$\nabla = \frac{1}{1-\varphi}\frac{\sigma - \sigma\varphi - 1}{\sigma - \sigma\varphi}\xi(a_{Hi}(t))^{\frac{\varphi}{1-\varphi}}\eta_H\left(\frac{\gamma}{1-\gamma}\right)^{\frac{1}{1-\varphi}}\left(\frac{\eta_H}{\eta_{Ti}}\right)^{\frac{\varphi}{1-\varphi}}a_{Hi}(t)^{1-\frac{1}{\sigma-\sigma\varphi}}$$

由式（3-28）~式（3-31）可知，行业技能匹配度 $a_{Hi}(t)$ 对总体技术进

步率 $g(t)$ 的影响方向存在不确定性，取决于异质性行业的技术进步贡献份额、所属行业的技术水平和行业替代弹性。第一，从技能匹配度 $a_{Hi}(t)$ 对行业技术进步率的直接影响来看，Γ 为正，而 ∇ 为负，表明行业技能匹配 $a_{Hi}(t)$ 对总体技术进步率 $g_i(t)$ 的影响方向并不确定。如果 $\Gamma + \nabla > 0$，则 $a_{Hi}(t)$ 对总体技术进步率 $g_i(t)$ 表现为正向作用；反之，则 $a_{Hi}(t)$ 抑制总体技术进步率 $g_i(t)$。原因可能是：一方面，技能匹配度 $a_{Hi}(t)$ 的提高，代表行业劳动的相对技能水平提升，通常劳动力技能水平的提高，可以有效提高蕴含前沿技术的机器使用效率，进而推动技术进步；另一方面，相对于特定时期的既有机器存量来看，过度的人力资本也可能会造成人力资本的浪费，即人力资本的过度拥挤引发产出效率损失，最终阻碍技术进步。第二，从行业技术进步贡献份额的角度来看，行业技能匹配度 $a_{Hi}(t)$ 的变化影响 $m_i(t)$，如果两行业呈现替代关系即 $\varepsilon > 1$ 时，随着技能匹配程度 $a_{Hb}(t)$ 的提升，$m_b(t)$ 增大，远离前沿行业技术进步对总体技术水平提升的贡献增大。反之，当行业呈现互补关系即 $\varepsilon < 1$ 时，随着技能匹配度 $a_{Hb}(t)$ 的提升，$m_b(t)$ 减小，远离前沿行业技术进步对总体技术水平提升的贡献减小。

结论 2 异质性行业技能匹配度 $a_{Hi}(t)$ 对后发国家技术进步的作用方向存在不确定性，取决于异质性行业的技术进步贡献份额、所属行业的技术水平和行业替代弹性。在行业替代弹性既定的条件下，技能匹配度 $a_{Hi}(t)$ 会改变异质性行业技术进步贡献率及其对总体技术进步的主导性。

第二节　均衡技术路径特征与技术追赶周期

假设后发国家与先发国家的总体技术差距为 $a(t)$，$a(t)$ 的收敛路径满足：

$$\dot{a}(t) = \lim_{\Delta t \to 0} \frac{a(t + \Delta t) - a(t)}{\Delta t}$$

$$= \lim_{\Delta t \to 0} \frac{a(t)(\exp((g_X(t) - g(t))\Delta t) - 1)}{\Delta t}$$

$$= a(t)(g_X(t) - g(t)) \tag{3-32}$$

其中，$g_X(t)$ 为先发国家经济总体技术进步率。由式（3-32）可知，先发国家与后发国家技术差距的动态过程，取决于两国技术进步率 $g_X(t)$ 与 $g(t)$ 的差，以及先发国家与后发国家初始的技术差距 $a(t)$。当先发国家与后发国家技术进步率皆达到稳态，即 $g_X(t) = g_X(t)^*$，$g(t) = g(t)^*$ 时，其中 $g_X(t)^*$ 与 $g(t)^*$ 分别为先发国家与后发国家稳态时的技术进步率，后发国家与先发国家的技术差距将维持相同速率变化，在此将两国技术进步率处于稳态时的技术差距定义为均衡技术差距。如果 $g(t)^* > g_X(t)^*$，在后发国家发挥比较优势进入追赶阶段时，后发国家能够逐渐缩小与先发国家前沿技术之间的差距，实现技术追赶。若 $g(t)^* < g_X(t)^*$，后发国家技术进步率低于先发国家，后发国家与先发国家技术差距进一步拉大，进而无法实现技术超越。

为描述后发国家的技术追赶过程，令远离前沿行业的技术追赶周期为 T_b，设定 a_{b0} 为初始时刻远离前沿行业的技术差距，$a_b(t)$ 为 t 时刻该行业技术差距，$g_b(t)$ 为后发国家远离前沿行业的技术进步率，$g_{Xb}(t)$ 为先发国家对应行业的技术进步率，则：

$$a_b(t) = a_{b0}e^{(g_{Xb}(t) - g_b(t))t} \tag{3-33}$$

此时，远离前沿行业技术追赶周期 T_b 为：

$$T_b = \ln\left(\frac{a_{b0}}{a_b(t)}\right)\Big/(g_b(t) - g_{Xb}(t)) \tag{3-34}$$

其中，$g_b(t) = \eta_{Tb}^{-1} A_{b0}^{\frac{1-\sigma}{\sigma}} \xi(a_{Hb}(t))\left(p_{Db}\left(\frac{1}{\kappa}\right)(\lambda_D - 1) + p_{Fb}\left(\frac{1}{\kappa}\right)\left(\lambda_F e^{\kappa-1}\frac{1}{\kappa} - 1\right)\right)$。结合式（3-25）可知，当行业 i 满足 $Q_i(t) < \kappa \hat{F}_i(t)$，最优技术引进水平为 $\frac{Q_i(t)}{\kappa}$，如果 $g_b(t) > g_{Xb}(t)$，则后发国家远离前沿行业与先发国家该行业技术差距最终收敛到 $\frac{1}{\kappa}$，则式（3-34）变为 $T_b = \frac{\ln(\kappa a_{b0})}{g_b(t) - g_{Xb}(t)}$，即在 T_b 年后，后发国家远离前沿行业技术进入前沿行业水平。如果 $g_b(t) < g_{Xb}(t)$，那么后发国

家距离前沿行业的技术差距将持续拉大。

同理，令准前沿行业技术追赶周期为 T_l，设定 a_{l0} 为初始时刻准前沿行业技术差距，$a_l(t)$ 为 t 时刻该行业技术差距，则 $a_l(t) = a_{l0}\exp\left(tg_{Xl}(t) - \sum_{n=1}^{t} g_l(n)\right)$，准前沿行业技术追赶周期 T_l 为：

$$T_l = \left\{\ln\left(\frac{a_{l0}}{a_l(t)}\right) + \sum_{n=1}^{t} g_l(n)\right\}\Big/ g_{Xl}(t) \qquad (3-35)$$

其中，后发国家准前沿行业技术进步率为：

$$\begin{aligned}
g_l(t) = &\eta_{Tl}^{-1} A_{l0}^{\frac{1-\sigma}{\sigma}} \xi(a_{Hl}(t))(p_{Dl}(a_l(t))(\lambda_D - 1) \\
&+ p_{Fl}(a_l(t))(\lambda_F e^{\kappa(1-a_l(t))} a_l(t) - 1))
\end{aligned}$$

结合式（3-25）可知，当行业 i 满足 $Q_i(t) > \kappa \hat{F}_i(t)$，最优引进技术为 $\hat{F}_i(t)$。如果初始时刻 $g_l(t) > g_{Xl}(t)$，则后发国家该行业技术差距将不断缩小。伴随技术差距 $a_l(t)$ 逐渐缩小，其技术进步率 $g_l(t)$ 逐渐缩小，直至 $g_l(t) = g_{Xl}(t)$，技术差距将收敛。反之，如果初始时刻 $g_l(t) < g_{Xl}(t)$，则准前沿行业技术差距逐渐增大。

令后发国家经济总体技术进步追赶周期为 T，设定初始时刻后发国家与先发国家的总体技术差距为 a_0，后发国家与先发国家的总体技术差距 $a(t)$ 满足：

$$a(t) = a_0 e^{tg_X(t) - \sum_{n=1}^{t} g(n)}$$

因此，后发国家总体技术追赶周期 T 为：

$$\begin{aligned}
T = &\left\{\ln\left(\frac{a_0}{a(t)}\right) + \sum_{n=1}^{t} (m_b(n)g_b(n) + m_l(n)g_l(n))\right\}\Big/ \\
&(\omega g_{Xb}(t) + (1-\omega)g_{Xl}(t)) \qquad (3-36)
\end{aligned}$$

其中，$g_X(t) = \omega g_{Xb}(t) + (1-\omega)g_{Xl}(t)$，$g_X(t)$ 外生给定，为先发国家经济总体技术进步率，ω 为与后发国家远离前沿行业相对应的先发国家该行业技术进步率对总体技术进步的贡献份额。$1-\omega$ 为与后发国家准前沿行业相对应的先发国家该行业技术进步率对总体技术进步的贡献份额。

结论3 后发国家并非一定能够实现技术追赶，总体技术追赶周期取决于准前沿行业与远离前沿行业的技术追赶过程。通常准前沿行业与远离前沿行业初始的技术进步率 $g_i(t)$ 越小，初始技术差距 a_{i0} 越大，则技术追赶周期 T_i 越长。其中，如果 $g(t)^* < g_X(t)^*$，则后发国家与先发国家技术差距不断扩大，易形成均衡技术差距而陷入低技术均衡陷阱。

第三节　数值模拟结果与评价

（一）模型参数校准

依据模型设定将行业划分成准前沿行业与远离前沿行业两类，将行业技术差距作为划分准前沿行业与远离前沿行业的基准，分别对中美制造业子行业进行相应的划分和匹配。其中，中国行业的划分遵循国民经济行业（GB /T 4754 - 2011）两位数代码分类标准，美国行业划分遵循1997年北美产业分类体系（NAICS）三位数代码行业，借鉴王林辉等（2017）的行业划分逻辑，对中美制造业中的个别行业进行了合并或舍弃，最终获得匹配行业18个，其中美国行业数据来源于 NBER 网站。依据式（3 - 2）计算中美两国各行业技术水平，并进一步获得各行业在各年度的技术差距，分别以从业人员年平均数和固定资产净值表征劳动力和资本要素投入，以各行业工业增加值减税金总额表征经济产出（姚毓春等，2014）。参考王林辉等（2020）的设定，设定 α 为1/3。黄先海和宋学印（2017）认为，当后发国家与发达国家技术差距缩小至1/3 ~ 1/2时，后发国家即接近前沿行列，结合计算所得的中美各行业技术差距，在此设定参数 $\kappa = 1/3$，即以3倍技术差距为分界点划分准前沿行业与远离前沿行业，最终确定通用设备制造业，电气机械和器材制造业、金属制品业等12个行业为远离前沿行业，2011年中美远离前沿行业的技术差距为4.6334。中国印刷业和记录媒介复制业，纺织服装、鞋、帽制造业，木材加工以及交通运输设备制造业等6个行业为准前沿行业，2011年技术差距水平为2.6385。数据表明，中国大部分行业依然处于远离前沿行业，而且即使是一些迈入准前沿行列的行业，与先发国家技术差距依旧较大。对于初始技能匹配度 a_{Hb0} 的设定，朱平芳和徐大丰（2007）、梁润等（2015）采用 LIHK 方法测算了中国人均人力资本水平，在此用梁润（2015）等测算所得到的 2011 年人力资本水平与本节测算所得到的技术进步的比值作为初始技能匹配度，则技能匹配度的初始值为 7.0222。借鉴易信和刘凤良（2015）的设定，设研发产出弹性 φ 为 0.5。自主创新步长 λ_D 和模仿创新步长 λ_F 实际反映部门研发投入倾向，本节参考阿西莫格鲁（Acemoglu et al.，2012）的设定，取 $\lambda_D = \lambda_F = 2$。对于初始技术创新方向 $\theta_i(t)$，参考刘小鲁（2011）和董直庆等（2016）等的设计思路，以规模以上工业企业 R&D 内部支出/（R&D 内部支出 + 引进国外技术经费 + 引进技术消化吸收经费 + 技术改造经费）测度，求得其值约为 0.5。借鉴傅晓霞和吴利学（2013）的研究思路，利用式（3 - 11）和式（3 - 29），及行业 i 相对机器技术差距 $a_{Qi}(t)$、技术进步率 $g_i(t)$ 进行校准，求解自主创新与模仿创新的成本调节参数 ζ_D 和 ζ_F 以及技能学习效率参数 η_H。参数校准结果见表 3.1。

表 3.1 参数校准结果

ε	σ	γ	α	φ	κ	ζ_F	ζ_D	λ_F	λ_D	η_H
0.5	0.5	0.5	1/3	0.5	1/3	0.3571	0.3571	2	2	1.1440

（二）基准设定下不同行业技术创新增速及技术差距的动态变化

考察基准设定下（$\theta_l = 0.5$，$\theta_b = 0.5$）异质性行业技术创新增速及技术差距的动态变化过程。不妨设 A_{l0} 和 A_{b0} 分别为 2011 年准前沿行业和远离前沿行业的技术进步真实值；中美准前沿行业初始相对技术差距 a_{l0} 和远离前沿行业初始相对技术差距 a_{b0}，分别为其所包含行业 2011 年技术差距的均值。同时依据文献的通常做法，将美国对应的两类行业技术进步率设定为 2011 年其所包含行业的均值。其演化结果如图 3.1 和图 3.2 所示。图 3.1 为中国准前沿行业、远离前沿行业以及经济总体技术进步率的变化过程，图 3.2 为中美两国准前沿行业、远离前沿行业及经济总体技术差距的变化过程。

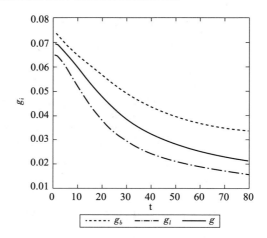

图 3.1   基准设定下技术进步率的演变过程

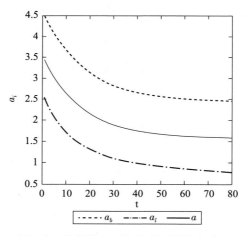

图 3.2   基准设定下技术差距的演变过程

图 3.1 显示，在基准状态下创新增速初期最高，而后逐渐下降。远离前沿行业、准前沿行业和经济总体技术进步率分别由初期的 0.0738、0.0648 和 0.0694，下降到 0.0335、0.0156 和 0.0212。图 3.2 显示，在基准条件下，中美远离前沿行业、准前沿行业以及总体技术差距逐渐下降并趋于收敛。但不同行业技术差距的走势有所不同，中美准前沿行业技术差距逐渐减小，在 40 期左右中国接近美国，并可能实现技术超越。而远离前沿行业的技术差距则下降较缓，

在 80 期技术差距下降至 2.5 左右，并持续维持较大的技术差距，无法实现技术赶超。总体技术差距持续下降，34 期后缩小至 2 以下，但与先发国家仍存在较大距离。

（三）技术创新方向对不同行业技术进步率和技术差距的影响

接下来考察技术创新方向参数变动下，远离前沿行业、准前沿行业以及总体技术进步率和技术差距的动态变化（见图 3.3 ~ 图 3.8）。调整技术创新方向不仅会改变初期行业技术创新增速，也会影响均衡技术进步率，且在不同技术创新方向下，行业技术差距以及技术追赶时间也存在差异。图 3.3 显示，在保持准前沿技术行业技术创新方向不变的情况下，当远离前沿技术行业的技术创新方向由基准状态 $\theta_b = 0.5$ 降至 $\theta_b = 0.3$ 时，即增大模仿创新的研发投入，初期该行业技术进步率高于基准情况下的技术进步率，但呈现快速下降态势，并在 20 期左右降至基准状态之下。当技术创新方向增至 $\theta_b = 0.7$ 时，初期该行业技术进步率低于基准状态下的技术进步率，但在 10 期左右升至基准状态之上，且达到稳定状态时技术进步率更高。图 3.4 显示，远离前沿行业的技术差距演变特征，当 $\theta_l = 0.5$ 和 $\theta_b = 0.3$ 时，即提高模仿创新投入比重，远离前沿行业的技

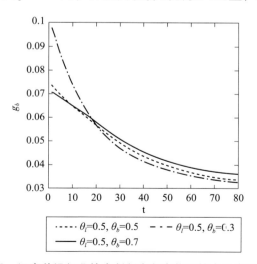

图 3.3 远离前沿行业技术创新方向变化下技术进步率演变

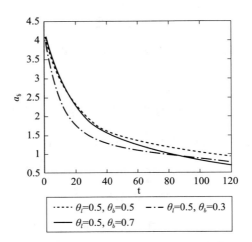

图3.4 远离前沿行业技术创新方向变化下技术差距演变

术差距下降最快,在85期左右技术差距降至1以下;当$\theta_l=0.5$和$\theta_b=0.7$时,即提高自主创新投入比重,技术差距下降速度略慢,但在85期之后与前一种情况相比技术追赶速度更快。

对于准前沿技术行业,如图3.5和图3.6所示,初期技术进步方向改变对技术进步率的影响不大,16期左右之后,自主创新相对模仿创新的研发投入越大则技术进步率越高。但无论何种技术创新方向下皆表现出相对技术差距逐渐缩小态势,且初期自主创新投入越高时(如$\theta_l=0.7$和$\theta_b=0.5$),技术差距下

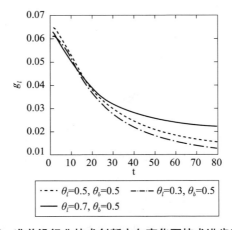

图3.5 准前沿行业技术创新方向变化下技术进步率演变

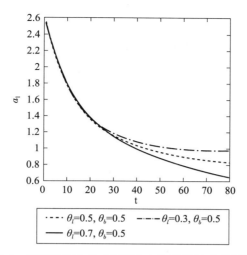

图3.6 准前沿行业技术创新方向变化下技术差距演变

降速度越快，在40期左右降到1，与远离前沿行业相比，准前沿行业实现技术追赶的时间更快。可见，自主研发可加速准前沿行业实现技术追赶，而在技术追赶初期模仿创新则更有利于缩小远离前沿行业与发达国家的技术差距。

图3.7和图3.8显示了技术创新方向变化时，总体技术进步率和技术差距的演化特征。图3.7显示，如果 θ_b 不变，在 $\theta_l = 0.3$ 和 $\theta_l = 0.7$ 两种情况下，θ_l 越大，初始时期准前沿行业自主创新投入越高，总体技术进步率越高；如果 θ_l 不变，在 $\theta_b = 0.3$ 和 $\theta_b = 0.7$ 两种情况下，θ_b 越小，即初始时期远离前沿技术行业的模仿创新投入越大，总体技术进步率越高，但在20期左右，技术进步率会被反超。图3.8显示，如果 θ_b 不变，在 $\theta_l = 0.3$ 和 $\theta_l = 0.7$ 两种情况下，θ_l 越大，总体技术差距下降越快；如果 θ_l 不变，在 $\theta_b = 0.3$ 和 $\theta_b = 0.7$ 两种情况下，θ_b 越小，初期总体技术差距下降越快，越有利于技术追赶，但在技术追赶后期，高自主创新投入的优势逐渐凸显。

由图3.7和图3.8可知，远离前沿行业模仿创新投入比重越大，或准前沿行业自主创新投入比重越大，越有利于提高初期总体技术进步率，但技术创新方向变动的长短期效果可能存在差异。

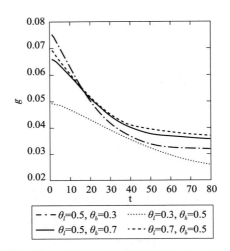

图 3.7　技术创新方向变化下总体技术进步率演变

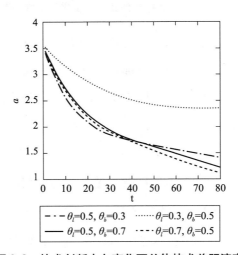

图 3.8　技术创新方向变化下总体技术差距演变

　　综合而言，在不同技术创新方向下，远离前沿行业、准前沿行业以及总体技术进步率均有朝世界前沿技术水平收敛的趋势，且同一技术创新方向对远离前沿行业、准前沿行业技术进步率的作用不同。但并非自主创新占主导的技术创新方向更有利于后发国家技术追赶，技术创新方向应随行业差异以及追赶阶段进行动态调整。一般地，初始阶段模仿创新水平较高，总体技术进步率越高，技术差距下降速度更快；但在技术追赶后期自主创新投入越大，技术进步率越高且技术追赶速度越快。

（四）不同行业技术创新方向对总体技术进步率的贡献及贡献差异

表3.2呈现了远离前沿与准前沿行业技术创新方向对总体技术进步率的贡献，以及不同行业的贡献差异（因篇幅限制在此每隔8期列示一次模拟结果）。无论在何种技术创新方向下，远离前沿行业自主创新贡献 $gbda$ 与准前沿行业自主创新贡献 $glda$ 皆呈上升趋势，以 $\theta_l = 0.5$，$\theta_b = 0.3$ 的情形为例，远离前沿行业自主创新的贡献由初期的 0.1906 逐步上升至 80 期的 0.2350；准前沿行业自主创新贡献则由初期的 0.1206 逐步上升至 80 期的 0.5499，为初期的 4.56 倍。与之相反，远离前沿行业模仿创新贡献 $gbfa$ 与准前沿行业模仿创新贡献 $glfa$ 基本呈下降趋势。以 $\theta_l = 0.5$，$\theta_b = 0.3$ 的情形为例，远离前沿行业模仿创新的贡献由初期的 0.4881 逐步下降至 80 期的 0.2140，且表现出持续下滑，总体下降 56.2%。准前沿行业模仿创新贡献则由初期的 0.2007 逐步下降至 80 期的 0.0012，总体下降 99.4%。与其他三种情况都不同，当技术创新方向为 $\theta_l = 0.3$，$\theta_b = 0.5$ 情形时，远离前沿行业模仿创新对总体技术进步的贡献呈现先升后降的变化趋势。在此，特别需要关注的是准前沿行业，在初始资源禀赋和技术水平约束下，自主创新贡献并不占据优势，但伴随后发国家技术水平的不断提升，自主创新贡献不断提高并最终发挥主导作用。

表3.2 不同技术创新方向对技术进步的贡献率

t	$\theta_l = 0.5$，$\theta_b = 0.3$				$\theta_l = 0.5$，$\theta_b = 0.7$			
	$gbda$	$gbfa$	$glda$	$glfa$	$gbda$	$gbfa$	$glda$	$glfa$
1	0.1906	0.4881	0.1206	0.2007	0.2847	0.2731	0.1802	0.2620
8	0.1676	0.4279	0.1671	0.2374	0.2847	0.2731	0.2024	0.2399
16	0.1701	0.3822	0.2255	0.2221	0.2924	0.2760	0.2427	0.1889
24	0.1849	0.3483	0.2910	0.1758	0.3043	0.2633	0.2981	0.1344
32	0.2006	0.3227	0.3569	0.1198	0.3160	0.2427	0.3602	0.0811
40	0.2133	0.3014	0.4184	0.0670	0.3248	0.2202	0.4198	0.0352
48	0.2219	0.2819	0.4708	0.0255	0.3291	0.1977	0.4677	0.0055

	$\theta_l=0.5$，$\theta_b=0.3$				$\theta_l=0.5$，$\theta_b=0.7$			
t	gbda	gbfa	glda	glfa	gbda	gbfa	glda	glfa
56	0.2263	0.2627	0.5087	0.0023	0.3283	0.1755	0.4955	0.0008
64	0.2272	0.2432	0.5284	0.0011	0.3302	0.1568	0.5122	0.0008
72	0.2301	0.2275	0.5412	0.0012	0.3358	0.1407	0.5228	0.0008
80	0.2350	0.2140	0.5499	0.0012	0.3440	0.1257	0.5294	0.0008
	$\theta_l=0.3$，$\theta_b=0.5$				$\theta_l=0.7$，$\theta_b=0.5$			
t	gbda	gbfa	glda	glfa	gbda	gbfa	glda	glfa
1	0.1678	0.3705	0.1062	0.3554	0.3050	0.3558	0.1930	0.1462
8	0.1709	0.3772	0.1141	0.3378	0.2724	0.3179	0.2499	0.1598
16	0.1765	0.3897	0.1303	0.3035	0.2664	0.2863	0.3139	0.1334
24	0.1808	0.3991	0.1535	0.2666	0.2780	0.2532	0.3818	0.0870
32	0.1834	0.4040	0.1830	0.2297	0.2927	0.2232	0.4440	0.0401
40	0.1857	0.4030	0.2179	0.1934	0.3047	0.1957	0.4921	0.0076
48	0.1872	0.3973	0.2579	0.1576	0.3119	0.1696	0.5179	0.0006
56	0.1881	0.3890	0.3012	0.1217	0.3207	0.1474	0.5313	0.0006
64	0.1880	0.3794	0.3462	0.0864	0.3329	0.1279	0.5386	0.0006
72	0.1870	0.3689	0.3907	0.0534	0.3476	0.1094	0.5423	0.0006
80	0.1849	0.3574	0.4323	0.0254	0.3641	0.0913	0.5440	0.0006

资料来源：笔者自行测算得出。

（五）不同行业技能匹配度对技术进步率的影响

进一步考察在技术追赶过程中，远离前沿行业与准前沿行业技能匹配度 a_{Hb} 和 a_{Hl} 对技术进步率的影响。图3.9为基准状态下（$\theta_l=0.5$，$\theta_b=0.5$）远离前沿行业技能匹配度 a_{Hb} 对其技术进步率的影响，在基准技术创新方向设定下，技能匹配度、远离前沿行业技术进步率和总体技术进步率分别为 $a_{Hb}=7.022$，$g_b=0.074$ 和 $g=0.069$。数据表明，技能匹配度 a_{Hb} 对远离前沿行业与总体技术进步率皆存在明显的促进作用。图3.10为基准状态下（$\theta_l=0.5$，$\theta_b=0.5$）准前沿行业技能匹配度 a_{Hl} 对技术进步率的影响，在基准技术创新方向设定下，技

能匹配度 a_{Hl}、前沿行业技术进步率和总体技术进步率分别为 $a_{Hl} = 5.245$，$g_l =$ 0.069 和 $g = 0.062$。数据表明，技能匹配度 a_{Hl} 对准前沿行业与总体技术进步率皆存在明显的促进作用，且呈现同步变动趋势。

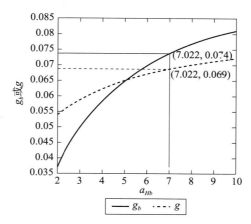

图 3.9　远离前沿行业 a_{Hb} 对技术进步率的影响过程

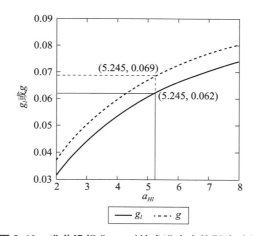

图 3.10　准前沿行业 a_{Hl} 对技术进步率的影响过程

进一步考察在技术追赶过程中，不同技术创新方向下，远离前沿行业与准前沿行业技能匹配度 a_{Hb} 和 a_{Hl} 对技术进步率的影响。图 3.11 为远离前沿行业技能匹配度 a_{Hb} 对其技术进步率的影响。无论何种技术创新方向下，技能匹配度 a_{Hb} 对远离前沿行业技术进步率皆产生促进作用。但不同技术创新方向下，技能

匹配度 a_{Hb} 对技术进步率的作用效应存在明显差异。与基准状态相比，远离前沿行业模仿创新投入占比越高，技能匹配度 a_{Hb} 对其技术进步率的正向作用越强。图 3.12 为准前沿行业技能匹配度 a_{Hl} 对其技术进步率的影响。模拟结果显示，准前沿行业技能匹配度 a_{Hl} 对其技术进步率也呈现显著的促进作用。与基准状态相比，降低准前沿行业自主创新投入，技能匹配度 a_{Hl} 对其技术进步率的提升作用变弱，但提升准前沿行业自主创新投入对技术进步率的作用有限，这与远离前沿行业情况不同。原因可能在于，远离前沿行业技术进步多以模仿创新为主，技术吸收效率依赖于劳动者技能与引进技术的匹配度；但对于准前沿行业，技

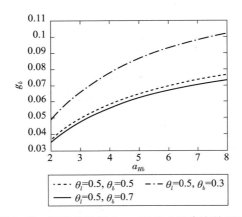

图 3.11　远离前沿行业 a_{Hb} 对技术进步率的影响

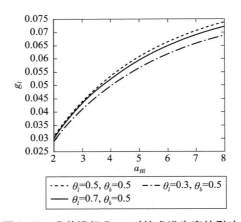

图 3.12　准前沿行业 a_{Hl} 对技术进步率的影响

术进步以自主创新为主，对技能匹配度的依赖性下降。图 3.13 和图 3.14 分别为远离前沿行业与准前沿行业技能匹配度 a_{Hb} 和 a_{Hl} 对总体技术进步率的影响，从模拟结果来看，技能匹配度 a_{Hb} 和 a_{Hl} 对总体技术进步率皆呈现显著的正向作用。由图 3.13 可知，当保持准前沿行业技术创新方向不变（$\theta_l = 0.5$）时，远离前沿行业模仿创新投入越多，技能匹配度 a_{Hb} 对总体技术进步率的正向作用越强。同样地，由图 3.14 可知，当保持准前沿行业技术创新方向不变（$\theta_l = 0.5$）时，模仿创新占优时，技能匹配度 a_{Hl} 对总体技术进步率的作用更强。

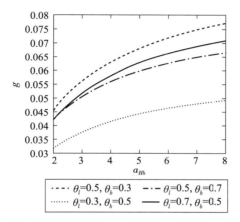

图 3.13　远离前沿行业 a_{Hb} 对总体技术进步率的影响

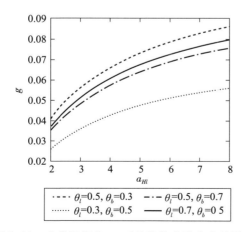

图 3.14　准前沿行业 a_{Hl} 对总体技术进步率的影响

（六）技术创新方向与技术追赶周期的关系

表 3.3 呈现了技术追赶过程中技术创新方向与技术追赶周期的模拟结果。已有文献研究发现，当后发国家与先发国家技术差距缩小至 1/3～1/2 时，后发国家即处于接近前沿行列的收敛状态（黄先海和宋学印，2017）。20 世纪后半叶，日本历经大约 40 年的时间，人均 GDP 由 50 年代初期不足美国的 20%，到 1992 年增至美国的 90%；亚洲四小龙则经历 30 年的时间，人均 GDP 增至西欧国家的 60%，从而实现经济追赶（黄先海，2003）。因此，为增加与之前文献的可比性，将先发国家与后发国家技术差距达到 1.5 和 1 时分别设定为实现技术追赶和技术领先，斜杠"＼"表示模拟期内无法达到所列示的技术差距。结果显示：（1）在基准状态下（$\theta_l = 0.5$，$\theta_b = 0.5$），远离前沿行业、准前沿行业和经济总体技术赶超结果迥异。在远离前沿行业，模拟期技术进步无法实现技术追赶，准前沿行业实现技术追赶经历 17 期，在第 34 期开始实现技术领先。而总体技术追赶在第 34 期时技术差距缩小到 2，之后在模拟期内始终无法达到 1.5 以下，即整体技术无法实现追赶。（2）在不同技术创新方向约束下，远离前沿行业、准前沿行业和总体经济技术赶超结果差异明显。首先，准前沿行业技术创新方向不变的情况下，当 $\theta_l = 0.5$，$\theta_b = 0.3$ 时，该行业技术差距降至 2.5 时需要 25 期，总体技术差距在 70 期缩小到 1.5 以下，可实现技术追赶。但在 $\theta_l = 0.5$，$\theta_b = 0.7$ 时，远离前沿技术行业技术差距降至 2.5 时需要 45 期，总体技术差距在 59 期时降至 1.5 以内。其次，远离前沿行业技术创新方向不变的情况下，当 $\theta_l = 0.3$，$\theta_b = 0.5$ 时，准前沿行业技术差距在第 9 期降至 2 以内，相较于基准状态落后 1 期，但在第 21 期和第 46 期时分别实现技术追赶和技术领先，相较于基准状态分别落后 4 期和 12 期。总体技术差距在第 16 期和 42 期降至 3 和 2.5 以内，始终无法实现技术追赶。在 $\theta_l = 0.7$，$\theta_b = 0.5$ 时，准前沿行业技术差距在第 8 期降至 2 以内，在第 31 期开始实现技术领先，比基准状态提前了 3 期。总体技术差距在第 53 期降至 1.5 以内，可以实现技术追赶。

表 3.3　　　　　　　　不同技术创新方向条件下技术追赶周期

技术创新方向	技术追赶指标	远离前沿行业				准前沿行业				总体经济			
$\theta_l = 0.5$ $\theta_b = 0.5$	技术差距	3.5	3	2.5	2	2	1.5	1.25	1	3	2.5	2	1.5
	追赶时间	13	24	66	\	8	17	24	34	8	17	34	\
$\theta_l = 0.5$ $\theta_b = 0.3$	技术差距	3.5	3	2.5	2	2	1.5	1.25	1	3	2.5	2	1.5
	追赶时间	8	13	25	\	8	16	22	32	5	12	23	70
$\theta_l = 0.5$ $\theta_b = 0.7$	技术差距	3.5	3	2.5	2	2	1.5	1.25	1	3	2.5	2	1.5
	追赶时间	14	23	45	\	7	15	20	29	7	15	28	59
$\theta_l = 0.3$ $\theta_b = 0.5$	技术差距	3.5	3	2.5	2	2	1.5	1.25	1	3	2.5	2	1.5
	追赶时间	\	\	\	\	9	21	30	46	16	42	\	\
$\theta_l = 0.7$ $\theta_b = 0.5$	技术差距	3.5	3	2.5	2	2	1.5	1 25	1	3	2.5	2	1.5
	追赶时间	9	17	33	\	8	17	23	31	6	14	26	53

资料来源：笔者自行测算得出。

综上可知，技术创新方向对于远离前沿、准前沿行业和整体经济的技术赶超有突出作用，在模拟期内技术创新方向不同，不同行业和总体经济的技术追赶过程及均衡技术差距不同，技能匹配度也在其中扮演重要角色。如果保持中国现阶段技术创新方向，准前沿行业可实现技术追赶，但远离前沿行业无法在短时间内缩短与发达国家的技术差距，因此，调整技术创新方向存在必要性。

第四节　　本章小结

既有文献虽然认识到技术创新方向对技术追赶的重要性，但关于技术创新方向内生形成机理的研究尚处于初始阶段，技术创新方向和技术追赶方面还缺少系统性的研究成果，关于技术创新方向对技术追赶的贡献、技术追赶的动态变化过程及技术追赶周期方面的量化研究相对匮乏，也未认识到要素匹配度在其中所扮演的角色。为此，本节引入技术创新方向和要素匹配度重构技术创新方向模型，数理演绎技能匹配度、技术创新方向和技术追赶的动态演变过程，利用中美行业经济数据进行数值模拟，揭示在不同技术创新方向和技能匹配条件下，技术追赶过程和技术追赶周期的变化规律。结果发现：（1）技术创新方向在技术追赶过程中扮演重要角色。在不同技术创新方向下，远离前沿行业、准前沿行业以及总体的技术追赶表现出差异性，并最终影响技术追赶过程和均衡技术差距。通常远离前沿行业初始阶段模仿创新水平越高则技术进步率越高，技术差距下降速度更快；但在技术追赶后期自主创新投入越大则技术进步率越高，技术追赶速度越快。而对于准前沿行业，自主创新研发投入越高，则越有利于其更快实现技术追赶。（2）在行业替代弹性既定条件下，技能匹配度会改变行业技术进步贡献率。对于远离前沿行业，如果模仿创新占优，技能匹配度更有利于提高行业和总体技术进步率；但对于准前沿行业，自主创新占优时技能匹配度的作用有限。（3）后发国家并非一定能够成功实现技术追赶，通常准前沿行业与远离前沿行业初始时期的技术进步率越小，初始技术差距越大，则技术追赶周期越长。如果后发国家技术进步率低于先发国家，则技术差距不断扩大，易形成均衡技术差距而陷入低技术均衡陷阱。如果中国保持现阶段的技术创新方向，准前沿行业可实现技术追赶，但远离前沿行业无法在短时间内缩小技术差距，因此，有必要动态调整技术创新方向以缩短技术追赶周期。

第四章

技术进步方向与跨国传递模型

技术进步方向跨国传递机制并未得到学术界的重视，相关研究将技术进步偏向性的变化、要素禀赋结构与技术的适宜性作为两个问题独立分析，而忽视技术偏向特质与要素禀赋结构的相互作用机制，然而正是两者的互动过程决定了技术的适宜性和技术的应用。基于此，本章在许（Xu，2001）和阿西莫格鲁（Acemoglu，2003）的模型基础上，将自主研发和技术引进部门同时纳入内生技术进步模型中，构建技术进步偏向性跨国传递模型，分析蕴含发达国家要素禀赋特征的技术进步偏向性如何随着技术的引进传递到发展中国家，并数值模拟传递过程中自主研发和技术引进部门的技术进步偏向方向和偏向强度的变化趋势。同时，以技术进步偏向性与要素禀赋结构之间的互动为切入点，深入分析一国要素禀赋如何影响技术进步偏向性；并且引入技术进步适配性，考察在不同技术进步差距与技术适配度的条件下，技术进步偏向性跨国传递路径的动态变化过程，以期为中国有效地进行技术选择和技术引进，实现创新驱动经济增长提供一定的理论基础和经验证据。

第一节　技术进步偏向性跨国传递模型

（一）技术外生约束下技术进步偏向性跨国传递模型

发展中国家的最终产品由两部门生产：一是利用自主研发技术进行生产的

部门，二是通过引进研发获取技术进行生产的部门，两部门产品为单位替代弹性，总量生产函数采用 C-D 形式：

$$F(X,Y) = X^\rho Y^{1-\rho} \tag{4-1}$$

其中，$F(\cdot)$ 表示最终产出；X、Y 分别表示自主研发部门和技术引进部门生产的产品；$0 < \rho < 1$，表示采用自主研发技术生产的产品在最终产品生产中的贡献程度。

根据利润最大化一阶条件可得：

$$\frac{P_X X}{P_Y Y} = \frac{\rho}{1-\rho} \tag{4-2}$$

其中，P_X、P_Y 分别表示 X 产品、Y 产品的价格。

两部门产品生产均需要投入劳动（L）和资本（K）要素，生产函数采用 CES 形式：

$$X = \left[(A_X L_X)^{\frac{\varepsilon-1}{\varepsilon}} + (B_X K_X)^{\frac{\varepsilon-1}{\varepsilon}} \right]^{\frac{\varepsilon}{\varepsilon-1}},$$

$$Y = \left[(A_Y L_Y)^{\frac{\varepsilon-1}{\varepsilon}} + (B_Y K_Y)^{\frac{\varepsilon-1}{\varepsilon}} \right]^{\frac{\varepsilon}{\varepsilon-1}} \tag{4-3}$$

其中，A_i 和 B_i 分别表示 $i(i=X,Y)$ 部门生产中劳动和资本的技术效率；ε 为两种要素的替代弹性，表示要素相对边际产出变化的比例引起的要素投入百分比的变化。

通过求解成本最小化问题可得 X 产品、Y 产品的单位成本函数：

$$c_X = \left[\left(\frac{\omega}{A_X} \right)^{1-\varepsilon} + \left(\frac{r}{B_X} \right)^{1-\varepsilon} \right]^{\frac{1}{1-\varepsilon}},$$

$$c_Y = \left[\left(\frac{\omega}{A_Y} \right)^{1-\varepsilon} + \left(\frac{r}{B_Y} \right)^{1-\varepsilon} \right]^{\frac{1}{1-\varepsilon}} \tag{4-4}$$

其中，ω、r 分别表示劳动和资本的价格，在完全竞争市场上等于要素的边际报酬。

对单位成本函数关于劳动和资本的价格求偏导，得到两种产品生产过程中的资本密集度：

$$k_X = \frac{\dfrac{\partial c_X}{\partial r}}{\dfrac{\partial c_X}{\partial \omega}} = \gamma^{-\varepsilon}(\beta_X)^{\varepsilon-1} \qquad (4-5)$$

$$k_Y = \frac{\dfrac{\partial c_Y}{\partial r}}{\dfrac{\partial c_Y}{\partial \omega}} = \gamma^{-\varepsilon}(\beta_Y)^{\varepsilon-1} \qquad (4-6)$$

其中，$\dfrac{\partial c_i}{\partial \omega}$、$\dfrac{\partial c_i}{\partial r}$ 表示 i 部门单位产出所需投入的劳动力、资本数量；$\gamma = \dfrac{r}{\omega}$ 表示资本和劳动的相对边际报酬；$\beta_i = B_i/A_i$ 表示 i 部门中资本与劳动的相对技术效率，在替代弹性确定的条件下，β_i 可以表征技术进步偏向性①。这表明，在要素相对价格保持不变时，技术进步偏向性会影响要素投入结构。

假设最终产品市场完全竞争，根据完全竞争的零利润条件并结合式（4 - 5）、式（4 - 6）可得：

$$P_X = c_X = \frac{\omega}{A_X}(1+\gamma k_X)^{\frac{1}{1-\varepsilon}}, \ P_Y = c_Y = \frac{\omega}{A_Y}(1+\gamma k_Y)^{\frac{1}{1-\varepsilon}}$$

因此，两部门产品的相对价格关系为：

$$\frac{P_X}{P_Y} = \frac{A_Y}{A_X}\left(\frac{1+\gamma k_X}{1+\gamma k_Y}\right)^{\frac{1}{1-\varepsilon}} \qquad (4-7)$$

进一步考虑要素市场，假设要素无弹性供给并且市场完全竞争，要素市场出清条件为：

$$\frac{\partial c_X}{\partial \omega} \cdot X + \frac{\partial c_Y}{\partial \omega} \cdot Y = L, \ \frac{\partial c_X}{\partial r} \cdot X + \frac{\partial c_Y}{\partial r} \cdot Y = K$$

利用式（4 - 4）单位成本函数并结合零利润条件可得：

---

① 根据关于技术进步偏向性的判断方法（Acemoglu，2002），在 *CES* 生产函数 $F = [(AL)^{(\varepsilon-1)/\varepsilon} + (BK)^{(\varepsilon-1)/\varepsilon}]^{\varepsilon/(\varepsilon-1)}$ 中，相对技术效率对资本 - 劳动边际产出之比的影响为 $\partial(MP_K/MP_L)/\partial(B/A) = (\varepsilon-1)/\varepsilon(B/A)^{-1/\varepsilon}(K/L)^{-1/\varepsilon}$，若替代弹性 $\varepsilon<1$，$\partial(MP_K/MP_L)/\partial(B/A)<0$，$B/A$ 的减小意味着技术进步偏向资本；若替代弹性 $\varepsilon>1$，有 $\partial(MP_K/MP_L)/\partial(B/A)<0$，$B/A$ 的增加意味着技术进步偏向劳动；若 $\varepsilon=1$，则为中性技术进步。由此可知，在替代弹性一定时，B/A 可以表征技术进步的偏向性。

$$\frac{1}{A_X}(1 + \gamma k_X)^{\frac{\varepsilon}{1-\varepsilon}} \cdot X + \frac{1}{A_Y}(1 + \gamma k_Y)^{\frac{\varepsilon}{1-\varepsilon}} \cdot Y = L$$

$$\frac{k_X}{A_X}(1 + \gamma k_X)^{\frac{\varepsilon}{1-\varepsilon}} \cdot X + \frac{k_Y}{A_Y}(1 + \gamma k_Y)^{\frac{\varepsilon}{1-\varepsilon}} \cdot Y = K$$

求解上述两式构成的联立方程组，可得两种产品的相对产出：

$$\frac{X}{Y} = \frac{A_X(k - k_Y)}{A_Y(k_X - k)}\left(\frac{1 + \gamma k_Y}{1 + \gamma k_X}\right)^{\frac{\varepsilon}{1-\varepsilon}} \qquad (4-8)$$

其中，$k = \dfrac{K}{L}$ 为整个国家的要素禀赋结构。

将式（4-7）、式（4-8）依次代入式（4-2），并利用式（4-5）和式（4-6）式可以得到：

$$\frac{(1 + \gamma^{1-\varepsilon}\beta_X^{\varepsilon-1})(k - \gamma^{-\varepsilon}\beta_Y^{\varepsilon-1})}{(1 + \gamma^{1-\varepsilon}\beta_Y^{\varepsilon-1})(\gamma^{-\varepsilon}\beta_X^{\varepsilon-1} - k)} = \frac{\rho}{1-\rho} \qquad (4-9)$$

式（4-9）反映了在产品市场和要素市场均衡状态下，自主研发部门和技术引进部门的技术进步偏向性之间的稳态关系。

为了考察整个经济体的技术进步偏向性，对式（4-3）两部门生产函数进行变换可得：

$$X = A_X L_X[1 + (\beta_X k_X)^{\frac{\varepsilon-1}{\varepsilon}}]^{\frac{\varepsilon}{\varepsilon-1}}, \quad Y = A_Y L_Y[1 + (\beta_Y k_Y)^{\frac{\varepsilon-1}{\varepsilon}}]^{\frac{\varepsilon}{\varepsilon-1}}$$

再代入式（4-1），从而经济总产出为：

$$F = (A_X L_X)^{\rho}(A_Y L_Y)^{1-\rho}[1 + (\beta_X k_X)^{\frac{\varepsilon-1}{\varepsilon}}]^{\frac{\varepsilon\rho}{\varepsilon-1}}[1 + (\beta_Y k_Y)^{\frac{\varepsilon-1}{\varepsilon}}]^{\frac{\varepsilon(1-\rho)}{\varepsilon-1}}$$

等式右边第三项和第四项内容反映了生产过程中资本与劳动要素的相对技术效率，表示总体经济的技术进步偏向性，记为 β，则有：

$$\beta = [1 + (\beta_X k_X)^{\frac{\varepsilon-1}{\varepsilon}}]^{\frac{\varepsilon\rho}{\varepsilon-1}}[1 + (\beta_Y k_Y)^{\frac{\varepsilon-1}{\varepsilon}}]^{\frac{\varepsilon(1-\rho)}{\varepsilon-1}} \qquad (4-10)$$

再将式（4-5）、式（4-6）代入可得：

$$\beta = [1 + \gamma^{1-\varepsilon}(\beta_X)^{\varepsilon-1}]^{\frac{\varepsilon\rho}{\varepsilon-1}}[1 + \gamma^{1-\varepsilon}(\beta_Y)^{\varepsilon-1}]^{\frac{\varepsilon(1-\rho)}{\varepsilon-1}} \qquad (4-11)$$

命题1：若假定技术进步外生，发展中国家总体经济的技术进步偏向性取决于自主研发部门与技术引进部门的技术进步偏向性，两部门对技术进步偏向的贡献度依赖于其在最终产品生产中的投入份额，且均衡状态下两部门技术进步偏向性的关系满足式（4-9）。

（二）技术进步内生约束下技术进步跨国传递模型

1. 生产部门

假设劳动和资本的生产效率取决于单位要素所匹配的机器数量和质量：

$$A_i = \int_0^1 q_{iL}(j)^\alpha \left(\frac{M_{iL}(j)}{L_i}\right)^{1-\alpha} d_j, \quad B_i = \int_0^1 q_{iK}(j)^\alpha \left(\frac{M_{iK}(j)}{K_i}\right)^{1-\alpha} d_j$$

记 $Z_{iL} = A_i L_i$，$Z_{iK} = B_i K_i$，则有：

$$Z_{iL} = \int_0^1 q_{iL}(j)^\alpha (M_{iL}(j))^{1-\alpha} (L_i)^\alpha d_j, \quad Z_{iK} = \int_0^1 q_{iK}(j)^\alpha (M_{iK}(j))^{1-\alpha} (K_i)^\alpha d_j$$

其中，$M_{iL}(j)$、$M_{iK}(j)$ 表示第 j 种劳动互补型、资本互补型机器的数量，$q_{iL}(j)$、$q_{iK}(j)$ 表示相应类型机器的质量，$\alpha \in (0, 1)$，衡量了劳动要素在中间产品生产中的投入份额。

进而，两部门产品生产函数可表示为：

$$X = \left[(Z_{XL})^{\frac{\varepsilon-1}{\varepsilon}} + (Z_{XK})^{\frac{\varepsilon-1}{\varepsilon}} \right]^{\frac{\varepsilon}{\varepsilon-1}}, \quad Y = \left[(Z_{YL})^{\frac{\varepsilon-1}{\varepsilon}} - (Z_{YK})^{\frac{\varepsilon-1}{\varepsilon}} \right]^{\frac{\varepsilon}{\varepsilon-1}}$$

其中，Z_{iL}、Z_{iK} 分别表示 i 部门生产中投入的劳动密集型、资本密集型中间产品数量。

在均衡时，利用 i 部门生产利润最大化的一阶条件，可得 Z_{iL}、Z_{iK} 产品的相对需求函数：

$$\frac{p_{iL}}{p_{iK}} = \left(\frac{Z_{iL}}{Z_{iK}}\right)^{-\frac{1}{\varepsilon}} \tag{4-12}$$

Z_{iL} 生产企业的利润最大化问题为：

$$\max_{M_{iL}(j)} p_{iL} A_{iL} L_i - \omega L_i - \int_0^1 \vartheta_{iL}(j) M_{iL}(j) d_j$$

其中，$\vartheta_{iL}(j)$ 为机器价格，进而对 $M_{iL}(j)$ 求偏导，整理可得：

$$M_{iL}(j) = \left[\frac{(1-\alpha) p_{iL}}{\vartheta_{iL}(j)}\right]^{\frac{1}{\alpha}} q_{iL}(j) L_i \tag{4-13}$$

同理，Z_{iK} 生产企业的利润最大化一阶条件为：

$$M_{iK}(j) = \left[\frac{(1-\alpha)p_{iK}}{\vartheta_{iK}(j)} \right]^{\frac{1}{\alpha}} q_{iK}(j) K_i \qquad (4-14)$$

2. 研发部门

假定机器生产的边际成本为 $(1-\alpha)^2$，在垄断市场条件下可得机器的价格，$\vartheta_{is}(j) = 1 - \alpha$，代入式（4-13）、式（4-14），得到不同类型机器需求量：

$$M_{iL}(j) = (p_{iL})^{\frac{1}{\alpha}} q_{iL}(j) L_i, \quad M_{iK}(j) = (p_{iK})^{\frac{1}{\alpha}} q_{iK}(j) K_i \qquad (4-15)$$

从而，研发企业获得的垄断利润为：

$$\pi_{iL}(q_{iL}(j)) = \alpha(1-\alpha) p_{iL}^{\frac{1}{\alpha}} q_{iL}(j) L_i, \quad \pi_{iK}(q_{iK}(j)) = \alpha(1-\alpha) p_{iK}^{\frac{1}{\alpha}} q_{iK}(j) K_i$$

$$(4-16)$$

将机器需求式（4-15）代入技术进步函数和 Z_{is} 生产函数，推导可得：

$$A_i = p_{iL}^{\frac{1-\alpha}{\alpha}} Q_{iL}, \quad B_i = p_{iK}^{\frac{1-\alpha}{\alpha}} Q_{iK} \qquad (4-17)$$

$$Z_{iL} = p_{iL}^{\frac{1-\alpha}{\alpha}} Q_{iL} L_i, \quad Z_{iK} = p_{iK}^{\frac{1-\alpha}{\alpha}} Q_{iK} K_i \qquad (4-18)$$

其中，$Q_{is} = \int_0^1 q_{is}(j) d_j$ 测度了机器的平均质量，式（4-17）表明要素的生产效率受到产品价格和机器质量两种力量的影响，提高使用要素的产品价格或改善与该要素相匹配的机器质量，均会促使该要素生产效率提高。

技术创新表现为机器质量的提升，机器质量由 q 提升到 $\lambda q (\lambda > 1)$ 的概率为 μ，对于自主研发部门而言，研发成本设为 $\varphi \mu q$，即随着机器质量 q 的提升，研发难度逐步加大，为简化分析，设定研发成本参数 $\varphi = \alpha(1-\alpha)\lambda$。对于技术引进部门，为了使引进技术成功应用，需要对前沿技术进行研发改进，其研发应用成本受到国内外技术差距的影响，设定质量为 q 的引进机器的研发成本为 $\varphi \mu q \left(\frac{Q_s^F}{Q_{Ys}^D} \right)^\xi$，$\xi$ 表示技术差距对技术引入国研发应用成本的影响程度，体现了技术的适宜性，如果发展中国家的要素禀赋结构与引入技术无法匹配，会导致技术研发应用成本增加，成本越大则技术非适宜度越强，ξ 为技术适宜性的逆向指标。

技术占优研发企业垄断收益均衡满足贝尔曼方程：

$$rV_{Xs}(q_{Xs}(j)) = \pi_{Xs}(q_{Xs}(j)) - \mu_{Xs}V_{Xs}(q_{Xs}(j)) + \dot{V}_{Xs}(q_{Xs}(j))$$

其中，r 表示利率，$V_{Xs}(q_{Xs}(j))$ 表示最前沿技术的市场价值，$\mu_{Xs}V_{Xs}$ 衡量现有垄断企业被研发出最新技术的企业所取代的可能性，$\dot{V}_{Xs}(q_{Xs}(j))$ 表示由市场不确定性带来的价值变动。

假定研发领域可以自由进入，意味着研发净收益为零，则有：

$$\mu_{Xs}V_{Xs}(q_{Xs}(j+1)) = \varphi\mu_{Xs}q_{Xs}(j)$$

在均衡增长路径（BGP）上 $\dot{V}=0$，结合上述技术市场均衡条件得到研发利润：

$$\pi_{Xs}(\lambda q_{Xs}(j)) = \alpha(1-\alpha)\lambda(r+\mu_{Xs})q_{Xs}(j) \qquad (4-19)$$

结合式（4-16）、式（4-19）可得自主创新概率：

$$\mu_{XL} = p_{XL}^{\frac{1}{\alpha}}L_X - r, \quad \mu_{XK} = p_{XK}^{\frac{1}{\alpha}}K_X - r \qquad (4-20)$$

在均衡路径上有 $\dot{V}=0$，意味着两类机器具有相同的创新率 $\mu_{XL}=\mu_{XK}$。

利用式（4-20），得到技术市场的均衡条件：

$$\frac{p_{XK}}{p_{XL}} = \left(\frac{K_X}{L_X}\right)^{-\alpha} \qquad (4-21)$$

联系式（4-15）、式（4-21）可以发现，均衡状态下要素的价格效应和市场规模效应相互抵消，因此，对劳动互补型和资本互补型机器的相对需求 M_{iL}/M_{iK} 独立于两类要素的相对供给 K_i/L_i。

联立式（4-12）、式（4-18）、式（4-21），可得自主研发部门中资本互补型机器与劳动互补型机器的相对平均质量水平关于要素投入结构的函数：

$$\frac{Q_{XK}}{Q_{XL}} = \left(\frac{K_X}{L_X}\right)^{\alpha(\varepsilon-1)} \qquad (4-22)$$

进一步推导，得到自主研发部门中的技术进步偏向性为：

$$\beta_X = \frac{p_{XL}^{\frac{(1-\alpha)}{\alpha}}Q_{XL}}{p_{XK}^{\frac{(1-\alpha)}{\alpha}}Q_{XK}} = (k_X)^{\alpha\varepsilon-1} \qquad (4-23)$$

上式分析表明，在技术进步内生决定时，自主研发部门的技术进步偏向性内生于该部门的要素投入结构，作用方向依赖于资本和劳动的替代弹性和中间品生产过程中的要素投入份额。

同理，利用创新垄断收益最大化和市场自由进入均衡条件，可得技术引进部门的创新概率：

$$\mu_{YL} = \frac{p_{YL}^{\frac{1}{\alpha}} L_Y}{\left(\dfrac{Q_L^F}{Q_{YL}^D}\right)^\xi} - r, \quad \mu_{YK} = \frac{p_{YK}^{\frac{1}{\alpha}} K_Y}{\left(\dfrac{Q_K^F}{Q_{YK}^D}\right)^\xi} - r$$

其中，Q_L^F、Q_K^F 分别表示国外劳动互补型、资本互补型机器的平均质量水平，Q_{YL}^D、Q_{YK}^D 表示技术引进部门现阶段机器的平均质量。

与自主研发部门类似，在均衡路径上有 $\mu_{YL} = \mu_{YK}$，整理可得：

$$\frac{p_{YK}}{p_{YL}} = \left(\frac{K_Y}{L_Y}\right)^{-\alpha} \left(\frac{Q_K^F}{Q_L^F}\right)^{\alpha\xi} \left(\frac{Q_{YK}^D}{Q_{YL}^D}\right)^{-\alpha\varepsilon} \tag{4-24}$$

利用式（4-12）、式（4-18）、式（4-24），得到技术引进部门两种类型机器的相对平均质量水平：

$$\frac{Q_{YK}^D}{Q_{YL}^D} = \left(\frac{K_Y}{L_Y}\right)^{\frac{\alpha(\varepsilon-1)}{1-\xi[\alpha(\varepsilon-1)+1]}} \left(\frac{Q_K^F}{Q_L^F}\right)^{\frac{\xi[\alpha(\varepsilon-1)+1]}{\xi[\alpha(\varepsilon-1)+1]-1}} \tag{4-25}$$

进而得到技术引进部门的技术进步偏向性：

$$\beta_Y = \frac{p_{YK}^{\frac{(1-\alpha)}{\alpha}} Q_{YK}^D}{p_{YL}^{\frac{(1-\alpha)}{\alpha}} Q_{YL}^D} = \left(\frac{K_Y}{L_Y}\right)^{\frac{\alpha\varepsilon-1+\xi(1-\alpha)}{1-\xi\eta}} \left(\frac{Q_K^F}{Q_L^F}\right)^{\frac{\xi\alpha\varepsilon}{\xi\eta-1}} \tag{4-26}$$

定义 $\eta = \alpha(\varepsilon-1)+1$。

对于技术出口国而言只进行自主研发，其生产研发过程与 X 部门类似[①]，因而有：

$$\frac{Q_K^F}{Q_L^F} = \left(\frac{K^F}{L^F}\right)^{\alpha^F(\varepsilon-1)} \tag{4-27}$$

---

① 要素禀赋结构不同国家的要素替代弹性存在一定差异，但在资本-劳动替代弹性小于 1 的条件下，国内外替代弹性的差异并不会影响模型结论，为了简化模型和便于分析，本书不区分国内外要素替代弹性。

$$\beta^F = \left(\frac{K^F}{L^F}\right)^{\alpha^F \varepsilon - 1} \qquad (4-28)$$

其中，α^F 表示国外中间品生产中的劳动投入份额。

依次将式（4-25）、式（4-27）、式（4-28）代入式（4-26），技术引进部门的技术进步偏向性可表示为：

$$\beta_Y = (k_Y)^{\frac{\alpha\varepsilon-1+\xi(1-\alpha)}{1-\xi\eta}} (\beta^F)^{\frac{\xi\alpha^F\varepsilon(\eta-1)}{(\alpha^F\varepsilon-1)(\xi\eta-1)}} \qquad (4-29)$$

上式分析表明，技术引进部门的技术进步偏向性取决于本部门要素投入结构和国外技术进步偏向的共同作用，偏向程度和方向不仅与要素替代弹性和要素份额有关，也与引进技术与本国技术的适配程度相关。当然，要素结构与技术进步偏向性的作用不是单向的，技术进步偏向性通过非对称地影响资本和劳动的边际成本（产出），改变要素跨部门流动的方向和流量。

联立式（4-5）、式（4-6）、式（4-23）和式（4-29）推导可得：

$$\beta_Y = \beta_X^{\frac{(2-\eta)[\alpha\varepsilon-1+\xi(1-\alpha)]}{(\alpha\varepsilon-1)(2-\eta-\xi)}} (\beta^F)^{\frac{\alpha^F\xi(1-\eta)}{(\alpha^F\varepsilon-1)(2-\eta-\xi)}} \qquad (4-30)$$

$$\frac{k_X}{k_Y} = (\beta^F)^{\frac{\alpha\alpha^F\xi(1-\varepsilon)^2}{(\alpha^F\varepsilon-1)[1+\alpha(1-\varepsilon)-\xi]}} (\beta_X)^{\frac{-\alpha^2\xi(1-\varepsilon)^2}{(\alpha\varepsilon-1)[1+\alpha(1-\varepsilon)-\xi]}} \qquad (4-31)$$

式（4-30）反映出，发展中国家技术引进部门的技术进步偏向性依赖于本国自主研发技术的偏向性和国外研发技术的偏向性；式（4-31）则表明，国外技术进步偏向性 β^F 的变化将打破自主研发和技术引进部门之间原有的相对要素投入结构。

将式（4-23）、式（4-28）、式（4-30）代入式（4-10），推导可得总体经济的技术进步偏向性：

$$\beta = \underbrace{\left[1 + \beta_X^{\frac{\alpha(\varepsilon-1)}{\alpha\varepsilon-1}}\right]^{\frac{\varepsilon\rho}{\varepsilon-1}}}_{\text{自主研发部门}} \underbrace{\left[1 + \beta_X^{\psi}(\beta^F)^{\theta}\right]^{\frac{\varepsilon(1-\rho)}{\varepsilon-1}}}_{\text{技术引进部门}}$$

$$= \underbrace{\left[1 + k_X^{\frac{\alpha(\varepsilon-1)}{\varepsilon-1}}\right]^{\frac{\varepsilon\rho}{\varepsilon-1}}}_{\text{自主研发部门}} \underbrace{\left[1 + k_X^{\psi(\alpha\varepsilon-1)}(k^F)^{\theta(\alpha^F\varepsilon-1)}\right]^{\frac{\varepsilon(1-\rho)}{\varepsilon-1}}}_{\text{技术引进部门}} \qquad (4-32)$$

其中，$\psi = \dfrac{\alpha(\varepsilon-1)[1-\alpha(\varepsilon-1)](1-\xi)}{(\alpha\varepsilon-1)[1-\alpha(\varepsilon-1)-\xi]}$，$\theta = \dfrac{-\xi\alpha^F(\varepsilon-1)^2}{(\alpha^F\varepsilon-1)[1-\alpha(\varepsilon-1)-\xi]}$。

命题2：技术进步内生决定时，发展中国家的技术进步偏向性取决于国内自主研发技术和国外引进技术的综合作用，本质上由本国的要素投入结构与国外要素禀赋结构共同决定，影响程度和方向受到引进技术与本国适配程度 ξ 的约束。

进一步，记 $T(x, y) = \beta$，其中，x 代表 β_X，f 代表 β_F，则有：

$$\frac{d\beta}{d\beta^F} = T_f(x, f) + T_x(x, y)\frac{\partial x}{\partial f}$$

$T_f(x, f)$ 表示 β_X 不变时，β 对 β^F 的直接作用；$T_x(x, y)\dfrac{\partial x}{\partial f}$ 表示 β 对 β^F 的间接作用，利用式（4-32）可得国外技术进步偏向性对本国技术进步偏向性的影响效应：

$$\frac{d\beta}{d\beta^F} = \underbrace{\frac{(1-\rho)\xi\alpha\alpha^F\varepsilon(1-\varepsilon)}{(\alpha^F\varepsilon - 1)[1 + \alpha(1-\varepsilon) - \xi]}(H_X)^{\frac{\varepsilon\rho}{\varepsilon-1}}(H_{XF})^{\frac{1-\varepsilon\rho}{\varepsilon-1}}\beta_X^{\psi}(\beta^F)^{\theta-1}}_{\text{直接传递效应}BT_1}$$

$$+ \underbrace{\left[\frac{\alpha\varepsilon\rho}{\alpha\varepsilon - 1}\beta_X^{\frac{1-\alpha}{\alpha\varepsilon-1}}H_{XF} + \frac{\varepsilon(1-\rho)}{\varepsilon - 1}\psi\beta_X^{\psi-1}H_X\right](H_X)^{\frac{1-\varepsilon(1-\rho)}{\varepsilon-1}}H_{XF}^{\frac{1-\varepsilon\rho}{\varepsilon-1}}\frac{\partial\beta_X}{\partial\beta^F}}_{\text{间接传递效应}BT_2}$$

$$(4-33)$$

其中，$H_X = 1 + \beta_X^{\frac{\alpha(\varepsilon-1)}{\alpha\varepsilon-1}}$，$H_{XF} = 1 + (\beta_X)^{\psi}(\beta^F)^{\theta}$。

分析式（4-33）可知，当 $0 < \varepsilon < 1$ 时，若 $0 < \xi < 1 + \alpha(1-\varepsilon)$，有 $BT_1 < 0$，直接传递效应为负；若 $\xi > 1 + \alpha(1-\varepsilon)$，有 $BT_1 > 0$，直接传递效应为正。由于 β^F 对 β_X 的作用方向尚不明晰，意味着间接传递效应 BT_2 的符号无法判断，所以 β^F 对 β 的影响方向也无法直接确定。为此，下面采用数值方法，模拟 β^F 的变化对技术进步偏向性的影响方向和作用强度。

命题3：发达国家的技术进步偏向性对发展中国家的影响效应有二：一是源于引进技术自身蕴含的偏向属性的直接传递效应；二是源于发达国家技术进步偏向性变动带来的要素结构调整而引致自主研发部门技术进步偏向性的变化。两种传递效应的大小和方向均受技术适配度的制约。

第二节　参数赋值和模型推断

一、参数赋值

理论模型中的方程较为复杂，对模型参数直接进行估计存在一定难度，并且对于自主研发部门和技术引进部门直接区分较为困难。因此，采用数值模拟方法考察技术进步偏向性在发达国家和发展中国家之间的传递方向和强度的变化，这里以美国作为发达国家代表，中国作为发展中国家代表。首先，根据经验事实和以往研究设定参数取值，模型当中涉及两类参数。第一类是生产函数参数，包括资本和劳动的替代弹性 ε、自主研发部门产品在最终生产中的贡献度 ρ 以及要素投入份额 α。对于参数 ε 的取值，在总结国内外相关文献后，发现无论是中国还是美国的替代弹性的估计值均存在较大差异，无法准确识别两国各自的资本－劳动替代弹性，也难以判断两国替代弹性孰大孰小，不过依据大部分研究结论，资本－劳动替代弹性的估计值明显小于1，目前被广泛采用的标准化供给面系统法测算出的中美两国的替代弹性主要介于 0.5～0.8（Klump et al.，2007；陆雪琴和章上峰，2013），另外，通过理论推导发现，替代弹性差异并不会改变研究结论，基于此，设定中美两国替代弹性相同，并将参数 ε 取中间值 0.7；关于 ρ 的取值，一些学者分别对发达国家技术相互引进情况和东亚新兴经济体的历史经验进行了分析总结，发现自主研发和技术引进对于发展中国家的技术进步同等重要（Eaton and Kortum，1999；傅晓霞，吴利学，2013），进一步，借鉴刘小鲁（2011）对于自主研发和技术引进投入的测度方法，以规模以上工业企业的 R&D 内部支出／（R&D 内部支出＋引进国外技术经费＋引进技术消化吸收经费＋技术改造经费）测度自主研发技术的投入比重 ρ，计算结果显示 2011 年该值约为 0.5，因而设定生产过程中自主研发和技术引进中间品的投入比例为 1：1，即 $\rho=0.5$；α 本质上衡量了生产过程中劳动要素和机器设备的相对投入，依据 1978～2011 年要素收入份额的数据，将中国劳动要素收入

份额 α 设定为 2/3[①]，对于技术发达国家的劳动投入份额，将美国作为研究对象，采用 PWT8.1 中关于美国劳动份额的计算数据，计算出美国 α^F 为 0.62。

第二类参数是外生变量，包括美国技术进步偏向性参数 β^F、一国某一时期内总的要素禀赋结构 k 和资本和劳动的相对边际报酬 γ，依据式（4-28）并利用 1978~2011 年美国资本存量和劳动就业人数的相关数据可以测算出 β^F，结果显示 β^F 的变化范围在 0.28~0.4，并呈逐年下降趋势；由于本书主要考虑某一时期内技术进步偏向性的跨国传递机制，因此可假定考察期内要素禀赋结构、资本与劳动的相对边际报酬保持不变，以 2011 年作为考察期，利用《中国统计年鉴》数据计算可得素禀赋结构 $k = 2.6254$ 万元/人，至于资本与劳动相对边际报酬 γ，本书借鉴戴天仕和徐现祥（2010）的思路，由此可测得 $\gamma = 0.291$。

二、模型推断

将式（4-9）、式（4-10）、式（4-30）、式（4-31）、式（4-32）构成一个关于国外技术进步偏向、国内要素投入结构、技术进步偏向性跨国传递的自控系统，刻画出发达国家技术进步偏向性变动如何改变发展中国家两部门的要素投入结构，进而影响发展中国家技术进步偏向性的作用过程。为简化分析，设定替代弹性满足 $0 < \varepsilon < 1$，因此，β 减小（增大）意味着技术进步朝资本（劳动）偏向性方向变化。

$$
\begin{cases}
k_X = k_Y (\beta^F)^{\frac{\alpha \alpha F \xi (1-\varepsilon)^2}{(\alpha^F \varepsilon - 1)[1 + \alpha(1-\varepsilon) - \xi]}} (\beta_X)^{\frac{-\alpha^2 \xi (1-\varepsilon)^2}{(\alpha \varepsilon - 1)[1 + \alpha(1-\varepsilon) - \xi]}} \\[2mm]
\beta_X = (k_X)^{\alpha \varepsilon - 1} \\[2mm]
\beta_Y = \beta_X^{\frac{(2-\eta)[\alpha \varepsilon - 1 + \xi(1-\alpha)]}{(\alpha \varepsilon - 1)(2 - \eta - \xi)}} (\beta^F)^{\frac{\alpha F \xi (1-\eta)}{(\alpha^F \varepsilon - 1)(2 - \eta - \xi)}} \\[2mm]
\beta = \left[1 + \beta_X^{\frac{\alpha(\varepsilon-1)}{\alpha \varepsilon - 1}}\right]^{\frac{\varepsilon p}{\varepsilon - 1}} \left[1 + \beta_X^{\frac{[1 + \alpha(1-\varepsilon)](\varepsilon-1)}{\alpha \varepsilon - 1}} \beta_Y^{\varepsilon - 1}\right]^{\frac{\varepsilon p}{\varepsilon - 1}} \\[2mm]
\dfrac{(1 + \gamma^{1-\varepsilon} \beta_X^{\varepsilon-1})(k - \gamma^{-\varepsilon} \beta_Y^{\varepsilon-1})}{(1 + \gamma^{1-\varepsilon} \beta_Y^{\varepsilon-1})(\gamma^{-\varepsilon} \beta_X^{\varepsilon-1} - k)} = \dfrac{\rho}{1 - \rho}
\end{cases}
\tag{4-34}
$$

---

① 实际上，该参数在合理范围内的取值并不会对数值模拟结论产生影响。

（1）发达国家技术进步偏向性变化对发展中国家自主研发部门技术进步偏向性的影响。重点考察 β^F 减小对 β_X 的影响机制。当 $0 < \xi < 1 + \alpha(1 - \varepsilon)$ 时，有 $\partial k_X/\partial \beta^F < 0$，即在技术非适宜性参数低于某一临界值时，国外技术进步偏向资本会提高自主研发部门产品的资本密集度（k_X 增大），推动要素投入结构升级，而自主研发部门的技术进步偏向性内生于其要素投入结构，在第二个系统方程的作用机制下，k_X 的增大会引发相对技术效率 β_X 的减小，使得自主研发部门的技术进步朝资本偏向性方向发展，同时要素投入结构 k_X 对 β_X 的变化产生响应，β_X 的减小进一步通过第一个方程右达第三项所示的作用效应导致 k_X 的减小，这种反馈机制放缓了 β^F 对 β_X 的正向传递速度；当 $\xi > 1 + \alpha(1 - \varepsilon)$ 时，有 $\partial k_X/\partial \beta^F > 0$，$\beta^F$ 的减小对 β_X 的作用方向与上述正好相反，国外技术进步偏向资本会降低自主研发部门的资本投入，技术进步由资本偏向转变为劳动偏向。

（2）发达国家技术进步偏向性变化对发展中国家技术引进部门的影响。重点探讨 β^F 减小对 β_Y 的影响机制，主要通过直接传递和间接传递两个渠道。当 $0 < \xi < 1 + \alpha(1 - \varepsilon)$ 时，一方面有 $\partial \beta_Y/\partial \beta^F < 0$，$\beta^F$ 的减小直接提高 β_Y 值，引致劳动偏向型技术进步；另一方面有 $\partial \beta_Y/\partial \beta_X > 0$，$\beta^F$ 的减小带来的 β_X 的降低会间接地降低 β_Y 值，直接传递和间接传递效应反向变化，β^F 在技术引进部门的传递方向和强度取决于两种效应的强弱程度。当 $\xi < 1 + \alpha(1 - \varepsilon)$ 时，有 $\partial \beta_Y/\partial \beta^F > 0$，技术引进部门的直接传递效应为正，$\beta^F$ 的减小直接降低 β_Y 值；而间接传递效应则与 ξ 的进一步取值范围有关，若 $1 + \alpha(1 - \varepsilon) < \xi < (1 - \alpha\varepsilon)/(1 - \alpha)$，有 $\partial \beta_Y/\partial \beta_X < 0$，$\beta^F$ 的减小带来的 β_X 的增加间接地降低了 β_Y 值，直接传递和间接传递效应均降低 β_Y 值，两者起到相互强化作用，使得技术进步偏向性在技术引进部门同向传递；若 ξ 继续增加至 $\xi > (1 - \alpha\varepsilon)/(1 - \alpha)$，有 $\partial \beta_Y/\partial \beta_X > 0$，间接传递效应与直接传递效应反向变化，$\beta_Y$ 的取值依赖于两种效应的强弱；若 $\xi = (1 - \alpha\varepsilon)/(1 - \alpha)$，间接传递效应消失，$\beta_Y = \beta^F$，技术引进部门直接复制国外的

技术进步偏向性。

第三节　数值模拟结果与评价

本节主要依据方程组（4－34），数值模拟技术进步偏向性跨国传递的部门效应和整体效应。ξ 反映引进技术与本国要素禀赋的适配程度，ξ 越小意味着将前沿技术转化为与本国生产相适宜技术的能力越高，根据校准参数，可知 ξ 临界值为 $1+\alpha（1-\varepsilon）=1.2$。因此，我们分 $0<\xi<1.2$ 和 $\xi>1.2$ 两类情形考虑，并在每类情形下赋予 ξ 三个具体数值，以细致考察技术进步偏向性的跨国传递路径，以及技术适配度如何影响传递路径的变化。

首先关注非适配参数满足 $0<\xi<1.2$ 条件下，技术进步偏向性在自主研发和技术引进部门的跨国传递过程，在该范围内分别将 ξ 值设定为 0.3、0.6 和 0.9。根据 β^F 的测算，同时结合现实经济中 β^F 不断下降的特征，数值模拟过程中将 β^F 的取值范围为 $0.1\sim0.5$，并将其在横坐标上从大到小排列。模拟结果如图 $4.1\sim$ 图 4.5 所示。

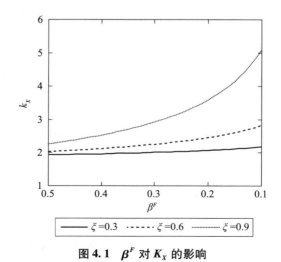

图 4.1　$\pmb{\beta}^F$ 对 $\pmb{K}_X$ 的影响

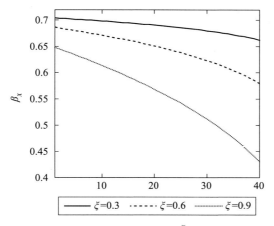

图 4.2 K_X 变化引致的 β^F 的变化

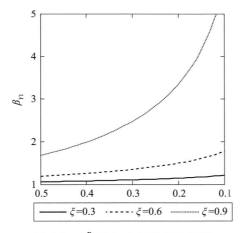

图 4.3 β^F 对 β_Y 的直接传递效应

图 4.1 和图 4.2 描绘了 $0 < \xi < 1 + \alpha(1-\varepsilon)$ 条件下，国外技术进步偏向性（β^F）变化通过改变自主研发部门要素投入结构（k_x）进而影响部门技术进步偏向性（β_X）的传递过程。图 4.1 为 β^F 不断减小引发 k_x 的变化轨迹，资本偏向型技术的引入将提高发展中国家自主研发部门的资本密集度，推动部门要素结构升级，并且随着 β^F 的持续减小，k_x 演变曲线的斜率逐步增加，说明随着引进技术资本偏向程度的不断增强，要素禀赋升级效应呈现边际递增趋势。另外，不同适配度情形下，β^F 对 k_x 的影响路径不同，观察三条曲线可以发现，随着 ξ

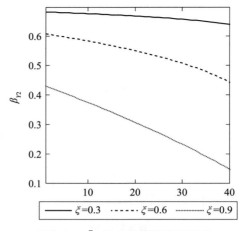

图 4.4 $\boldsymbol{\beta}^F$ 对 $\boldsymbol{\beta}_Y$ 的间接传递效应

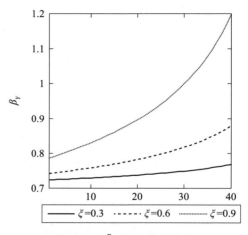

图 4.5 $\boldsymbol{\beta}^F$ 对 $\boldsymbol{\beta}_Y$ 的总效应

值的增加，k_X 变化曲线逐步上移，并且曲线走势更加陡峭，暗示在国外技术与本国要素禀赋结构的适配度处于合理范围内时，技术差距的扩大反而会增强国外技术进步偏向冲击带来的要素结构升级效应，反映出发展中国家技术进步和要素结构升级中的后发优势效应。部门要素投入结构的变化必然影响其技术进步偏向性，图 4.2 模拟了 k_X 的增加引致的 β_X 的变化路径。由于资本与劳动的互补关系，资本相对投入（k_X）的增加反而导致资本相对技术效率（β_X）的下降，技术进步偏向性在自主研发部门实现同向传递。并且随着技术适配度提高

（ξ 减小），β_X 下降速度越来越慢，同向传递强度呈弱化趋势。上述传递机制可以表述为，当引进技术与本国要素结构的适配度处于合理范围内时，资本偏向型技术的引入将提高自主创新部门生产过程中的资本密集度，增大对资本的需求，导致资本价格的上升，通过价格效应引发部门的技术进步偏向资本。

图 4.3 ~ 图 4.5 刻画了在 $0 < \xi < 1.2$ 条件下，国外技术进步偏向性在技术引进部门的传递过程。图 4.3 显示，国外技术进步偏向性变动对技术引进部门的直接传递效应为负，β^F 下降引起 β_Y 的持续上升，技术进步偏向性在技术引进部门发生转变。在不同技术适配度下，β_{Y1} 的演化路径有所不同，ξ 值越大，β_{Y1} 曲线越陡峭，技术进步偏向劳动程度越大，生产过程中对引进技术进步偏向性的转变效应越大。图 4.4 中，间接效应 β_{Y2} 表现为下降趋势，β^F 的减小通过提升技术引进部门生产过程中的资本密集度 k_Y 而间接地减小 β_Y，技术进步偏向性同向传递。对比图 4.3 和图 4.4 可以发现，直接效应中 β_{Y1} 的增幅明显高于间接效应 β_{Y2} 的降低幅度，直接效应主导引进部门技术进步偏向性的变化。因而，图 4.5 中总效应 β_Y 呈加速上升趋势，技术进步在引进部门由偏向资本转变为偏向劳动，并且随 ξ 值的增加，技术进步劳动偏向强度不断加大。上述分析表明，引进技术与本国要素结构的适配度处于合理范围内时，技术引进部门的企业能够较好地消化吸收并改进技术，减弱技术所蕴含的资本偏向强度，引导技术进步朝劳动要素方向发展。

接下来在非适配参数大于临界值情形下，即 $\xi > 1 + \alpha(1 - \varepsilon)$，考察技术进步偏向性跨国传递的部门效应。值得注意的是，该范围中还存在 ξ 的另一门槛值决定着技术引进部门中间接传递效应的正负，经过计算可知，其值为 $(1 - \alpha\varepsilon)/(1 - \alpha) = 1.6$。为保证结果的稳健，在该临界值处及其前后分别取值，设定 ξ 值依次为 1.5、1.6、1.8 和 2.1，对比不同技术适配度对技术进步偏向性跨国传递效应的影响差异，模拟结果见图 4.6、图 4.7 和图 4.8。

图 4.6 中，当 $\xi > 1 + \alpha(1 - \varepsilon)$ 时，由于资本偏向型技术进步并不适合本国的要素禀赋，这种与要素结构不匹配的技术选择导致资本密集度 k_X 下降，抑制部

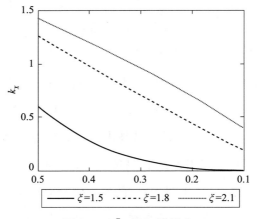

图 4.6 $\boldsymbol{\beta}^F$ 对 $\boldsymbol{K}_X$ 的影响

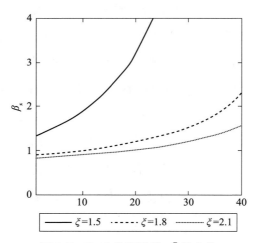

图 4.7 $\boldsymbol{K}_X$ 变化引致的 $\boldsymbol{\beta}^F$ 的变化

门要素结构升级，观察图 4.6 中曲线变化特征可以发现，随着技术非适配参数 ξ 的增加，资本密集度的下降速度加快，意味着对要素结构升级的抑制作用不断增强，此时前沿技术的引进不仅无法提高生产效率，甚至对经济结构升级产生阻碍作用。在这种要素结构转变效应下，生产过程中降低对资本的需求，扩大对劳动要素需求，致使劳动价格上升，通过价格效应引发劳动偏向型技术进步，见图 4.7 中 β_X 上升。

图 4.8 ~ 图 4.10 展示了 $\xi > 1 + \alpha(1 - \varepsilon)$ 条件下，引进部门技术进步偏向性的

传递过程。由于国内外技术差距引致的技术非适宜性过大,导致国外技术与本国的要素结构存在严重失衡,引进部门企业无法有效地消化吸收和改进技术,只能直接复制国外的技术进步偏向性。观察不同适配度下技术进步偏向性变化,在 $\xi=1.5$ 时,直接传递路径为一条具有平缓下降趋势的曲线,技术进步偏向性在两国之间同向传递且速度不断放缓,并且传递强度小于国外数值,技术进步偏向强度在跨国传递过程中逐渐减弱,间接传递路径表现为斜率递增的下降曲线,间接传递效应与直接效应相互强化,加快技术进步偏向性的同向传递速度;当 $\xi=1.6$ 时,直接传递路径变为斜率为1的斜向下直线,技术进步偏向性同强度同方向传递,此时间接传递效应为0,引进部门技术进步偏向性完全取决于直接效应;当 ξ 继续增大至1.8和2.1时,直接传递路径走势转为加速下降,间接传递路径走势转为加速上升,且直接效应更强,在两种效应综合作用下,β_Y 变化路径表现为斜率递增的斜向下曲线,国外技术进步偏向性同方向加速传递到技术引进部门。综合上述分析和模拟结果可知,技术适配程度决定着技术进步偏向性的跨国传递路径,引进技术与本国的适配程度越弱,越容易导致发展中国家忽略自身要素禀赋特征,直接复制发达国家的技术进步偏向性。

基于技术进步偏向性在自主研发和技术引进两部门中的跨国传递变化,进一步考察国外技术进步偏向性跨国传递的整体效果。仍然根据适配度的不同取值,分情形考察 β^F 持续减小对中国总体技术进步偏向性的影响,模拟结果见表4.1和表4.2。

表4.1　　　$0<\xi<1+\alpha(1-\varepsilon)$ 条件下技术进步偏向性跨国传递整体效果

β^F	$\xi=0.3$	$\xi=0.6$	$\xi=0.9$	β^F	$\xi=0.3$	$\xi=0.6$	$\xi=0.9$
0.5	0.2298	0.2330	0.2435	0.29	0.2323	0.2413	0.2681
0.49	0.2299	0.2333	0.2444	0.28	0.2324	0.2418	0.2697
0.48	0.2300	0.2336	0.2453	0.27	0.2326	0.2424	0.2714
0.47	0.2301	0.2339	0.2463	0.26	0.2328	0.2430	0.2731
0.46	0.2302	0.2342	0.2472	0.25	0.2330	0.2436	0.2749
0.45	0.2303	0.2346	0.2482	0.24	0.2331	0.2442	0.2768

β^F	$\xi=0.3$	$\xi=0.6$	$\xi=0.9$	β^F	$\xi=0.3$	$\xi=0.6$	$\xi=0.9$
0.44	0.2304	0.2349	0.2492	0.23	0.2333	0.2449	0.2788
0.43	0.2305	0.2353	0.2502	0.22	0.2335	0.2455	0.2808
0.42	0.2306	0.2356	0.2513	0.21	0.2338	0.2463	0.2830
0.41	0.2307	0.2360	0.2524	0.2	0.2340	0.2470	0.2853
0.4	0.2308	0.2364	0.2535	0.19	0.2342	0.2478	0.2877
0.39	0.2309	0.2368	0.2546	0.18	0.2345	0.2487	0.2902
0.38	0.2310	0.2372	0.2558	0.17	0.2347	0.2495	0.2929
0.37	0.2312	0.2376	0.2570	0.16	0.2350	0.2505	0.2957
0.36	0.2313	0.2380	0.2582	0.15	0.2353	0.2515	0.2987
0.35	0.2314	0.2384	0.2595	0.14	0.2356	0.2526	0.3020
0.34	0.2315	0.2388	0.2608	0.13	0.2360	0.2537	0.3055
0.33	0.2317	0.2393	0.2622	0.12	0.2363	0.2550	0.3093
0.32	0.2318	0.2398	0.2636	0.11	0.2367	0.2563	0.3134
0.31	0.2320	0.2403	0.2650	0.1	0.2372	0.2578	0.3180
0.30	0.2321	0.2408	0.2665		0.2323	0.2413	0.2681

资料来源：笔者根据方程组（4-34），利用1stopt5.0软件计算得出。

表4.1展示了在技术非适宜参数满足 $0<\xi<1+\alpha(1-\varepsilon)$ 情况下，发达国家不断偏向资本的技术进步对发展中国家技术进步偏向性的影响。整体来看，随着 β^F 的持续下降，β 值不断增加，技术进步由资本偏向性转为劳动偏向性，可见引进技术在生产应用过程中会受到本国要素禀赋结构的作用，从而改变技术原有的偏向属性。技术进步偏向性的变化强度受到技术适配度的制约表现在以下三种情况，（1）当 $\xi=0.3$ 时，发达国家的资本相对技术效率 β^F 由0.5减小到0.1，引起国内相对技术效率 β 由0.2298增加至0.2323，提高了1.09%，平均传递率为0.00625[①]，即引进技术的资本偏向度提高1%将引致国内技术进步的劳动偏向强度提高0.00625%；（2）当 $\xi=0.6$ 时，β 由0.2323增加至0.2431，平均传递率有所提高，其值为0.089；（3）当吸收能力继续提升到 $\xi=0.9$，β 由

[①] 技术进步偏向性传递率 $\beta T = \Delta\beta/\Delta\beta F$。

0.2435 增加至 0.2681，反向传递率达到为 10.1%。三和情况下，平均传递率均小于 1，说明技术进步偏向强度在跨国传递过程中存在衰减，并且随着技术非适配程度的增加（ξ 值增大），传递效应逐渐增强。该结果蕴含的经济含义为，当引进技术与本国要素禀赋结构的适配度处于合理范围内时，对新技术的研发应用成本较小，国内企业有动力对新技术进行研发改造，使之在应用过程中更加符合自身的要素禀赋结构，技术进步朝本国丰裕要素的方向发展，提升丰裕要素的生产效率，加快技术进步和经济增长速度。

表 4.2　$\xi > 1 + \alpha(1-\varepsilon)$ 条件下技术进步偏向性跨国传递整体效果

β^F	$\xi = 1.5$	$\xi = 1.6$	$\xi = 1.8$	$\xi = 2.1$	β^F	$\xi = 1.5$	$\xi = 1.6$	$\xi = 1.8$	$\xi = 2.1$
0.5	0.1251	0.1719	0.1794	0.1887	0.29	0.0376	0.1010	0.1239	0.1443
0.49	0.1205	0.1689	0.1771	0.1870	0.28	0.0344	0.0972	0.1207	0.1417
0.48	0.1159	0.1659	0.1748	0.1852	0.27	0.0312	0.0934	0.1175	0.1390
0.47	0.1114	0.1628	0.1725	0.1834	0.26	0.0282	0.0895	0.1142	0.1362
0.46	0.1068	0.1597	0.1701	0.1815	0.25	0.0254	0.0856	0.1109	0.1334
0.45	0.1023	0.1565	0.1677	0.1796	0.24	0.0226	0.0817	0.1074	0.1304
0.44	0.0978	0.1533	0.1653	0.1777	0.23	0.0190	0.0778	0.1040	0.1274
0.43	0.0934	0.1501	0.1629	0.1758	0.22	0.0177	0.0738	0.1004	0.1244
0.42	0.0890	0.1468	0.1603	0.1738	0.21	0.0154	0.0698	0.0968	0.1212
0.41	0.0846	0.1435	0.1578	0.1718	0.2	0.0133	0.0658	0.0931	0.1179
0.4	0.0803	0.1402	0.1552	0.1698	0.19	0.0114	0.0618	0.0893	0.1145
0.39	0.0760	0.1368	0.1526	0.1677	0.18	0.0096	0.0577	0.0855	0.1110
0.38	0.0718	0.1334	0.1499	0.1656	0.17	0.0080	0.0537	0.0815	0.1074
0.37	0.0669	0.1300	0.1472	0.1634	0.16	0.0065	0.0496	0.0775	0.1037
0.36	0.0636	0.1265	0.1445	0.1612	0.15	0.0053	0.0456	0.0734	0.0998
0.35	0.0596	0.1229	0.1417	0.1589	0.14	0.0041	0.0416	0.0691	0.0958
0.34	0.0557	0.1194	0.1388	0.1566	0.13	0.0032	0.0376	0.0648	0.0916
0.33	0.0519	0.1158	0.1360	0.1543	0.12	0.0024	0.0336	0.0604	0.0872
0.32	0.0472	0.1121	0.1330	0.1519	0.11	0.0017	0.0297	0.0559	0.0826
0.31	0.0445	0.1084	0.1300	0.1494	0.1	0.0012	0.0259	0.0512	0.0778
0.3	0.0410	0.1047	0.1270	0.1469					

资料来源：笔者根据方程组（4-34），利用 1stopt5.0 软件计算得出。

表4.2显示了在ξ大于临界值后，技术进步偏向性跨国传递效果。在引进的前沿技术与本国不匹配时，技术进步偏向性表现为正向传递，发展中国家容易直接跟随发达国家的技术进步偏向性。进一步观察可以发现，随着ξ值的增加，正向传递率表现出先增大后减小的特征，原因为技术引进部门的直接传递效应和间接传递效应在$\xi=1.6$前后方向不一致。当$\xi=1.5$时，在β^F由0.5降为0.1的过程中，β由0.1251减小为0.0012，平均传递率为0.31，即国外技术进步偏向冲击能解释31%的国内技术进步偏向的变化；当$\xi=1.6$时，技术引进部门的间接传递效应为零，β由0.1719减小为0.0259，平均传递率提高到0.365，而且传递过程中降低幅度逐步增大，表明技术进步偏向呈现加速正向传递；当ξ增加至1.8时，技术引进部门中的间接传递效应由正向转为负向，削弱了正向的直接传递效应，此时国内资本相对技术效率降低了71.4%，正向传递率减小为0.32；当ξ继续增加至2.1时，负向间接效应进一步增强，正向传递率下降为0.277。上述分析表明，由于引进的技术与要素禀赋结构的失衡，发展中国家无法根据自身的禀赋特征进行生产研发，而只能利用国外技术，复制国外技术进步偏向性，使得前沿技术无法与本国要素协调发展，导致在发达国家能够发挥效率的技术，一旦应用到发展中国家就成为不适宜技术，这也是在人才和技术流动性不断提高的全球化背景下，跨国收入与技术水平仍存在巨大差异的重要原因。

第四节　本章小结

本章通过引入包含国内自主研发和国外技术引进技术的生产函数，构建内生技术进步模型，阐释技术进步偏向性在技术发达国家和发展中国家之间的传递机制，模拟要素禀赋与技术进步偏向在不同适配程度下，国外技术进步偏向性变化引致的要素结构的演变路径，以及技术进步偏向性的动态变化过程。

研究发现，发达国家技术进步偏向性取决于本国的要素禀赋结构，发展中国家的技术进步偏向性由两国要素禀赋及要素投入结构共同决定；技术进步偏向性跨国传递主要借助于要素重新配置的方式实现，而技术进步偏向性的变动又会非对称地影响自主研发和技术引进部门的边际成本，进而改变两部门的要素投入结构。发达国家技术进步偏向性的变化对发展中国家要素结构的影响程度受制于两国技术的适配程度，如果引进技术与发展中国家要素禀赋相匹配且技术非适宜参数低于某一临界值，资本偏向型技术的引入将推动推门的要素结构升级，技术进步由资本偏向转为劳动偏向，有利于提高本国丰裕资源的生产效率。若引进技术并不适合本国的要素结构，技术非适宜参数高于某一临界值时，国外资本偏向型技术的引入会抑制部门的要素结构升级，进而导致发展中国家的技术进步偏向性直接跟随发达国家，而偏离自身具有比较优势的资源，不利于新技术的应用和生产要素效率的提升。

本章的研究揭示了中国技术进步偏向性的来源，对中国在技术引进和技术应用方面具有一定的指导意义。劳动要素相对丰裕的中国却长期呈现资本偏向性的技术特征，根本原因在于引进技术与本国要素结构的非匹配性导致了中国直接复制发达国家的技术进步偏向，而没有根据自身的要素禀赋结构选择适宜的技术，从而造成了引进技术应用效率低下和劳动要素收入份额下降等诸多问题。因此，政府及企业在引进国外前沿技术时，需要充分考虑引进技术特质与本国当前技术水平以及要素禀赋结构的适配程度，这不仅能降低技术的引进应用成本，而且可以利用技术偏向性与要素结构的互动作用，推动本国要素结构升级，引导技术进步朝本国丰裕生产要素的方向发展，以提高生产效率，促进经济增长。

第五章

技术进步方向的跨国传递效应检验

技术进步方向存在跨国传递效应，技术输出国的技术进步方向对技术引进国具有导向作用，但国内外学者对技术进步方向传递研究较少。现有的国内外文献对技术进步方向的研究，大多都集中于研究一国范围内技术进步偏向性及地区与行业差异（Thoenig and Verdier，2003；Gancia，2003；Caselli and Coleman，2006），对技术进步偏向性形成和跨国传递效应研究较少。安德鲁（Andrew，2013）和陈（Chen，2016）测算了美国部分行业技术进步偏向性，发现行业间技术进步偏向性大小差异很大。国内有些学者从地域或省际层面考察了有偏性技术进步（董直庆等，2016；王林辉等，2015）。孔宪丽等（2015）发现，中国 33 个工业行业的技术进步偏向特性有差异，各行业应加大与要素禀赋相适宜技术的研发力度。钟世川和雷钦礼（2013）测算了中国工业 1979~2011年技术进步偏向性，发现中国工业 38 个行业大致经历了技术进步从偏向劳动到偏向资本的转变。本章从中美制造业细分行业层面入手，分别测算 22 个制造业细分行业的技术进步偏向性及其变化特征，并分析中国受美国技术进步偏向性的影响，探究技术进步方向的跨国传递效应，解释中国技术进步方向的逆要素禀赋特征。

第一节 技术进步偏向性测量方法和数据来源

（一）技术进步偏向性指数构建

本节借鉴希克斯（Hicks，1932）和阿西莫格鲁（Acemoglu，2007）的研究思路构建技术进步偏向性指数。CES 形式的生产函数能够体现技术进步的非中性特征，本节与大多数关于有偏性技术进步的研究类似，参考大卫和克伦德特（David and Klundert，1965）的研究将生产函数设定为 CES 形式：

$$Y_{it} = \left[(1 - \alpha_i)(A_{it}L_{it})^{\frac{\delta_i-1}{\delta_i}} + \alpha_i(B_{it}K_{it})^{\frac{\delta_i-1}{\delta_i}} \right]^{\frac{\delta_i}{\delta_i-1}}, \ 0 < \delta_i < +\infty \quad (5-1)$$

其中，Y_{it}、K_{it} 和 L_{it} 分别为 i 行业 t 年的总产出、资本和劳动要素投入，α_i 和 $1-\alpha_i$ 分别为行业 i 中资本与劳动要素在生产中投入的分配参数，A_{it} 和 B_{it} 分别为 i 行业 t 年劳动和资本增进型的技术效率，δ_i 为行业 i 中劳动与资本的要素替代弹性。

由上述生产函数可推导出，i 行业 t 年的资本与劳动边际产出比为：

$$H_{it} = \frac{\partial Y_{it}/\partial K_{it}}{\partial Y_{it}/\partial L_{it}} = \frac{\alpha_i}{1-\alpha_i}\left(\frac{K_{it}}{L_{it}}\right)^{-\frac{1}{\delta_i}}\left(\frac{B_{it}}{A_{it}}\right)^{\frac{\delta_i-1}{\delta_i}} \quad (5-2)$$

根据希克斯对技术进步方向的思想内涵，对 t 年和 $t-1$ 年要素边际产出差分，得到 i 行业离散形式的技术进步偏向性指数 Tb_{it} 的测算公式：

$$Tb_{it} = \frac{MPK_{i,t}}{MPL_{i,t}} - \frac{MPK_{i,t-1}}{MPL_{i,t-1}}$$

$$= \frac{\alpha_i}{1-\alpha_i}\left(\frac{K_{i,0}}{L_{i,0}}\right)^{-\frac{1}{\delta_i}}\left[\left(\frac{B_{it}}{A_{it}}\right)^{\frac{\delta_i-1}{\delta_i}} - \left(\frac{B_{i,t-1}}{A_{i,t-1}}\right)^{\frac{\delta_i-1}{\delta_i}}\right] \quad (5-3)$$

由希克斯的定义可知，$\left(\frac{B_{it}}{A_{it}}\right) > \left(\frac{B_{i,t-1}}{A_{i,t-1}}\right)\left[\left(\frac{B_{it}}{A_{it}}\right) < \left(\frac{B_{i,t-1}}{A_{i,t-1}}\right)\right]$ 表示 i 行业资本增进型技术进步率大于（小于）劳动增进型技术进步。当 $\delta_i < 1$ 时，$Tb_{i,0} > 0$（$Tb_{it} < 0$），该行业中技术进步方向为劳动（资本）偏向型；当 $\delta_i > 1$ 时，$Tb_{i,0} > 0$（$Tb_{it} < 0$），该行业中技术进步方向为资本（劳动）偏向型；当 $\delta_i = 1$

时，$Tb_{i,0} = 0$，该行业技术进步方向是中性的。

根据式（5-1）及资本与劳动边际产出公式，分别计算出 i 行业中劳动技术效率 A_{it} 和资本技术效率 B_{it}。

假设劳动和资本收入份额分别为 $SL_{it} = \dfrac{w_{it}L_{it}}{Y_{it}}$ 和 $SK_{it} = \dfrac{r_{it}K_{it}}{Y_{it}}$，其中 r_{it} 和 w_{it} 分别表示 i 行业 t 年的资本回报率和工资率。则有：

$$\frac{r_{it}}{w_{it}} = \frac{\partial Y_{it}/\partial K_{it}}{\partial Y_{it}/\partial L_{it}} = \frac{\alpha_i}{1-\alpha_i}\left(\frac{K_{it}}{L_{it}}\right)^{-\frac{1}{\delta_i}}\left(\frac{B_{it}}{A_{it}}\right)^{\frac{\delta_i-1}{\delta_i}} \tag{5-4}$$

将式（5-4）代入式（5-1）可以得出：

$$A_{it} = \frac{Y_{it}}{L_{it}}\left(\frac{SL_{i,t}}{1-\alpha_i}\right)^{\frac{\delta_i}{\delta_i-1}} \tag{5-5}$$

$$B_{it} = \frac{Y_{it}}{K_{it}}\left(\frac{SK_{i,t}}{\alpha_i}\right)^{\frac{\delta_i}{\delta_i-1}} \tag{5-6}$$

对于技术进步偏向性指数的计算，需要算出 i 行业要素替代弹性 δ_i 以及资本与劳动要素在生产中分配参数 α_i 的值。根据克伦普等（Klump et al.，2007）提供的供给面标准化三方程系统方法，设定行业劳动和资本技术效率的增长方式满足 $A_{it} = \bar{A}_{it}\exp\left\{\dfrac{\gamma_l}{\lambda_l}\bar{t}\left(\left(\dfrac{t}{\bar{t}}\right)^{\lambda_l}-1\right)\right\}$ 和 $B_{it} = \bar{B}_{it}\exp\left\{\dfrac{\gamma_k}{\lambda_k}\bar{t}\left(\left(\dfrac{t}{\bar{t}}\right)^{\lambda_k}-1\right)\right\}$，其中 γ_k 和 γ_l 分别为资本和劳动增进型技术效率的增长参数，λ_k 和 λ_l 分别为资本和劳动增进型技术曲率。ξ 为规模因子，用以修正标准化造成的产出不平等。若参数 γ_k 和 γ_l 不变，仅当 λ_k 和 λ_l 为 1 时，资本和劳动技术效率的增长率不随时间变化。

制造业各行业标准化三方程可整理为：

$$\log\left(\frac{Y_{it}}{\bar{Y}_{it}}\right) = \log\xi + \frac{\delta_i}{\delta_i-1}\log\left[\alpha_i\left(\frac{B_{it}}{\bar{B}_{it}}\frac{K_{it}}{\bar{K}_{it}}\right)^{\frac{\delta_i-1}{\delta_i}} + (1-\alpha_i)\left(\frac{A_{it}}{\bar{A}_{it}}\frac{L_{it}}{\bar{L}_{it}}\right)^{\frac{\delta_i-1}{\delta_i}}\right] \tag{5-7}$$

$$\log\left(\frac{r_{it}K_{it}}{Y_{it}}\right) = \log(\alpha_i) + \frac{\delta_i-1}{\delta_i}\log\xi + \frac{\delta_i-1}{\delta_i}\log\left(\frac{B_{it}}{\bar{B}_{it}}\right)$$

$$+ \frac{1 - \delta_i}{\delta_i} \log \left(\frac{\frac{Y_{it}}{\bar{Y}_{it}}}{\frac{K_{it}}{\bar{K}_{it}}} \right) \tag{5-8}$$

$$\log \left(\frac{w_{it} L_{it}}{Y_{it}} \right) = \log(1 - \alpha_i) + \frac{\delta_i - 1}{\delta_i} \log \xi + \frac{\delta_i - 1}{\delta_i} \log \left(\frac{A_{it}}{\bar{A}_{it}} \right)$$

$$+ \frac{1 - \delta_i}{\delta_i} \log \left(\frac{\frac{Y_{it}}{\bar{Y}_{it}}}{\frac{L_{it}}{\bar{L}_{it}}} \right) \tag{5-9}$$

令 $\bar{Y}_{it} = Y_{i0}$，$\bar{K}_{it} = K_{i0}$，$\bar{L}_{it} = L_{i0}$，$\bar{t} = t_0$，$\bar{A}_{it} = A_{i0}$，$\bar{B}_{it} = B_{i0}$，即分别以各变量平均值表示初始值。行业 i 中要素替代弹性 δ_i 和资本与劳动要素在生产中分配参数 α_i 的值可以通过建立似不相关回归（SUR）模型并使用可行广义最小二乘法（FGLS）方法估计出来。

（二）技术进步偏向性指数测算的数据来源

1. 中国制造业分行业指标选取和数据来源

本节选取中国制造业 28 个两位数代码行业 1985～2014 年面板数据进行研究。对于行业选取基本遵循国民经济行业分类（GB/T 4754–2011）。鉴于本节研究的时间范畴为 1985～2014 年，对个别行业进行了合并或舍弃。其中，将汽车制造业与铁路、船舶、航空航天和其他运输设备制造业合并为交通运输设备制造业，舍弃了金属制品、机械和设备修理业，最终选取了 28 个制造业行业作为中国制造业研究对象。为便于分析美国制造业技术进步方向对中国的影响，本节基本遵循 1997 年北美产业分类体系（NAICS），将美国制造业 21 个行业按照中国制造业统计口径作出调整，最终确定为 22 个行业，具体行业代码及名称如表 5.1 所示。

表 5.1 中美制造业代码与相应的行业名称

编号	中国代码	美国代码	行业名称	编号	中国代码	美国代码	行业名称
1	13		农副食品加工业	15	27		医药制造业
2	14	311	食品制造业	16	28		化学纤维制造业
3	15	3121	酒、饮料和精制茶制造业	17	29	326	橡胶和塑料制品业
4	16	3122	烟草制品业	18	30	327	非金属矿物制品业
5	17	313、314	纺织业	19	31	331	黑色金属冶炼和压延加工业
6	18	315	纺织服装、服饰业	20	32	3313	有色金属冶炼和压延加工业
7	19	316	皮革、毛皮、羽毛及其制品和制鞋业	21	33	332	金属制品业
8	20	321	木材加工和木、竹、藤、棕、草制品业	22	34	333	通用设备制造业
9	21	327	家具制造业	23	35		专用设备制造业
10	22	322	造纸和纸制品业	24	36、37	336	交通运输设备制造业
11	23	323	印刷和记录媒介复制业	25	38	335	电气机械和器材制造业
12	24		文教、工美、体育和娱乐用品制造业	26	39	334	计算机、通信和其他电子设备制造业
13	25	324	石油加工、炼焦和核燃料加工业	27	40		仪器仪表制造业
14	26	325	化学原料和化学制品制造业	28	41	339	其他制造业

资料来源：笔者参考国民经济行业分类（GB/T 4754 – 2011）和 1997 年北美产业分类体系（NAICS7）整理得到。

计算行业技术进步偏向性指数需要制造业产出 Y_{it}、劳动投入 L_{it}、资本投入 K_{it}、劳动报酬 $w_{it}L_{it}$ 和资本报酬 $r_{it}K_{it}$ 这五个变量，本节借鉴姚毓春等（2014）的指标设计进行变量的数据处理。第一，总产出。衡量经济产出的指标有很多，如工业总产值、工业销售产值和工业增加值等。其中，工业增加值的生产投入仅包括劳动力和资本要素，不包含中间品、固定资产折旧等费用，与本节研究目的相契合，故选取工业增加值减掉税金总额的差值作为衡量行业总产出的指标。《中国工业统计年鉴》中只对各行业 1993～2007 年工业增加值进行了统计，工业总产值的时间范围为 1985～2011 年，工业净产值为 1985～1992 年，工业销售产值为 2006～2014 年。1985～1992 年工业增加值利用与工业净产值的固定比例折算（李小平和卢现祥，2007），2007～2011 年通过绘制与工业总产值的拟合图获取（王林辉和董直庆，2012），2012～2014 年通过与工业销售产值历年的平均比例折算。最后，为避免价格波动因素，使月工业生产者出厂价格指数进行平减。以上数据均来自历年《中国工业统计年鉴》《中国统计年鉴》。第二，劳动投入。本节采用劳动年平均人数来衡量生产中的劳动力投入。缺失年份用劳动年平均人数＝（当年劳动人数年末数＋上一年度劳动人数年末数）/2 计算，数据来自历年《中国工业统计年鉴》和《中国工业能源交通 50 年统计资料汇编：1949－1999》。第三，资本投入。选取固定资产净值作为衡量资本投入的指标，为剔除价格波动影响，使用永续盘存法测算中国制造业各行业资本投入的真实值（陈勇和李小平，2006）。

计算公式为：

$$k_{it} = \frac{K_{i1980}}{P_t} + \sum_{t=1985}^{2014} \Delta K_{it}/P_t \qquad (5-10)$$

其中，P_t 表示以 1990 年为基期的固定资产投资价格，1990 年后使用固定资产投资价格指数，1985～1989 年使用杰弗逊等（Jefferson et al.，1996）估计的结果。K_{it} 表示根据《中国工业统计年鉴》统计的相邻年份固定资产账面净值取平均值得到的固定资产净值年平均余额，新增固定资产 $\Delta K_{it} = K_{it} - K_{i,t-1}$。第四，劳动报酬。劳动报酬＝职工工资总额＋社会保险基金，数据均来自历年《中国劳动统计年鉴》，其中各行业社会保险基金通常与工资水平呈比例缴纳，使用全国总数按照行业工资总额比例进行分配。第五，资本报酬。资本报酬＝固定资产折旧＋营业利润，其中，固定资产折旧通过对相邻年份固定资产累计折旧差分获取，1985～2002 年固定资产折旧数据通过固定资产原值减净值计算。

2002～2014 年营业利润来自《中国工业统计年鉴》，1985～2001 年营业利润根据与利润总额的平均比例折算。为避免价格波动因素，使用工业生产者出厂价格指数对劳动和资本报酬进行平减。

2. 美国制造业分行业指标选取和数据来源

对于美国制造业行业数据，NBER 制造业数据库统计了 1985～2011 年 462 个六位数 NAICS 级别细分行业产出、就业、工资、资本存量和中间投入的信息，以及价格平减指数，对大量部门进行了精准的统计。本节将六位数细分行业按照三位数行业类别进行加总得到行业产出、劳动投入、资本投入和劳动报酬数据。对于资本报酬，本节采取资本投入与资本回报率乘积的形式计算得出，资本回报率指标参照陈（Chen，2016）的方法，使用 $P_{K,t} = P_{I,t}(1 + \pi_t) - E_t[(1 - \tau_t)P_{I,t+1}]$ 公式计算。其中，$P_{K,t}$ 表示 t 年的资本回报率，$P_{I,t}$ 表示 t 年的投资价格指数，π 表示名义利率，本节使用美国联邦储备银行的 10 年期美国国库券恒定到期率（来自圣路易斯联储统计数据），参数 τ 是折旧率，可使用经典资本积累方程 $K_t = I_t + (1 - \tau_t)K_{t-1}$ 计算，本节使用固定值 8%，与陈（Chen，2016）相同。假设不存在预测误差，资本回报率估计方程可简化为 $P_{K,t} = P_{I,t}(\tau + \pi_t)$。2012～2014 年数据来源于美国制造业年度调查数据库（ASM）。

第二节　中美制造业技术进步偏向性测定：分细行业

（一）中美制造业及其细分行业要素替代弹性分析

根据前面的计算方法，测算出 CES 生产函数中的各参数，估计结果如表 5.2 所示。结果显示，中美制造业生产函数的规模因子 ξ 估计结果分别为

表 5.2　　　　　　　　　　　CES 生产函数参数估计结果

参数	ξ	γ_k	λ_k	δ	α_k	γ_l	λ_l
中国	0.7357	0.0428	2.6670	0.4098	0.5468	0.1372	1.5315
美国	0.6729	0.0305	3.7756	0.4150	0.8321	0.0542	0.6106

0.7357 和 0.6729，均接近于 1，与戴天仕和徐现祥等（2010）及董直庆等（2013）的估计结果相差不大。中美资本收入份额 α_k 差别明显，中国为 0.5468，美国这一数值为 0.8321，该结果符合经济事实，美国资本要素较之中国更加丰裕，生产中投入的资本比例较大，相应的资本收入份额也大于中国。中美资本增进型技术曲率 λ_k 均大于 1 且资本增进型技术效率增长参数 γ_k 均大于 0，表明中美资本增进型技术效率逐年增强。中国劳动增进型技术效率增长参数 γ_l 大于 0，而劳动增进型技术曲率 λ_l 大于 1，表明中国制造业劳动增进型技术效率也逐渐增强。美国劳动增进型技术效率增长参数 γ_l 大于 0，而劳动增进型技术曲率 λ_l 明显小于资本，因而呈现资本增进型技术进步。中国制造业整体要素替代弹性 δ 为 0.4098，美国这一数值为 0.4150，两者相差不大，都介于 0~1，表明中美制造业资本和劳动要素之间呈现互补关系。根据郝枫和盛卫燕（2014）对要素替代弹性测算文献的梳理，替代弹性估计高度依赖技术设定。哈罗德中性技术进步假设下，替代弹性估计值大于 1；希克斯中性技术进步假设下，替代弹性估计值稍低，介于 0.5~0.7；一般要素增强型即以 CES 生产函数为生产方程的技术进步假设下，替代弹性估计值介于 0.1~0.5，本节测算出的中国制造业替代弹性符合这一结论。奇林科（Chirinko，2002；2008）从长期与短期两个角度，使用企业数据估计出美国替代弹性介于 0.4~0.6，本节测算的美国制造业替代弹性与其测算结果基本一致。

中美制造业细分行业要素替代弹性估计结果如表 5.3 所示。

表 5.3　　　　　　　　中美制造业细分行业要素替代弹性

编号	行业名称	中国	美国	编号	行业名称	中国	美国
1	农副食品加工业	0.2893		15	医药制造业	0.3846	
2	食品制造业	0.4141	0.2631	16	化学纤维制造业	0.4482	
3	酒、饮料和精制茶制造业	0.4137	0.3018	17	橡胶和塑料制品业	0.4258	0.4542
4	烟草制品业	0.9607	0.2682	18	非金属矿物制品业	0.3551	0.9781

编号	行业名称	中国	美国	编号	行业名称	中国	美国
5	纺织业	0.3095	0.5101	19	黑色金属冶炼和压延加工业	0.5499	0.4886
6	纺织服装、服饰业	0.2943	0.5030	20	有色金属冶炼和压延加工业	0.4472	0.4802
7	皮革、毛皮、羽毛及其制品和制鞋业	0.3075	0.3654	21	金属制品业	0.3641	0.5174
8	木材加工和木、竹、藤、棕、草制品业	0.3476	0.9773	22	通用设备制造业	0.4453	0.5535
9	家具制造业	0.3483	0.5619	23	专用设备制造业	0.4603	
10	造纸和纸制品业	0.3842	0.4889	24	交通运输设备制造业	0.4550	0.3616
11	印刷和记录媒介复制业	0.4888	0.6459	25	电气机械和器材制造业	0.3933	0.9873
12	文教、工美、体育和娱乐用品制造业	0.3534		26	计算机、通信和其他电子设备制造业	0.5029	0.6601
13	石油加工、炼焦和核燃料加工业	0.7933	0.4511	27	仪器仪表制造业	0.4748	
14	化学原料和化学制品制造业	0.4457	0.4338	28	其他制造业	0.4711	0.4151

资料来源：笔者自己测算得出。

根据表5.3显示结果，中美制造业细分行业要素替代弹性估计值均介于0~1，要素间呈互补关系。对于所划分的22个行业，有14个行业美国要素替代弹性大于中国，8个行业小于中国。这是由于美国与中国相比，要素市场更发达，劳动要素和资本要素间的替代弹性对于大部分行业来说也往往更高。其中，也有个别行业中美要素替代弹性相差悬殊，4烟草制品业和13石油加工、炼焦和核燃料加工业中国要素替代弹性远大于美国。究其原因，这两个行业均是中国垄断行业，在资源和信息等方面具有天然的优势，更便于配置生产资源，所以要素间替代弹性也较大。8木材加工和木、竹、藤、棕、草制品业，18非金属矿物制品业，25电气机械和器材制造业中国要素替代弹性远小于美国，中国数值均小于 0.4，而美国这一数值均大于 0.9。而制造业其他行业中美两国的要素替代弹性相差不多。

（二）中美制造业整体技术进步偏向性

如前所述，根据式（5－3），可以算出中国和美国制造业及其细分行业历年技术进步偏向性指数，美国和中国制造业 1986～2014 年技术进步偏向性指数变化趋势如图 5.1 所示。

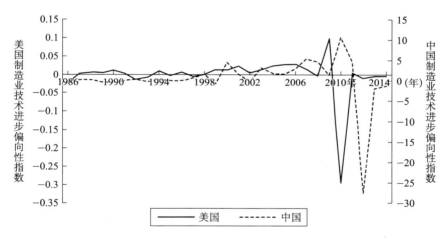

图 5.1　中美 1986～2014 年制造业技术进步偏向性指数

由图 5.1 可以发现，中美制造业技术进步偏向性指数数量级差异很大，原因在于美国初始资本存量远高于中国。值得关注的是，中美制造业技术进步偏向性指数在 1986～2014 年走势基本一致，中国制造业指数的变化趋势比美国要晚 2 年左右，这充分表明随着中国对外开放程度加强，中国制造业技术进步方向与发达国家步调一致且紧随其后，这也间接显示技术进步方向存在跨国传递性。为准确分析中美技术进步方向的时差关系，我们作出中美制造业技术进步偏向性指数的时差相关系数表，如表 5.4 所示。

可以看出，中国制造业技术进步偏向性指数滞后美国 2 年时，两者相关关系最大为 0.8998，表明中国制造业技术进步方向滞后美国制造业技术进步方向 2 年。

表5.4 中美制造业技术进步偏向性指数时差相关系数

时差状态	0	1	2	3	4	5	6	7	8	9	10
滞后	-0.2370	0.0092	0.8998	-0.1612	0.1037	-0.0041	-0.0284	-0.0401	-0.0604	-0.0093	0.0090
超前	-0.2370	0.0471	-0.0571	-0.0967	-0.0485	-0.0125	-0.0044	-0.0838	0.0247	0.0057	-0.1405

资料来源：笔者自己测算得出。

从图5.1可以看出，无论是中国制造业还是美国制造业，1986～2014年，大部分年份的技术进步偏向性指数都为正，即技术进步呈现资本偏向性，与以往文献结论相一致。分阶段观察，发现改革开放初期，中国制造业技术进步偏向性指数方向为负，呈现出劳动偏向特征。但自20世纪90年代中期开始中国制造业技术进步方向明显具有资本偏向特征，但略有波动，与美国技术进步偏向性指数平稳变化不同。图5.1中值得关注的是，中国制造业技术进步偏向性指数2011年出现一个大幅度下降，即由2011年的4.61骤降到2012年的-27.61，技术进步方向从偏向资本迅速转变为偏向劳动，但在2013年和2014年又恢复平稳。而美国技术进步偏向性指数也出现类似的骤变，是在2009年从资本偏向迅速转为劳动偏向，这可能是因为2008年世界范围的金融危机及其连锁反应，从美国迅速波及其他国家，这次金融危机也传递到中国实体经济，使社会总需求迅速下跌，制造业行业资本大量闲置，技术进步方向发生快速逆转。

（三）中美制造业细分行业技术进步偏向性相关性

中国商务部国别报告的统计数据显示，2016年美国向中国出口的主要商品包括运输设备、机电产品和化工产品等，出口额分别为256.6亿美元，237.4亿美元和97.2亿美元。① 中国从美国引进技术设备最多的行业有24交通运输设备制造业，25电气机械和器材制造业，14化学原料和化学制品制造业，17橡胶和塑料制品业，19黑色金属冶炼和压延加工业，10造纸和纸制品业，8木材加

---

① 数据来源于中国商务部国别报告，https：//countryreport. mofcom. gov. cn/record/view110209. asp? news_ id =52701。

工和木、竹、藤、棕、草制品业，6 纺织服装、服饰业，18 非金属矿物制品业，21 金属制品业，22 通用设备制造业。通过分析中国从美国引进技术设备较多的 11 个行业发现，1986～2014 年，这 11 个行业中美技术进步方向变化趋势基本一致，但中国这些行业技术进步变化趋势一般都滞后于美国，因为篇幅限制没有列出。为验证这一点，我们进一步测算这 11 个行业技术进步偏向性的时差相关系数，最大系数出现的时差为两者的时差关系，结果如表 5.5 所示。结果显示，上述 11 个行业中，中国技术进步偏向性均滞后于美国，其中有 7 个行业的滞后期为 2 年，3 个行业的滞后期为 1 年，说明中美制造业技术进步方向确实存在跨国传递效应，但存在 2 年左右的滞后期。

表 5.5　中美制造业具有传递性 11 个行业技术进步偏向性指数时差相关系数

行业	时差状态	0	1	2	3	4	5
24	滞后	− 0.0853	− 0.1780	− 0.6739	− 0.0437	0.1185	0.1262
	超前	− 0.0853	0.0338	− 0.0862	0.0016	− 0.0105	− 0.0128
25	滞后	0.2445	0.6499	− 0.6188	0.0943	0.0167	− 0.0035
	超前	0.2445	− 0.1376	0.1332	− 0.0131	− 0.0121	0.0208
14	滞后	− 0.1154	− 0.6159	0.6319	0.1034	− 0.1048	0.0750
	超前	− 0.1154	0.0659	− 0.0813	− 0.0073	− 0.0395	− 0.0024
17	滞后	− 0.4997	− 0.2588	0.5736	0.0404	0.2345	0.0867
	超前	− 0.4997	0.2517	− 0.1455	− 0.0785	− 0.0567	0.0214
19	滞后	0.0360	0.1513	0.7466	− 0.4814	0.0884	0.0697
	超前	0.0360	− 0.0352	− 0.0726	0.0075	0.0025	− 0.0196
10	滞后	− 0.2655	− 0.4517	0.7362	0.1749	0.0849	0.1562
	超前	− 0.2655	0.0314	− 0.1619	− 0.0440	− 0.0334	0.0707
8	滞后	− 0.0178	0.4105	− 0.1063	0.0474	0.2587	− 0.2286
	超前	− 0.0178	− 0.1833	0.2164	0.0344	− 0.0472	− 0.0823
6	滞后	− 0.2085	− 0.0319	− 0.6492	0.6828	− 0.2555	0.0148
	超前	− 0.2085	0.0224	− 0.1350	− 0.0196	0.0100	− 0.0263
18	滞后	− 0.2534	− 0.0453	0.7638	− 0.4104	0.2449	0.0387
	超前	− 0.2534	0.1895	− 0.2399	0.0052	− 0.0289	− 0.0209

行业	时差状态	0	1	2	3	4	5
21	滞后	− 0.3866	0.3482	0.6755	− 0.2960	0.0862	− 0.0068
	超前	− 0.3866	− 0.1000	− 0.0218	− 0.0890	− 0.0184	− 0.0490
22	滞后	0.1173	0.5297	− 0.7354	0.1898	− 0.0171	0.0217
	超前	0.1173	− 0.0040	0.1151	0.0076	− 0.0186	− 0.0011

资料来源：笔者自己测算得出。

进一步考察制造业中其余 11 个行业技术进步偏向性指数变化，包括 2 食品制造业，3 酒、饮料和精制茶制造业，4 烟草制品业，5 纺织业，7 皮革、毛皮、羽毛及其制品和制鞋业，9 家具制造业，11 印刷和记录媒介复制业，13 石油加工、炼焦和核燃料加工业，15 医药制造业，26 计算机、通信和其他电子设备制造业和 28 其他制造业，发现中美制造业以上 11 个行业技术进步偏向性指数在 1986 ~ 2014 年的变化走势和方向没有明显关联效应。

第三节　技术进步偏向性跨国传递效应检验

（一）基本模型设定及计量方法

为了检验美国制造业技术进步偏向性对中国制造业技术进步偏向性的跨国传递作用，以及考察其他因素对中国制造业技术进步方向的影响，本节根据时差相关系数结果，假设中美制造业技术进步方向跨国传递的滞后期为 1 年和 2 年，将美国滞后 1 年和 2 年技术进步偏向性指数作为基本变量，设定如下面板数据基本回归模型：

$$ctb_{it} = \alpha_0 + \alpha_1 mtb2_{it} + \alpha_2 mtb1_{it} + \alpha_3 ktl_{it} + \alpha_4 y_{it} + \alpha_5 rd_{it} + \varepsilon_{it}$$

$$i = 1, 2, \cdots, n, t = 1, \cdots, T$$

其中，i 为对应的制造业各行业编号，t 为年份，被解释变量 ctb_{it} 为中国制造业 t 年 i 行业的技术进步偏向性指数，α_i 为待估参数，ε_{it} 为随机扰动项。$mtb1$ 和 $mtb2$ 分别为美国滞后 1 年和 2 年的技术进步偏向性指数，ktl 反映中国要素禀赋结构，y 表示制造业行业发展水平，rd 反映行业自主研发能力，包含 5 个指标。本节选取的解释变量描述性说明如表5.6所示。

表5.6　　　　　　　　　　　　　解释变量描述

符号	定义	指标说明	数据来源	单位
$mtb1$	美国技术进步偏向性	美国滞后 1 年 Tb	根据上面公式计算所得，再将环比转换成以 1990 年为基期的定比所得	—
$mtb2$		美国滞后 2 年 Tb	根据上面公式计算所得，再将环比转换成以 1990 年为基期的定比所得	—
ktl	要素禀赋	劳均资本	资本存量/劳动力人数计算所得	亿元/万人
y	行业发展水平	工业增加值	根据历年《中国工业统计年鉴》处理得到	百亿
$rdexp$	自主研发能力	R&D 研发经费	数据来源于历年《中国科技统计年鉴》	亿元
$rdper$		R&D 研发人员数	数据来源于历年《中国科技统计年鉴》	万人
$equip$		仪器和设备支出	数据来源于历年《中国科技统计年鉴》	亿元
sci		科学家与工程师人数	数据来源于历年《中国科技统计年鉴》	万人
pa		发明专利授权数	数据来源于历年《中国科技统计年鉴》	万件

模型引入要素禀赋结构，意在分析中国制造业技术进步方向受要素禀赋的影响以及影响程度，通过资本存量与劳动力人数比计算所得。同时，制造业各行业发展水平也会影响该行业技术进步方向，因此，引入工业增加值表征行业发展水平作为解释变量。此外，国内自主研发也是技术进步方向的重要影响因素，故我们引入 $rdexp$、$rdper$、$equip$、sci 和 pa 等国内自主研发的相关指标，$rdexp$ 表示 R&D 研究经费，$rdper$ 表示 R&D 研发人员数，sci 表示科学家与工程师人数，$equip$ 表示仪器与设备支出，pa 表示发明专利授权数。其中 $rdper$ 和 sci 反映自主研发的人力资本投入水平，$rdexp$ 和 $equip$ 反映自主研发的物质资本投入水平，而 pa 表征自主研发产出。

（二）回归结果

本节先对中美制造业所对应的 22 个细分行业整体进行回归，鉴于数据可得性，时间跨度为 1990～2013 年，考察美国制造业技术进步方向对中国制造业整体影响，回归结果如表5.7所示。为逐步观察各控制变量对被解释变量的作用效果，以及控制变量间的关联效应，本节采取逐步添加解释变量的方法进行回归，为排除自相关和异方差的影响，使用面板数据 FGLS 方法。

表5.7 制造业 22 个行业回归结果

解释变量	模型 1	模型 2	模型 3	模型 4	模型 5	模型 6	模型 7	模型 8	模型 9
$mtb2$	14.131 ***	21.167 ***	13.523 ***	21.246 ***	21.631 **	17.735 ***	11.246 **	9.790 ***	9.598 ***
	(0.382)	(0.399)	(0.134)	(0.028)	(0.216)	(0.284)	(0.217)	(0.095)	(0.142)
$mtb1$	15.348 ***	21.595 ***	14.285 ***	15.798 ***	20.247 ***	16.462 ***	17.825 ***	12.518 ***	11.903 ***
	(0.371)	(0.399)	(0.137)	(0.023)	(0.225)	(0.281)	(0.151)	(0.096)	(0.102)
ktl	−1.008 ***	−0.876 ***	−0.922 ***	−0.847 ***	−0.864 ***	−0.902 ***	−1.016 ***	−0.970 ***	−1.022 ***
	(0.011)	(0.010)	(0.007)	(0.001)	(0.013)	(0.012)	(0.007)	(0.005)	(0.004)
y	1.632 ***	0.611 ***	0.699 ***	0.634 ***	0.645 ***	0.731 ***	0.808 ***	0.762 ***	0.883 ***
	(0.005)	(0.005)	(0.002)	(0.001)	(0.009)	(0.010)	(0.004)	(0.002)	(0.002)
$rdexp$	−0.238 ***								
	(0.001)								
$rdper$		−1.140 *			−0.698 ***		−1.077 ***		
		(0.012)			(0.014)		(0.006)		
sci			−1.278 ***			−0.726 ***		−1.134 ***	
			(0.010)			(0.012)		(0.008)	
$equip$				−0.398 **	−0.219 ***	−0.293 ***			−0.385 ***
				(0.000)	(0.002)	(0.004)			(0.001)
pa							−4.934 ***	−2.202 ***	−5.932 ***
							(0.031)	(0.062)	(0.021)
c	8.321 ***	12.686 **	11.306 **	12.747 **	13.232 **	12.861 **	12.819 **	11.240 **	12.924 **
	(0.211)	(0.188)	(0.241)	(0.017)	(0.194)	(0.236)	(0.138)	(0.176)	(0.045)
obs	484	484	484	484	484	484	484	484	484
$Wald\ chi2$	139459.2	58360.7	122294.5	8841387	76291.1	24284.9	580507.4	315667.6	387417.5
$Prob > chi2$	0.000	0.000	0.000	0.000	0.000	0.000	0.000	0.000	0.000

注：系数下方括号内为对应的标准误，* 、** 和 *** 分别表示在10%、5%和1%水平下显著。

由表5.7中模型1回归结果可以看出，美国制造业滞后2年技术进步偏向性对中国制造业具有显著的正向作用，和我们在时差相关系数中的分析相一致。模型2至模型9是我们将模型1中 R&D 研究经费换成其他表征自主研发的指标，*mtb2* 系数的方向没有发生变化，只是系数的大小有所变化，这表明美国制造业的技术进步偏向性能够传递到中国。由于美国资本要素丰裕的天然优势，自主研发出的设备和衍生出的技术多使用资本要素，技术进步方向偏向于资本。而中国从美国通过国家贸易的方式购买专利、技术和进口设备等资本品，美国技术进步资本偏向性传递过来，使中国制造业技术进步方向也偏向于资本要素。可见，技术进步方向会发生跨国传递，使中国技术进步方向受到美国的指引。模型 1 结果显示，对于滞后 1 年的美国技术进步偏向指数对中国制造业技术进步方向在 1% 水平下也具有显著的正向作用，使中国技术进步方向偏向于资本。这充分显示，美国技术进步方向对中国的作用不是同期实现，这是因为中国制造业对国外先进技术和设备的选择、引进、模仿、消化吸收和适配性改良到最终为我所用需要一定的时间，因而制造业整体技术进步方向跨国传递的滞后期为 1～2 年。

对于要素禀赋结构这一变量，结果显示，国内制造业要素禀赋结构对技术进步偏向性指数的作用系数显著为负，说明制造业资本要素相对于劳动越丰裕，技术进步方向就越偏向于劳动，而劳动要素相对于资本越丰裕，技术进步方向就越偏向于资本，即中国制造业技术进步方向呈逆要素禀赋发展趋势。一般而言，技术进步偏向性应主要由本国要素禀赋结构决定，并受技术引进国的技术进步偏向性影响，而中国制造业技术进步方向受美国影响较大，本国要素禀赋发挥作用过小，这也间接反映了中国自主创新能力较弱。行业发展水平变量的系数为正且在 1% 水平下显著。这表明制造业发展水平越高，技术进步的资本偏向性越强，资本边际产出越大，这一实证结果与当前经济发展事实相符。虽然近年来中国资本边际收益率有下降趋势，但仍远远高于劳动边际收益率。一般来说，行业发展水平越高，该行业拥有更多可用资金，更倾向于研发和购买包含科技含量更高的技术和设备，使技术进步偏向于资本，即行业发展水平的提升促进了物化形态的技术投资，进而引致行业技术进步方向偏向于资本。

模型 1 至模型 4 依次加入 R&D 研究经费、R&D 研发人员数、科学家与工程师人数和仪器与设备购置费用这 4 个代表行业自主研发能力的指标。结果显示，4 个自主研发指标的回归系数均为负值，且均在 1% 置信水平下显著。这从一个侧面反映出中国制造业的自主研发符合适宜性创新模式，使技术进步偏向于多使用劳动而节约资本，适合中国劳动力丰裕的要素禀赋结构。从中国制造业技术进步的资本偏向性可以看出，其对制造业技术进步方向的影响低于技术引进的作用。我们认为，主要原因在于：一方面，自主研发的风险大而收益小，企业在利润最大化的动力驱使下，更愿意把技术引进作为提升技术水平的主要路径；另一方面，虽然 2013 年以后中国已成为仅次于美国的第二大研发经费投入国家，在发展中国家中名列前茅，创新资本加速积累，制造业各行业 R&D 经费支出和仪器与设备支出大幅增长，但创新资本的效率不高，其边际报酬呈递减趋势，对技术进步方向的作用不大。可见，中国制造业技术进步方向主要取决于引进技术的作用，从而使中美制造业技术进步方向趋同，呈现资本偏向特征。

为考察自主研发中人力资本与物质资本的共同作用效果，模型 5 同时加入人力资本投入指标 R&D 研发人数 *rdper* 与物质资本投入指标仪器与设备支出 *equip* 两个变量，发现以上变量的作用系数均未发生较大变化，对制造业技术进步方向起负向作用，即使技术进步更偏向于劳动要素。模型 6 同时加入科学家与工程师 *sci* 和仪器与设备支出 *equip*，也得到同样结果。模型 7 至模型 9 选取行业发明专利授权数作为自主研发产出侧指标，并分别与 R&D 研发人员数 *rdper*、科学家与工程师人数 *sci* 和仪器与设备支出 *equip* 共同进入模型中，结果显示，专利授权数对制造业技术进步方向具有反向拉动作用，与其他反映自主研发能力的变量作用相同。同时，加入该变量后，自主研发投入侧变量和其他解释变量作用系数的符号与显著性均未发生明显变化，表明模型具有稳健性。表 5.7 底端也给出了 Wald 统计量和相伴概率，其结果也显示各个模型估计效果较好。

其次，选择中国从美国引进技术设备最多的 11 个行业进行回归，以期有针对性地考察美国制造业行业技术进步方向对中国的传递效应，回归结果见

表 5.8。表 5.8 中模型 1 至模型 9 美国滞后 2 年技术进步偏向性指数 *mtb2* 的作用系数为正，并在 1% 水平下显著。对比表 5.7 中 *mtb2* 系数可以发现，制造业 11 个行业中美技术进步偏向性的跨国传递效应大于 22 个行业，这与我们之前的预期相符。以制造业整体作为样本研究其跨国传递效果，不及从美国引进技术设备最多的 11 个行业，这也表明中美技术进步偏向性的传递依赖国际贸易渠道。对于滞后 1 年的美国技术进步偏向指数 *mtb1*，与表 5.7 中结果不同的是，其作用系数不显著，我们在检验过程中将其舍去。

表 5.8　　　　　　　　　　制造业具有传递性 11 个行业回归结果

解释变量	模型 1	模型 2	模型 3	模型 4	模型 5	模型 6	模型 7	模型 8	模型 9
mtb2	55.587 *** (4.114)	45.480 *** (2.842)	37.334 *** (2.277)	25.414 *** (4.090)	36.000 *** (4.024)	30.859 *** (4.078)	26.224 *** (4.349)	19.913 *** (3.927)	10.261 ** (5.068)
ktl	−2.081 *** (0.125)	−1.684 *** (0.097)	−1.995 *** (0.091)	−1.428 *** (0.123)	−1.594 *** (0.097)	−1.505 *** (0.112)	−3.115 *** (0.152)	−3.361 *** (0.170)	−2.729 *** (0.201)
y	2.031 *** (0.068)	0.649 *** (0.039)	0.795 *** (0.034)	0.775 *** (0.038)	0.721 *** (0.040)	0.812 *** (0.040)	1.566 *** (0.088)	1.792 *** (0.077)	1.517 *** (0.096)
rdj	−0.276 *** (0.017)								
rdr		−0.984 *** (0.106)			−0.466 *** (0.099)		−0.905 *** (0.103)		
sci			−1.677 *** (0.092)			−0.675 *** (0.121)		−1.487 *** (0.084)	
shb				−0.285 *** (0.034)	−0.157 *** (0.031)	−0.200 *** (0.033)			−0.277 *** (0.034)
pa							−23.498 *** (2.158)	−25.135 *** (1.865)	−20.12 *** (2.643)
c	12.534 *** (1.405)	18.036 *** (1.677)	17.145 *** (1.599)	14.331 *** (1.469)	16.637 *** (1.682)	14.356 *** (1.602)	19.322 *** (2.295)	17.712 *** (2.240)	16.458 *** (1.910)
obs	242	242	242	242	242	242	242	242	242
Wald chi2	446.4	1190.9	484.9	473.0	484.9	473.0	845.4	1398.3	505.1
Prob > chi2	0.000	0.000	0.000	0.000	0.000	0.000	0.000	0.000	0.000

注：系数下方括号内为对应的标准误，*、** 和 *** 分别表示在 10%、5% 和 1% 水平下显著。

表 5.8 的 11 个行业回归结果显示，要素禀赋结构对中国制造业技术进步偏向性指数的作用系数在 1% 水平下显著为负，与前面的结果相同，要素禀赋结构与技术进步方向相反，或者说技术进步呈逆要素禀赋发展趋势。阿西莫格鲁（Acemoglu，2000）认为，要素禀赋结构会通过价格效应和市场规模效应影响技术进步方向，可见，在中国制造业中体现出的是价格效应强于规模效应，诱使技术进步偏向于稀缺的资本要素。对于行业发展水平这一变量，在 1% 水平下显著，表示行业发展水平越高，技术进步方向越偏向于资本。模型 1 至模型 4 中我们依次加入 R&D 研究经费、R&D 研发人员数、科学家与工程师人数和仪器与设备支出 4 个代表行业自主研发能力的平行指标，以从不同角度考察自主研发对行业技术进步偏向性的影响。4 个自主研发指标的回归系数均为负值，数值大小与表 5.7 结果相差不大，且在 1% 水平下显著。反映出 11 个行业的自主研发投入越多，越拉动技术进步偏向劳动要素，倾向于多使用丰裕的劳动要素。模型 5 至模型 6 考察了自主研发物质资本投入和人力资本投入对技术进步方向的作用，发现自主研发的物质资本投入和人力资本投入都拉动技术进步偏向劳动要素。模型 7 至模型 9 同时考察了投入侧与产出侧自主研发变量对技术进步方向的作用，与表 5.7 结果类似，专利授权数系数为负，与其他自主研发变量结果一致。综合而言，表 5.8 中制造业 11 个行业的回归结果各变量系数大小和方向均变化不大，Wald 统计量和相伴概率也显示模型估计效果较好，再次证明模型稳健性。

第四节　本章小结

本章依据希克斯和阿西莫格鲁的技术进步方向定义，将生产函数设定为 CES 形式，使用三方程标准化系统方法测定并对比了中美制造业 22 个细分行业的技术进步偏向性指数，通过面板数据实证研究了中美制造业技术进步偏向性的跨国传递效应，得到以下主要结论。第一，中国制造业技术进步整体呈现资本偏向特征，且与美国制造业技术进步偏向性指数走势基本一致，但其变化趋势比美国要晚 2 年左右。美国制造业技术进步偏向性指数对中国制造业技术进步偏向性具有明显的正向作用，表明技术进步具有跨国传递效应，但存在 1～2 年的时滞，主要源于对美国制造业先进技术和设备的选择、引进、模仿、消化吸收和适配性改良到最终为我所用需要一定的时间。第二，中国制造业技术进步资本偏向性主要受美国影响，要素禀赋结构和自主创新并未使技术进步转向资本。制造业要素禀赋结构对技术进步偏向性指数的作月系数为负，适合中国要素禀赋结构的自主研发技术也偏向于多使用劳动而节约资本，可见，中国制造业技术进步方向呈逆要素禀赋发展趋势，受美国技术过步资本偏向性影响较大，要素禀赋发挥作用较小，自主创新能力也较弱。

第六章

技术进步方向跨国传递路径与异质性效应检验

既有文献开始关注中国技术进步偏向性的发展态势、要素禀赋因素的影响以及技术进步偏向性在城市间的空间扩散效应（潘文卿等，2017），却并未回答我国技术进步偏向性为何会出现逆要素禀赋特征，也鲜有文献从跨国传递角度考察我国技术进步偏向性的变化成因。同时，技术进步偏向性如何实现跨国传递，不同传递路径的作用效应是否存在异质性？这些问题的研究，将为我国技术升级路径选择提供理论指导。本章利用标准化系统法和似不相关模型测算技术进步偏向性，结合面板分位数回归模型，检验中美技术进步偏向性跨国传递效应和不同传递路径异质性。

第一节　中美制造业技术进步偏向特征

我们对中美制造业子行业进行了划分和匹配，中国行业划分遵循国民经济行业分类（GB /T 4754 - 2011）两位数代码行业，美国行业划分遵循1997 年北美产业分类体系（NAICS）三位数代码行业，对中美制造业个别行业进行了合并或舍弃，最终将行业归并为 7 个制造业作为研究对象。具体行业代码及名称如表6. 1 所示。

表6.1   中美制造业行业匹配结果

编号	行业名称	美国代码	中国代码	细分行业名称
1	食品制造业	311	14	食品制造业
2	化学制造业	325	26	化学原料和化学制品制造业
3	金属制造业	331	31	黑色金属冶炼和压延加工业
			32	有色金属冶炼和压延加工业
		332	33	金属制品业
4	计算机及电子制造业	334	39	计算机、通信和其他电子设备制造业
5	电气、机械和器材制造业	335	38	电气机械和器材制造业
6	交通运输设备制造业	336	36	交通运输设备制造业
			37	
7	其他制造业	312	15	酒、饮料和精制茶制造业
			16	烟草制品业
		313	17	纺织业
		314		
		315	18	纺织制品业
		316	19	皮革、毛皮、羽毛及其制品和制鞋业
		321	20	木材加工和木、竹、藤、棕、草制品业
		322	22	造纸和纸制品业
		323	23	印刷和记录媒介复制业
		324	25	石油加工、炼焦和核燃料加工业
		326	29	橡胶和塑料制品业
		327	30	非金属矿物制品业
		337	21	家具制造业
		339	41	其他制造业

资料来源：根据国民经济行业分类（GB/T 4754－2011）和北美产业分类体系（NAICS）匹配和整理得到。

本节借鉴阿西莫格鲁（2007）的研究思路，构建技术进步偏向性指数，将生产函数设定为不变替代弹性的 CES 形式：

$$Y_{it} = \left[(A_{it}K_{it})^{\frac{\delta_i-1}{\delta_i}} + (B_{it}L_{it})^{\frac{\delta_i-1}{\delta_i}} \right]^{\frac{\delta_i}{\delta_i-1}}, \ 0 < \delta_i < +\infty \qquad (6-1)$$

其中，Y_{it}、K_{it} 和 L_{it} 分别表示 i 行业 t 年的总产出、资本和劳动投入，A_{it} 和 B_{it} 分

别表示 i 行业 t 年资本和劳动增进型的技术效率，δ_i 表示 i 行业中劳动与资本的要素替代弹性。可得 i 行业离散形式的技术进步偏向性指数 Tb_{it}：

$$Tb_{it} = \left(\frac{K_{i,t-1}}{L_{i,t-1}}\right)^{-\frac{1}{\delta_i}}\left[\left(\frac{A_{it}}{B_{it}}\right)^{\frac{\delta_i-1}{\delta_i}} - \left(\frac{A_{i,t-1}}{B_{i,t-1}}\right)^{\frac{\delta_i-1}{\delta_i}}\right] \quad (6-2)$$

将行业劳动和资本技术效率的增长方式设定为 BOX-COX 型，基期的要素收入份额满足：$1 - SK_{i,t} = \dfrac{w_{i,0}L_{i,0}}{w_{i,0}L_{i,0} + r_{i,0}K_{i,0}} = (1 + \mu_i)w_{i,0}L_{i,0} / Y_{i,0}$，$\mu_i$ 表示价格加成。行业标准化三方程可整理为：

$$\log\left(\frac{Y_{it}}{\overline{Y}_{it}}\right) = \log\xi + \frac{\delta_i}{\delta_i-1}\log\left[\overline{SK_i}\left(\frac{A_{it}}{\overline{A}_{it}}\frac{K_{it}}{\overline{K}_{it}}\right)^{\frac{\delta_i-1}{\delta_i}} + \right.$$

$$\left.(1 - \overline{SK_i})\left(\frac{B_{it}}{\overline{B}_{it}}\frac{L_{it}}{\overline{L}_{it}}\right)^{\frac{\delta_i-1}{\delta_i}}\right] \quad (6-3)$$

$$\log\left(\frac{r_{it}K_{it}}{Y_{it}}\right) = \log\left(\frac{\overline{SK_l}}{1+\mu_i}\right) + \frac{\delta_i-1}{\delta_i}\log\xi + \frac{\delta_i-1}{\delta_i}\log\left(\frac{A_{it}}{\overline{A}_{it}}\right)$$

$$+ \frac{1-\delta_i}{\delta_i}\log\left(\frac{\frac{Y_{it}}{\overline{Y}_{it}}}{\frac{K_{it}}{\overline{K}_{it}}}\right) \quad (6-4)$$

$$\log\left(\frac{w_{it}L_{it}}{Y_{it}}\right) = \log\left(\frac{1-\overline{SK_l}}{1+\mu_i}\right) + \frac{\delta_i-1}{\delta_i}\log\xi + \frac{\delta_i-1}{\delta_i}\log\left(\frac{B_{it}}{\overline{B}_{it}}\right) +$$

$$\frac{1-\delta_i}{\delta_i}\log\left(\frac{\frac{Y_{it}}{\overline{Y}_{it}}}{\frac{L_{it}}{\overline{L}_{it}}}\right) \quad (6-5)$$

建立似不相关（SUR）模型并使用 FGLS 方法，估计参数进而测算技术进步偏向性指数。参数估计需要制造业产出 Y_{it}、劳动投入 L_{it}、资本投入 K_{it}、劳动要素报酬 SL_{it} 和资本要素报酬 SK_{it} 数据。数据来源如下：制造业产出 Y_{it}，使用工业增加值减税金总额表征制造业经济产出。对于 1985~1992 年中国制造业缺失数据，本节根据 1992 年工业净产值和工业增加值的比例计算得出。2007~2014年工业增加值数据，使用 1985~2007 年工业增加值与工业总产值数据拟合得到。将获取的工业增加值减去税金总额后，使用工业生产者出厂价格指数剔除价格波动的影响得到制造业产值数据。劳动投入 L_{it}，使用从业人员年平均数来表征。对于中国数据，本节将当年劳动人数年末数与上一年度劳动人数年末数取平均值得到。资本投入 K_{it}，选择固定资产投资这一指标加以衡量，借鉴陈勇和李小平（2006）的做法，用永续盘存法计算资本存量。劳动要素报酬 SL_{it} 为职工工资总额和社会保险基金的加总。资本要素报酬 SK_{it}，根据固定资产折旧和营业利润加总计算。其中，中国制造业数据来源于历年《中国统计年鉴》《中国工业经济统计年鉴》《中国工业能源交通 50 年统计资料汇编：1949 - 1999》，美国制造业数据来自 NBER-CES 制造业数据库、美国制造业统计年鉴（ASM）、美国经济分析局（BEA）数据库和美国劳工统计局（BLS）。

依据上述方法测算出中国制造业技术进步偏向性指数，并与相关文献测算的结果进行对比，列于表 6.2。可以看出，本节技术进步偏向性的测算结果与以往文献相差不大，数值大小和波动幅度均处于合理范围内，说明本节的计算方法和数据处理均较为合理。

表 6.2 技术进步偏向性指数测算结果

测算范围	全国					工业	制造业
序号	Tb1	Tb2	Tb3	Tb4	Tb5	Tb6	Tb7
来源	戴天仕（2010）	王林辉等（2015）	董直庆等（2017）	董直庆等（2013）	孔宪丽等（2015）	陈欢等（2015）	本节 ——
1996~2000 年	0.0598	0.1876	0.0298	0.1318	0.4354	0.1645	0.0908
2001~2005 年	0.1103	0.6893	0.0503	0.0780	0.1238	0.0845	0.1966
2006~2010 年	——	0.0014	0.0259	0.0912	-0.0087	0.1702	0.4177
总均值	0.0851	0.2479	0.0351	0.1003	0.1561	0.1694	0.1164

资料来源：笔者根据各文献测算结果整理得出。

图 6.1 为中美制造业 7 个行业加总技术进步偏向性指数当年值,为进一步考察中美两国技术进步偏向性特征,也测算出技术进步偏向性指数的累计值,如图 6.2 所示。图 6.1 显示中美两国技术进步偏向性均呈波动状态,且绝大多数年份大于 0,说明无论中美两国在全国范围还是制造业行业内,技术进步方向均表现出资本偏向性特征。由图 6.2 可以看出,中美制造业的技术进步方向走势相似,均呈现出"J"形增长路径,即中美制造业技术进步偏向性具有高度相关性。

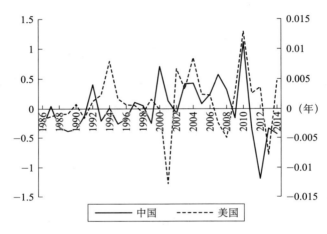

图 6.1　1986～2014 年中美制造业技术进步偏向性指数 *Tb*（当年值）

中国技术进步偏向性的变化趋势,大致可以分为以下三个阶段。第一,由于中国丰裕的劳动要素,1986～1999 年技术进步总体偏向于劳动要素。原因可能是,这一时期中国制造业正处于起步阶段,加之劳动成本优势使制造业存在巨大的发展潜力。同时,发达国家把劳动密集型产业向中国转移,中国劳动生产率逐年增长,技术进步也逐年偏向于劳动。第二,2000～2010 年技术进步偏向性指数呈指数型上升趋势,技术进步偏向劳动的程度越来越弱,且在 2005 年经历了由劳动偏向性到资本偏向性的转变。2001 年中国加入世界贸易组织后,中国从发达国家引进先进技术和设备逐年增加,技术进步方向受美国等发达国家影响加深,逐渐向资本偏向性转变。第三,2010 年后技术进步偏

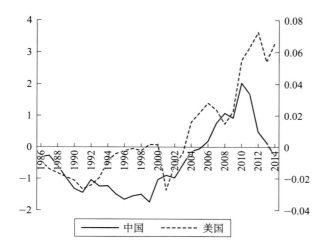

图 6.2 1986~2014 年中美制造业技术进步偏向性指数 *Tb*（累计值）

向于资本但偏向强度减弱。由于发达国家的制造业回流政策吸引外资流回本国，以及资本收益率降低，外资面临的不确定性风险增加，且来自越南等东南亚国家的竞争增大，外资"南逃"状况渐显，资本投入减少导致技术进步转而偏向于劳动。

美国技术进步偏向性变化趋势可大致分为以下两个阶段。第一，1986~1991 年技术进步方向偏向于劳动，可能由于 20 世纪 80 年代后半叶，美国已基本完成基础设施和交通设施等建设，支撑美国制造业的资本需求不足，存在大量闲置资本，而大量新岗位为劳动偏向型技术提供条件。第二，1992~2014 年除个别年份外，制造业技术进步偏向于资本的程度越来越强。这可能源于 20 世纪 90 年代技术进步变化新趋势，这一时期资本和技术愈加耦合，技术进步更多通过软件与机器设备投资品方式作用于经济增长，技术进步物化特征愈加明显，表现出强资本偏向性。由图 6.1 与图 6.2 可知，美国与中国技术进步偏向性指数除个别年份外，呈现出相类似的变化特征，表明从技术创新国引进技术的过程中，同期伴随技术进步偏向性的跨国传递效应。

第二节　技术进步偏向性的跨国传递及
不同传递路径的异质性

一、技术进步偏向性的跨国传递效应检验

技术输出国往往主导技术引进国的技术进步属性，为检验中美技术进步偏向性传递效应，以及考察技术进步偏向性的影响因素，设定面板数据回归模型：

$$ctb_{it} = \beta_0 + \beta_1 atb_{it} + \beta_2 cktl_{it} + \beta_3 cdev_{it} + \beta_4 crd_{it} + \varepsilon_{it} \qquad (6-6)$$

$$i = 1,2,\cdots,n \quad t = 1,2,\cdots,T$$

其中，i 为制造业第 i 个子行业，t 为年份，被解释变量 ctb_{it} 为中国制造业 i 行业在 t 年的技术进步偏向性水平，atb_{it} 为美国制造业技术进步偏向性；依据技术进步偏向性理论，要素禀赋 $cktl_{it}$、行业发展水平 $cdev_{it}$、自主创新能力 crd_{it} 等都会影响技术进步偏向性。其中，自主创新能力包含行业科学家与工程师人数 sci、研发用仪器及设备支出 $equip$ 和发明专利授权数 pa 三个指标；β_i 为各解释变量系数；ε_{it} 为随机扰动项。变量说明及数据来源如表 6.3 所示。

表 6.3　　　　　　各变量描述性说明及数据来源

变量	符号		定义	指标说明	数据来源	单位
被解释变量	ctb		中国技术进步偏向性	中国技术进步偏向性指数	根据上文公式计算所得	—
解释变量	atb		美国技术进步偏向性	美国技术进步偏向性指数	根据上文公式计算	—
	cktl		中国要素禀赋结构	劳均资本	资本存量/劳动力人数	十万元/人
	cdev		行业发展水平	行业工业增加值	《中国工业统计年鉴》	万亿元
	crd	sci	自主创新能力	科学家与工程师人数	《中国科技统计年鉴》	十万人
		equip		研发用仪器及设备支出	《中国科技统计年鉴》	十亿元
		pa		发明专利授权数	《中国科技统计年鉴》	万件

资料来源：《中国工业统计年鉴》《中国科技统计年鉴》以及笔者测算。

本节对中美制造业 7 个细分行业进行回归，考察美国制造业技术进步方向对中国技术进步的影响，鉴于数据可得性，时间跨度为 1990～2014 年。为得到稳健回归结果，本节使用普通最小二乘估计（OLS）、可行广义最小二乘估计（FGLS）、极大似然估计（MLE）和面板校正标准误（PCSE）这四种估计方法分别回归，以对比检验中美制造业之间是否存在技术进步偏向性的跨国传递效应，回归结果如表 6.4 所示。

表 6.4　　　　技术进步偏向性跨国传递效应检验：美国向中国

序号	（1）	（2）	（3）	（4）
回归方法	OLS	FGLS	MLE	PCSE
atb	9.9520 *** (3.0307)	10.2517 *** (3.0634)	7.9735 *** (2.9048)	7.4804 ** (3.3744)
cktl	0.8806 ** (0.3474)	0.3485 (0.3140)	1.0997 *** (0.4002)	0.2355 (0.3837)
cdev	0.1271 (0.3503)	0.1891 (0.3388)	1.4991 *** (0.3794)	0.2545 (0.3741)
sci	0.4940 ** (0.2195)	0.3837 *** (0.1158)	0.3751 * (0.1928)	0.3681 ** (0.1650)
equip	− 0.1956 *** (0.0425)	0.0082 (0.0162)	0.0300 (0.0439)	0.0088 (0.0195)
pa	− 0.0757 (0.1084)	− 0.1410 ** (0.0580)	− 0.3111 *** (0.0921)	− 0.1253 (0.0838)
Constant	− 0.3646 (0.2992)	− 1.0422 *** (0.2683)	− 1.5819 *** (0.5793)	− 0.8252 ** (0.3643)
R^2	0.2312			0.0889
Adj R-squared	0.2038			
F 值	8.42			
Wald chi2		29.04		13.25
Log Likelihood			− 297.7169	
LRchi2			70.95	
Chibar2			51.81	
样本量	175	175	175	175
行业数	7	7	7	7

注：系数下方括号内为对应的标准误，＊、＊＊ 和 ＊＊＊ 分别表示在 10%、5% 和 1% 水平下显著。

表 6.4 结果显示，在方程（1）至方程（4）中美国制造业技术进步偏向性 *atb* 估计系数均在 1% 的水平下显著为正，仅在系数大小上有细微差别，说明技术进步偏向性存在跨国传递效应，美国技术进步偏向性是引致中国制造业技术进步偏向于资本的重要原因，与王林辉等（2017）的分析结果一致。与自主创新相比，中国制造业通过从发达国家引进先进技术节省了研发经费和建设资金，无疑是一种成本较低的技术跃迁方式，可以避免从技术研发到应用的漫长过程，缩短技术进步的时长和规避研发风险。然而，在将美国技术通过直接和间接方式引入中国后，美国技术进步的资本偏向特征也会随之传递。

要素禀赋结构变量 *cktl* 在方程（1）至方程（4）中估计系数均为正，表明制造业人均资本投入越多则技术进步方向越偏向于资本。三个自主创新变量的估计系数不同，表明自主创新对中国制造业技术进步偏向性的作用较为复杂。表征自主创新过程中人力资本投入的科学家与工程师 *sci* 系数在方程（1）至方程（4）中全部显著为正，表明技术进步方向和偏向强度变化过程中人力资本发挥重要作用，中国制造业人力资本积累越多，越倾向于研发资本偏向型技术。傅（Fu，2008）发现，技术吸收能力与技术扩散能力取决于人力资本，人力资本水平决定技术吸收和应用的广度与深度，通常高人力资本的地区更有助于新技术的吸收与应用。而表征自主创新物质投入的研发用仪器与设备支出 *equip* 系数仅在方程（1）中显著为负，表征自主创新产出的发明专利授权数 *pa* 系数也为负，表明其倾向于使用劳动偏向技术但作用不显著。

二、不同路径异质性传递效应检验

现有文献并未直接考察技术进步的跨国传递机制。开放经济条件下，发展中国家技术进步方向不仅依赖自身要素禀赋结构，也受发达国家技术进步方向的影响，技术进步偏向性存在从发达国家向发展中国家的传递效应。首先，除了与发达国家直接进行技术贸易，技术还物化于机械设备等商品中，通过国际贸易方式将技术进步偏向性从发达国家向发展中国家传递。商品进口是美国技术进步偏向性传递到中国的渠道之一，特别是设备类商品是技术传递的重要载体和路径。进口生产设备不是简单的资本品数量的增加，更是资本品质量的提升，具有资本深化和技术进步双重效应。蕴含在进口设备中的先进技术，会被使用者学习、复制与模仿，再通过劳动力的流动和市场竞争效应外溢到其他企业，其技术进步偏向性也随之传递到设备进口国的其他行业与企业。因此，商品贸易中设备引进可能是发达国家技术进步偏向性传递到发展中国家的渠道之一，中国技术进步很大程度上依靠引进国外先进技术设备来实现。其次，除商品贸易外，美国等发达国家的技术进步方向也可能通过外商直接投资传递到中国，影响中国技术进步方向。FDI 蕴含了大量"嵌入式技术"，在技术外溢的过程中，技术进步偏向性也会随之传递过来。跨国公司往往掌握世界前沿与核心技术，在发展中国家直接投资会形成显著的技术溢出效应。若跨国公司采用一项新技术生产的产品上市，东道国同类企业的研发部门通过钻研该项技术生产的产品特征、材料特征、性能指标和技术参数等，开发出与该跨国公司技术水平相近的产品，该项技术会进一步被同行业的其他企业大范围复制、学习与模仿，形成溢出效应。由于发展中国家同类企业通过模仿跨国公司的技术来实现技术升级，所以新技术与发达国家具有相似的特征，遁过 FDI 使技术进步偏向性从发达国家传递到发展中国家。

为检验技术进步偏向性跨国传递路径异质性效应，设定面板数据回归模型：

$$ctb_{it} = \alpha_0 + \alpha_1 cktl_{it} + \alpha_2 cdev_{it} + \alpha_3 crd_{it} + \alpha_4 ccarrier_{it} + \mu_{it} \qquad (6-7)$$

$$i = 1,2,\cdots,n \quad t = 1,2,\cdots,T$$

其中，$ccarrier_{it}$ 表示技术进步偏向性从美国传导到中国的渠道或路径，重点关注外商直接投资 $cfdi$、对美进口贸易 $cimport$ 和对美进口设备 $cimequip$ 三种传递路径；α_i 为各解释变量系数；μ_{it} 为随机扰动项；其余变量与前面相同。为了便于分别观察 FDI、对美商品进口和对美设备引进这三种跨国传递路径作用效果的差异，本节先依次引入各个变量，再同时添加三种跨国传递路径进行对比分析，回归结果如表 6.5 所示。

表6.5 技术进步偏向性跨国传递路径检验结果：美国向中国

序号	(1)	(2)	(3)	(4)	(5)	(6)	(7)	(8)	(9)	(10)	(11)	(12)	(13)	(14)	(15)	(16)
回归方法	OLS	FGLS	MLE	PCSE	OLS	FGLS	MLE	PCSE	OLS	FGLS	MLE	PCSE	OLS	FGLS	MLE	PCSE
ckil	0.2728 (0.3847)	0.3477 (0.2770)	0.7134 (0.4640)	0.1016 (0.4545)	0.7455** (0.3560)	0.5232 (0.3406)	1.2217*** (0.3996)	0.7203* (0.4062)	0.6920** (0.3466)	0.3969 (0.3000)	0.9973** (0.4161)	0.2640 (0.3562)	0.2651 (0.3777)	0.3434 (0.2635)	0.7120 (0.4601)	0.2651 (0.2783)
cdev	0.2303 (0.3486)	-0.0388 (0.2856)	1.4656*** (0.3881)	0.2265 (0.4032)	0.2752 (0.4761)	-0.0917 (0.3877)	0.7692 (0.4954)	-0.4149 (0.4646)	0.3924 (0.3451)	0.307 (0.3185)	1.6039*** (0.3805)	0.3215 (0.3501)	0.415 2 (0.4597)	0.18 (0.3405)	0.7186 (0.4978)	0.4152 (0.4781)
sci	0.0549 (0.2290)	0.4264** (0.1710)	0.1219 (0.2053)	0.3032* (0.1618)	0.3002 (0.2181)	0.3715*** (0.1198)	0.1733 (0.1927)	0.2995* (0.1579)	0.3919*** (0.2141)	0.3438*** (0.1220)	0.3403* (0.1950)	0.2987* (0.1627)	0.1594 (0.2284)	0.5083*** (0.1755)	0.0948 (0.2111)	0.1594 (0.2416)
equip	-0.1733*** (0.0436)	-0.1241*** (0.0361)	0.0363 (0.0442)	0.0164 (0.0191)	-0.1960*** (0.0439)	0.0116 (0.0166)	0.0601 (0.0443)	0.0176 (0.0193)	-0.1996*** (0.0426)	0.0106 (0.0169)	0.0235 (0.0450)	0.0124 (0.0199)	-0.1792*** (0.0428)	-0.1277*** (0.0347)	0.0498 (0.0449)	-0.1792*** (0.0466)
pa	0.0202 (0.1031)	-0.0558 (0.0722)	-0.2260** (0.0891)	-0.1423* (0.0751)	0.0476 (0.1055)	-0.1382* (0.0629)	-0.1922** (0.0892)	-0.1397* (0.0823)	-0.0444 (0.1063)	-0.1216* (0.0618)	-0.2778*** (0.0920)	-0.117 (0.0815)	-0.0652 (0.1057)	-0.0839 (0.0735)	-0.2122** (0.0925)	-0.0652 (0.0773)
cfdi	0.7866*** (0.2736)	0.5004*** (0.1854)	0.5833*** (0.2851)	0.3547** (0.1779)									0.7201*** (0.2713)	0.3411* (0.1942)	0.4923*** (0.2831)	0.7201*** (0.2133)
cimport					0.0348 (0.1479)	0.2273** (0.0919)	0.4274*** (0.1599)	0.3596*** (0.1300)					-0.0629 (0.1437)	-0.0861 (0.1078)	0.3745** (0.1624)	-0.0629 (0.1064)
cimequip									0.2909*** (0.0939)	0.1934* (0.1000)	0.1959* (0.1061)	0.2104* (0.1091)	0.2711*** (0.0937)	0.3224*** (0.0832)	0.1081 (0.1080)	0.2711*** (0.0778)
Constant	-0.0628 (0.2899)	-0.4254** (0.2531)	-1.378* (0.5788)	-0.7185** (0.3752)	-0.104 (0.3000)	-1.1438*** (0.2898)	-1.691*** (0.0675)	-1.0759*** (0.3582)	-0.3027 (0.2964)	-1.2165*** (0.2802)	-1.5285*** (0.5752)	-1.0388*** (0.3739)	-0.2416 (0.2947)	-0.6179** (0.2654)	-1.5415*** (0.5925)	-0.2416 (0.4268)
R^2	0.2202			0.0635	0.1821			0.0942	0.2261			0.0745	0.2577			0.2577
F值	7.91				6.24				8.18				7.20			
Wald chi2		51.87		14.86		25.28		18.51		22.99		12.22		71.02		74.09

续表

序号	(1)	(2)	(3)	(4)	(5)	(6)	(7)	(8)	(9)	(10)	(11)	(12)	(13)	(14)	(15)	(16)
Log Likelihood			-299.3395				-297.9177				-299.7208				-295.5697	
LRchi2			67.70				70.55				66.94				75.24	
Chibar2			51.04				62.23				48.97				49.97	
样本量	175	175	175	175	175	175	175	175	175	175	175	175	175	175	175	175
行业数	7	7	7	7	7	7	7	7	7	7	7	7	7	7	7	7

注：系数下方括号内为对应的标准误，*、**和***分别表示在10%、5%和1%水平下显著。

方程（1）至方程（4）加入了外商直接投资 *cfdi* 这一技术进步偏向性跨国传递途径，回归系数均在1%和5%显著水平下为正，验证了 FDI 是技术进步偏向性跨国传递途径。当前中国吸引和利用 FDI 的规模日益扩大，已成为目前世界上吸引外资最多的国家之一。FDI 技术溢出会通过三种机制实现，一是本地员工在外资企业受培训或通过"干中学"效应掌握先进技术，再通过人员流动效应和示范模仿效应实现技术外溢；二是跨国公司通过与东道国上下游企业的关联实现行业范畴的技术传递，东道国自身技术水平越高，越有助于技术吸收；三是跨国公司在东道国内设研发机构实现研发本土化，有助于技术转移与技术扩散。方程（5）至方程（8）单独考察对美商品进口 *cimport* 如何影响中国制造业技术进步偏向性。从回归结果来看，在方程（6）至方程（8）中对美商品进口的估计系数显著为正，即有助于中国技术进步偏向于资本。方程（9）至方程（12）单独考察对美设备进口在技术进步偏向性跨国传递中发挥的效应。从回归结果来看，三个方程中 *cimequip* 系数均为正且在1%或10%水平下显著，说明从美国引进设备对技术进步具有明显的资本偏向效应。设备不仅具有资本深化作用，还具有技术进步作用，内嵌于设备资本中的体现式技术进步是生产率增长的直接动力。由于美国丰裕的资本要素禀赋，生产中所使用的机器设备都是相对节约劳动而使用资本的，进口发达国家的机械设备能够提高发展中国家资本的边际生产率，增加资本对产出增长的贡献，这也是中国制造业技术进步偏向资本方向的直接原因。方程（13）至方程（16）将 FDI、对美贸易进口和对美设备引进三种跨国传递渠道都加入回归模型中，考察三种渠道对中国制造业技术进步方向的综合影响。结果显示，各控制变量系数大小和方向与方程（1）至方程（12）中并无较大差别。与单独考察每种渠道相比，三种跨国传递渠道同时作用下，FDI 和对美设备引进仅在作用强度上有所变化，而进口贸易系数符号和显著性均发生明显变化，表明该路径传递技术进步偏向性的效果不稳健。近些年来，中国从美国进口商品中既包含消费品又包含资本品，往往资本品才能成为技术进步偏向性跨国传递的载体，而进口资本品技术溢出效应的发挥也依赖一定的条件。后面我们拟采用分位数回归方法，进一步探究三种传递路径在不同偏向性水平下的作用强度差异。

三、跨国传递路径在不同分位上的异质性效应

上述研究表明，三种跨国传递路径对技术进步偏向性均产生显著影响。那么，三种跨国传递路径对技术进步偏向性的影响是否存在差异呢？为考察不同传递路径的效应差异，探究不同分位点上中美制造业技术进步偏向性跨国传递效应的动态变化，引入分位数回归。分位数回归（QR）是条件分布函数与回归方法的结合，可以排除极端干扰值，更全面反映条件分布全貌。王林辉等（2017）发现，改革开放后我国制造业技术进步方向经历从劳动向资本偏向的转变，且资本偏向性逐年增强，与技术进步偏向性指数由低至高、由负转正且逐年增大的分位正好相符。本节选取中国技术进步偏向性 10 ~ 90 这九个分位点进行分位数回归，回归结果如表 6.6 所示。

表 6.6　　技术进步偏向性跨国传递路径分位数回归结果：美国向中国

序号	（1）	（2）	（3）	（4）	（5）	（6）	（7）	（8）	（9）
分位点	10	20	30	40	50	60	70	80	90
$cktl$	0.5512 *	0.7727 **	0.6002 *	0.6572 **	0.4798	0.2517	0.1956	0.1646	0.4633
	(0.3315)	(0.3533)	(0.3262)	(0.2971)	(0.3894)	(0.3944)	(0.5062)	(0.7339)	(1.2892)
$cdev$	- 1.7575 ***	- 1.1574 ***	- 0.8035 **	0.0912	0.5211	0.8021 *	0.8494	1.1754	3.7734 **
	(0.4034)	(0.4299)	(0.3969)	(0.3615)	(0.4739)	(0.4799)	(0.6159)	(0.8930)	(1.5687)
sci	1.0161 ***	0.9045 ***	0.7456 ***	0.5324 ***	0.2775	0.1397	0.2615	0.0859	- 0.2099
	(0.2005)	(0.2136)	(0.1972)	(0.1796)	(0.2354)	(0.2385)	(0.3060)	(0.4437)	(0.7794)
$equip$	- 0.1646 ***	- 0.1502 ***	- 0.1099 ***	- 0.1197 ***	- 0.1019 **	- 0.1096 **	- 0.1469 **	- 0.1727 **	- 0.1804
	(0.0376)	(0.0401)	(0.0370)	(0.0337)	(0.0442)	(0.0447)	(0.0574)	(0.0832)	(0.1462)
pa	0.0465	0.0090	- 0.0130	- 0.0784	- 0.0650	- 0.0725	- 0.1588	- 0.1542	- 0.2524
	(0.0928)	(0.0989)	(0.0913)	(0.0832)	(0.1090)	(0.1104)	(0.1417)	(0.2054)	(0.3608)
$cfdi$	- 0.1789	- 0.1070	0.0597	0.4785 **	0.7460 ***	0.7753 ***	0.8321 **	0.7491	0.9088
	(0.2381)	(0.2537)	(0.2342)	(0.2134)	(0.2797)	(0.2833)	(0.3635)	(0.5271)	(0.9259)
$cimport$	0.6493 ***	0.3540 ***	0.2206 *	- 0.1001	- 0.2314	- 0.2087	- 0.3143	- 0.4297	- 0.5986
	(0.1261)	(0.1344)	(0.1241)	(0.1130)	(0.1482)	(0.1500)	(0.1926)	(0.2792)	(0.4905)

续表

序号	(1)	(2)	(3)	(4)	(5)	(6)	(7)	(8)	(9)
分位点	10	20	30	40	50	60	70	80	90
cimequip	0.3080 ***	0.2794 ***	0.4116 ***	0.4708 ***	0.5205 ***	0.4817 ***	0.4740 ***	0.5907 ***	0.8141 **
	(0.0823)	(0.0877)	(0.0809)	(0.0737)	(0.0966)	(0.0979)	(0.1256)	(0.1821)	(0.3199)
Constant	-2.2499 ***	-1.8720 ***	-1.6851 ***	-1.4404 ***	-1.1746 ***	-0.6836 **	-0.0794	0.4952	0.8698
	(0.2587)	(0.2756)	(0.2545)	(0.2318)	(0.3038)	(0.3077)	(0.3949)	(0.5726)	(1.0059)
Pseudo R^2	0.2684	0.2146	0.2154	0.2212	0.2289	0.2121	0.1927	0.1607	0.2029
样本量	175	175	175	175	175	175	175	175	175

注：系数下方括号内为对应的标准误，＊、＊＊和＊＊＊分别表示在10%、5%和1%水平下显著。

发达国家通过国际贸易和外商直接投资等方式，向发展中国家传递技术进步偏向性，不同载体或路径在传递过程中发挥的效应大小，与技术进步偏向强度有关。商品贸易主要在低分位上发挥效用，FDI 主要在中分位上发挥效用，而设备进口则在全分位上都发挥作用。与中国技术进步偏向性发展历程相对应，在技术进步跨国传递过程中，美国技术进步偏向性往往先通过商品贸易渠道对中国技术进步偏向性产生影响，随着美国对中国 FDI 投资规模增加，商品贸易在技术传递中发挥的作用渐弱，FDI 在 40 分位点上开始成为主要传导途径。而设备进口始终是中美制造业技术进步偏向性传递的主要渠道，且传递作用逐渐增强。

具体而言，对美商品贸易在 10 分位和 20 分位上，在 1% 水平下显著为正，在 30 分位上显著性水平降为 10%，40 分位之后不再显著，表明随着技术进步偏向性指数增大，商品贸易对制造业技术进步方向的正向作用减弱。究其原因，在技术进步偏向性的低分位上，主要集中在改革开放初期，资本要素相对稀缺，而劳动要素相对丰裕，技术进步方向受本国要素禀赋结构的影响而呈现劳动偏向性，即技术进步偏向指数较小，此时国际贸易成为技术的重要传递渠道。随着技术进步偏向性指数的增大，即逐渐偏向资本时，发展中国家与发达国家的技术相似程度提高，跨国企业对外直接投资过程中使用的技术易于与发展中国家要素相适配，也易于被东道国同类竞争企业吸收与模仿，因而 FDI 传递技术进步偏向性的作用渐强。回归结果显示，从 40 分位开始 FDI 的作用效果逐渐增强，在 70 分位上作用达到最大。这与我国引进外资的发展阶段相一致，跨国公司通过对外直接投资内部化实现技术转移，特别是 20 世纪 90 年代后，跨国公司在华设立研发部门，研发本土化必然引导中国制造业技术进步随之朝资本方向发展。对美设备引进在全分位上作用系数都显著为正，随着分位由低到高的变化，对美设备引进系数基本呈现增强的态势。由于物化形态技术传递的直接性和完整性，使其在不同偏向性强度上发挥的跨国传递效应均很强。特别在技术进步偏向程度较高阶段，发达国家技术进步偏向性跨国传递效应更主要依靠机械设备引进来实现，这种设备积累具有资本深化效应和技术进步效应，引致技术进步向资本方向倾斜。

从中国制造业低分位点上技术进步表现出劳动偏向性可知，在低分位点上技术进步偏向性受要素禀赋结构、行业发展水平、自主创新能力等自身禀赋条件影响更大。在前 40 分位点上，要素禀赋结构 $cktl$ 显著为正，说明中国技术进步偏向强度较小时，受国内要素禀赋影响较大。而当技术发展到一定水平，要素禀赋发挥的作用不再显著。行业发展水平在中国技术进步偏向强度较小时，对技术进步影响较大，但随技术进步偏向强度的提升，行业发展水平的作用显著下降。自主创新指标中的科学家与工程师人数 sci、研发用仪器与设备支出 $equip$ 和发明专利授权数 pa 作用系数与表 6.5 结果相差不大。因此，在技术进步偏向强度较小时，要素禀赋结构、行业发展水平、自主创新能力等自身禀赋条件，均是中国制造业技术进步偏向性的主要决定因素。

综合而言，中国制造业低分位点上技术进步表现为劳动偏向性，受要素禀赋结构、行业发展水平、自主创新能力等自身禀赋条件影响更大，发达国家的技术进步偏向性主要通过商品贸易特别是进口设备方式传递进来。随着中国技术进步偏向性强度增大，发展中国家与发达国家的技术进步偏向性逐渐相似，FDI 和设备引进等渠道传递技术进步偏向性的效应提高，引致中国技术进步愈加向资本偏向。

第三节　技术进步偏向性跨国反向 传递效应与内生性检验

在技术市场、商品贸易市场和对外投资市场中发生的交易并不是单向的，中国技术进步偏向性也可能通过不同载体或路径影响美国技术进步方向。自加入世界贸易组织（WTO）后，中国制造业在国际市场中的份额逐渐扩大，已成为美国第一大进口来源国和贸易逆差国。因此，本节进一步讨论技术进步偏向性从中国向美国的跨国传递效应。

一、技术进步偏向性跨国传递效应检验：中国向美国

设定如下面板数据回归模型，考察中国技术进步偏向性的跨国传递效应和路径：

$$atb_{it} = \gamma_0 + \gamma_1 ctb_{it} + \gamma_2 aktl_{it} + \gamma_3 adev_{it} + \gamma_4 ard_{it} + \eta_{it}$$

$$atb_{it} = \delta_0 + \delta_1 aktl_{it} + \delta_2 adev_{it} + \delta_3 ard_{it} + \delta_4 acarrier_{it} + \omega_{it}$$

其中，$aktl_{it}$ 为美国要素禀赋结构，使用人均资本表示；$adev_{it}$ 为行业增加值表征的美国行业发展水平；ard_{it} 为美国行业研发资金额表征的自主研发水平；$acarrier_{it}$ 为分别通过美国向中国进口商品 $aimport_{it}$、中国对美国直接投资 $afdi_{it}$ 和美国向中国进口机器设备 $aimequip_{it}$ 三种跨国传递路径进行表征；η 和 ω 为残差项。方程（1）至方程（3）分别使用 OLS、FGLS、MLE 方法检验中国技术进步偏向性向美国传递的存在性，方程（4）至方程（6）研究跨国传递路径，由于中国加入 WTO 之后才开始统计对外直接投资的数据，鉴于数据的可得性，中国对美国跨国传递路径研究使用 2002～2014 年数据，回归结果如表 6.7 所示。

表 6.7　技术进步偏向性跨国传递效应及路径检验：中国向美国

项目	（1）	（2）	（3）	（4）	（5）	（6）
回归方法	OLS	FGLS	MLE	OLS	FGLS	MLE
ctb	0.0058 *** (0.0019)	0.0027 ** (0.0011)	0.0051 *** (0.0017)			
aktl	0.1382 (0.6460)	− 0.1139 (0.2307)	3.3593 *** (0.9950)	− 6.3849 ** (3.0068)	− 0.3238 (0.6658)	− 3.5349 * (2.1207)
adev	− 0.0052 (0.0033)	0.0044 *** (0.0016)	− 0.0060 (0.0052)	0.0094 (0.0066)	− 0.0076 (0.0059)	0.0031 (0.0063)
ard	− 0.0562 ** (0.0026)	0.0012 (0.0012)	− 0.0108 *** (0.0034)	− 0.0051 (0.0042)	0.0595 (0.0310)	− 0.0038 (0.0038)
aimport				0.0126 *** (0.0044)	0.0036 * (0.0019)	0.0074 ** (0.0038)
aimequip				0.0041 (0.0097)	0.0010 (0.0062)	0.0118 (0.0084)
afdi				0.0003 (0.0005)	0.0007 (0.0005)	0.0003 (0.0005)
constant	0.0326 *** (0.0073)	0.0015 (0.0041)	0.0077 (0.0144)	0.0635 (0.0396)	0.0227 *** (0.0104)	0.0450 (0.0320)
R^2	0.1130			0.1605		
F 值	5.44			5.36		
Wald chi2		12.24			14.65	
Log Likelihood			336.9043			192.9598
LRchi2		28.25			27.18	
Chibar2		48.57			61.07	
样本量	175	175	175	91	91	91
行业数	7	7	7	7	7	7

注：系数下方括号内为对应的标准误，*、** 和 *** 分别表示在 10%、5% 和 1% 水平下显著。

　　表 6.7 中方程（1）至方程（3）结果显示，中国技术进步偏向性指数 *ctb* 系数显著为正，说明中国技术进步方向会对美国制造业技术进步产生影响，即技术进步方向存在中国向美国的跨国传递效应，但与表 5.4 相比，作用明显弱于美国对中国的传递效应。方程（4）至方程（6）检验中国技术进步偏向性向美国传递的路径，结果显示，使用不同回归方法检验三种跨国传递路径，只有

商品贸易 *aimport* 系数显著，说明中国技术进步方向对美国的影响主要通过商品贸易实现，FDI 和对美国设备出口的作用均不显著。国家统计局数据显示，2017 年中国向美国出口总额为 4297 亿美元，中国从美国进口总额为 1539 亿美元，中国是美国最大贸易逆差国。中美贸易受双方资源禀赋影响较大，产业结构互补性较强。其中机电设备是美国从中国进口额最大的商品，但主要集中于有线电话、电报机、数据处理设备、监视器、投影仪等产品。此外，家具玩具、纺织品及原料等附加值较低的劳动密集型产品，分别居美国自中国进口商品的第二位和第三位。由于美国绝大多数机器设备产品的资本密集度和技术含量均高于中国，从中国进口机器设备产生的技术进步方向跨国传递效应不明显，本国生产更倾向于利用资本要素，使技术进步偏向于资本。中国对美国外商直接投资多集中于技术含量不高的行业，在技术、资本和知识密集型产业涉足不多，且在项目管理、市场营销、技术标准等方面都与美国存在较大差距，因此，对美直接投资不具有技术进步偏向性的跨国传递效应。随着中国企业将投资和贸易目标转向高附加值的行业和领域，对外直接投资和机器设备出口将可能产生显著的跨国传递效应。

二、内生性分析

由于中国和美国技术进步偏向性可能存在双向因果关系，技术进步方向跨国传递效应和路径检验需要解决模型的内生性问题。一般地，要素禀赋与本国技术进步偏向性具有直接相关性，技术进步偏向性通常是过去要素禀赋结构的直接反映，而美国要素禀赋一般与未来中国技术进步偏向性无关，因此，美国滞后一期要素禀赋结构变量外生于当期中国技术进步偏向性。为此，选取美国滞后一期要素禀赋结构和滞后一期技术进步偏向性指数变量作为工具变量，重新进行检验。对于美国技术进步偏向性向中国跨国传递的路径研究，本节选取滞后一期跨国传递路径作为其自身的工具变量，重新进行传递路径的检验。滞后一期的商品贸易、机器设备引进和外商直接投资均属于前定变量，一般会遵循过去的路径或态势变化，即具有路径依赖性，因此，三种传递路径的滞后项与当期值具有高度相关性，而与当期中国技术进步偏向性扰动项间的相关性较小，这类工具变量的选取能够满足要求。与此类似，中国技术进步偏向性对美国传递效应及路径检验选取类似的工具变量。使用2SLS方法和GMM方法估计，结果如表6.8所示。

表6.8　　　　　　　　　　技术进步偏向性跨国传递效应再检验

项目	美国向中国传递效应检验				中国向美国传递效应检验			
被解释变量	*ctb*				*atb*			
	（1）	（2）	（3）	（4）	（5）	（6）	（7）	（8）
回归方法	2SLS	GMM	GMM	2SLS	2SLS	GMM	GMM	2SLS
工具变量	*latb*	*latb*	*laktl*	*lcimport* *lcimequip* *lcfdi*	*lctb*	*lctb*	*Lcktl*	*laimport* *laimequip* *lafdi*
atb	10.098 *** (3.4026)	7.2884 ** (3.4837)	14.225 * (7.6380)					
ctb					0.0076 *** (0.0019)	0.0074 *** (0.0019)	0.0092 ** (0.0041)	
ktl	0.8818 ** (0.3627)	1.1504 *** (0.4332)	1.0790 *** (0.3497)	0.2532 (0.4019)	2.9244 *** (1.0303)	3.4753 *** (1.0861)	3.1579 ** (1.2681)	− 0.5781 (1.5833)
dev	0.1261 (0.3586)	1.6149 *** (0.3915)	1.5030 *** (0.3960)	0.4568 (0.4883)	− 0.0056 (0.0056)	− 0.0063 (0.0060)	− 0.0063 (0.0061)	− 0.0278 ** (0.0120)
sci	0.4964 ** (0.2298)	0.3973 ** (0.2022)	0.4867 *** (0.1473)	0.1875 (0.2417)				
equip	− 0.1954 *** (0.0447)	0.0473 (0.0444)	0.0431 * (0.0237)	− 0.1806 *** (0.0454)				
pa	− 0.0778 (0.1123)	− 0.3306 *** (0.0950)	− 0.395[1] *** (0.0892)	− 0.0886 (0.1088)				
ard					− 0.0095 *** (0.0035)	− 0.0100 *** (0.0036)	− 0.0096 *** (0.0037)	− 0.0068 (0.0081)
import				− 0.0731 (0.1600)				0.0080 ** (0.0038)
imequip				0.3486 *** (0.0995)				0.0002 (0.0128)

项目	美国向中国传递效应检验				中国向美国传递效应检验			
被解释变量	*ctb*				*atb*			
	（1）	（2）	（3）	（4）	（5）	（6）	（7）	（8）
回归方法	2SLS	GMM	GMM	2SLS	2SLS	GMM	GMM	2SLS
工具变量	*latb*	*latb*	*laktl*	*lcimport* *lcimequip* *lcfdi*	*lctb*	*lctb*	*Lcktl*	*laimport* *laimequip* *lafdi*
fdi				0.6927 ** (0.3153)				− 0.0013 (0.0035)
constant	− 0.3692 (0.3230)	− 1.7213 *** (0.3292)		− 0.2819 (0.3157)	0.0102 (0.0165)		0.0091 (0.0129)	0.0725 *** (0.0254)
R^2	0.2179			0.2422	0.0518			0.4230
F 值		14.42	23.96			10.89	11.7	
Wald Chi2	43.43			53.62	34.19			56.99
不可识别检验		127.112	18.37			25.874	45.923	
弱工具变量检验		581.396	17.808			44.414	155.224	
样本数	168	168	168	168	168	168	168	84
行业数	7	7	7	7	7	7	7	7

注：系数下方括号内为对应的标准误，*、**和***分别表示在10%、5%和1%水平下显著。

表 6.8 结果显示，以上工具变量均通过了不可识别检验和弱工具变量检验。方程（1）至方程（3）检验了技术进步方向由美国向中国传递的存在性。方程（1）选取滞后一期美国技术进步偏向性作为美国技术进步偏向性的工具变量，使用 2SLS 方法进行回归；方程（2）也选取相同的工具变量，使用 GMM 方法进行回归；方程（3）选取滞后一期美国要素禀赋作为美国技术进步偏向性的工具变量，使用 GMM 方法进行回归。三个方程回归结果均证实，在消除内生性影响之后，技术进步方向仍显著表现出由美国到中国的跨国传递效应。方程（5）至方程（7）检验技术进步方向由中国向美国传递效应。中美两国技术进步偏向性存在跨国传递效应，根据技术进步偏向性系数来看，美国对中国技术进步方向的引导作用较强，中国对美国技术进步的影

响微弱，美国技术进步偏向性更多受到本国资本劳动禀赋结构和自主创新能力的影响。

方程（4）选取滞后一期中国向美国进口商品额、滞后一期中国向美国引进设备额和滞后一期美国对中国外商直接投资额作为三种传递路径的工具变量，使用 2SLS 方法回归。结果显示，技术进步偏向性由美国传递到中国的主要路径为机器设备引进和外商直接投资，商品贸易的传递效果不显著，与表 6.4 结果相似。方程（8）结果显示，技术进步偏向性由中国传递到美国，主要通过商品贸易路径，机器设备引进和外商直接投资作用均不显著，与表 6.6 结果相一致。消除内生性影响的回归结果与前面回归结果相一致，即中美制造业技术进步偏向性存在双向跨国传递效应，但具有非对等性。美国向中国传递主要依赖机器设备引进和 FDI，商品贸易作用微弱，而中国向美国传递仅依赖商品贸易，机器设备出口和 FDI 作用不显著，且技术进步偏向性跨国传递的主要方向为发达国家向发展中国家传递，反向作用强度较弱。

第四节　技术进步偏向性跨国传递的劳动就业损失效应

中国是劳动力资源相对丰裕的国家，技术进步资本偏向性跨国传递将影响要素边际生产率和改变要素配比的需求结构。现阶段中国经济全面进入"新常态"，要素结构优化和合理配置是中国经济打破"新常态"的关键。一个相关问题是：技术进步资本偏向性的跨国传递效应，是否会引起中国劳动力需求下降进而形成就业损失？如果是，影响效应有多大？本节通过反事实方法来考察美国技术进步资本偏向性跨国传递引发的就业损失。

根据 CES 型生产函数式（6-1），使用生产者利润最大化原则可得要素需求函数：

$$K_t^{\frac{1}{\delta_i}} = r_t^{-1} Y_t^{\frac{1}{\delta_i}} A_t^{\frac{\delta_i - 1}{\delta_i}}$$

$$L_t^{\frac{1}{\delta_i}} = w_t^{-1} Y_t^{\frac{1}{\delta_i}} B_t^{\frac{\delta_i-1}{\delta_i}}$$

即要素需求结构：

$$\left(\frac{K_t}{L_t}\right)^{\frac{1}{\delta_i}} = \left(\frac{w_t}{r_t}\right)\left(\frac{A_t}{B_t}\right)^{\frac{\delta_i-1}{\delta_i}}$$

那么，依据技术进步偏向性理论，偏向型技术进步对要素结构的作用机理如图 6.3 所示。

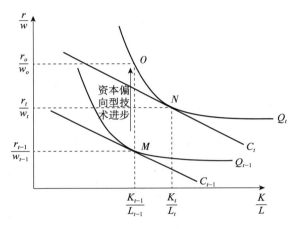

图 6.3　偏向型技术进步对要素结构的作用机理

点 M 和点 N 为生产厂商利润最大化均衡点，满足式（6-1）。在 $t-1$ 时刻发生资本偏向型技术进步，导致资本—劳动相对边际产出提升至 O 点，此时

$\dfrac{MP_{Ko}}{MP_{Lo}} = \dfrac{r_o}{w_o}$，根据偏向型技术进步定义，由技术进步引起的相对边际产出变化

为偏向型技术进步，那么式（6-3）可以表示为：

$$Tb_t = \frac{r_o}{w_o} - \frac{r_{t-1}}{w_{t-1}} \tag{6-8}$$

O 点在 Q_t 等产量线上并不满足成本最小化，即资本—劳动边际产出之比大

于其边际成本之比，厂商增加资本相对投入直到 N 点，满足 $\dfrac{MP_{Kt}}{MP_{Lt}} = \dfrac{r_t}{w_t}$。由于生

产函数为 CES 形式，则：

$$\delta_i = \frac{d\ln(K/L)}{d\ln|TRS|} = -\frac{d\ln(K/L)}{d\ln(MP_K/MP_L)} = -\frac{d\ln(K/L)}{d\ln(r/w)} \qquad (6-9)$$

结合式（6-8）至式（6-9）可得要素结构变化式：

$$\ln\left(\frac{K_t}{L_t}\right) - \ln\left(\frac{K_{t-1}}{L_{t-1}}\right) = -\delta_i\left[\ln\left(\frac{r_t}{w_t}\right) - \ln\left(\frac{r_o}{w_o}\right)\right]$$

$$= \delta_i\ln\left(Tb_t + \frac{r_{t-1}}{w_{t-1}}\right) - \delta_i\ln\left(\frac{r_t}{w_t}\right) \qquad (6-10)$$

由图 6.3 和式（6-10）可知，技术进步朝资本偏向时，最终会引致生产中多使用资本而节约劳动。要素结构变化可进一步分解为式（6-11）：

$$s = \left(\frac{K_t/L_t}{K_{t-1}/L_{t-1}}\right)^{\frac{1}{\delta_i}} = \underbrace{\left(\frac{r_t}{w_t}\right)^{-1}Tb_t1}_{跨国传递部分} + \underbrace{\left(\frac{r_t}{w_t}\right)^{-1}Tb_t2}_{国内部分} + \underbrace{\left(\frac{r_t}{w_t}\right)^{-1}\left(\frac{r_{t-1}}{w_{t-1}}\right)}_{要素价格变化} \qquad (6-11)$$

$$\underbrace{\phantom{\left(\frac{r_t}{w_t}\right)^{-1}Tb_t1}}_{偏向型技术进步}$$

根据式（6-11）以及表 6.4 方程（1）的回归结果，剔除偏向型技术进步跨国传递部分，计算出不受发达国家技术进步方向跨国传递效应影响的要素配比结构 K/L 与劳动需求人数 L，与中国制造业实际的要素配比结构 K/L 和 L 对比，以考察美国技术进步偏向性跨国传递到中国后引起的要素配比结构与劳动需求人数变化，结果如表 6.9 所示。

表 6.9　技术进步方向跨国传递引起的要素配比结构变化与劳动需求损失

年份	K/L 真实值	K/L 反事实值	L 真实值	L 反事实值	劳动需求损失
1990~1999	2.9590	2.7815	5580.0170	5712.8794	132.8624
2000~2010	6.6589	6.2593	5494.5709	5969.6868	475.1158
2011~2014	9.2939	8.7362	7607.1538	8099.5466	492.3928
均值	5.6005	5.2645	5866.7626	6207.74	340.9788

资料来源：笔者根据书中公式计算得出。

表 6.9 显示，技术进步方向的跨国传递会改变发展中国家要素配比结构与就业结构，1990~2014 年中国制造业 K/L 年均值为 5.6005，若不存在发达国家资本偏向型技术进步的跨国传递效应，则 K/L 值为 5.2645，技术进步资本偏向的跨国传递引致生产多投入资本而少投入劳动，使劳动需求减少 340.98 万人。

20世纪90年代，随着对外开放的逐渐推进，企业积极引进发达国家的先进技术设备，形成对劳动的就业替代效应，但就业损失不严重。进入21世纪以来，技术进步资本偏向性使2000～2010年劳动需求年均损失达到475.12万人，2011～2014年劳动需求年均损失492.39万人。可见，技术进步资本偏向性跨国传递会减少劳动力需求，进而恶化就业环境。发展中国家通过引进和模仿发达国家技术实现技术升级，使用资本偏向型技术并不利于发挥其劳动要素丰裕的比较优势，会降低劳动参与率而提升失业率。从另一个角度来看，自2015年中国人口结构出现拐点，劳动力参与率下降、劳动成本上升和老年抚养比提高，资本偏向型技术的使用会提高资本与劳动的配比而形成劳动力的补偿效应，削减人口结构变化所带来的负面影响。

第五节　本章小结

本节将中美制造业按照国民经济行业分类和北美产业分类体系重新划分为7个行业，使用三方程标准化系统方法测算中美制造业7个行业技术进步偏向性指数，通过行业层面的面板数据模型，实证检验中美制造业技术进步偏向性跨国传递效应和不同路径跨国传递效应的异质性，阐释技术进步资本偏向性跨国传递的成因及其可能引发的劳动就业损失。

结果发现：第一，中美技术进步偏向性存在跨国传递效应，中国技术进步呈现逆要素禀赋的资本偏向特征，主要源于发达国家如美国技术进步偏向性跨国传递的结果。第二，FDI、对美商品进口和对美设备引进都是美国制造业技术进步偏向性传递到中国的路径，三种路径在传递过程中发挥的效应与技术进步偏向强度有关。当技术进步偏向性强度较小时，对美商品进口发挥传递作用；随着中国与美国技术进步偏向性相似程度的提高，跨国企业使用的技术易于与本土要素相适配，也易于被同类竞争企业模仿，因而FDI传递偏向性的作用渐强。国际贸易中的设备引进路径，由于物化形态技术传递的直接性和完整性，使其在不同偏向性强度上发挥的跨国传递效应均很强。第三，中国技术进步方向也会对美国制造业产生跨国传递效应，但传递效果有限，并且只通过商品贸易渠道实现。同时，美国技术进步资本偏向性的跨国传递影响中国技术进步方向，改变要素配比结构进而引发劳动就业损失。

第七章

FDI 技术溢出和技术进步方向跨国传递

前沿文献虽然关注技术进步偏向性的跨国传递问题，但多数仅进行存在性检验，关于跨国传递的路径和影响因素等方面尚未形成系统化的研究成果。同时，多数文献考察 FDI 对东道国技术进步和经济增长所产生的直接或间接效应，但普遍忽视技术进步偏向性以外资为载体从发达国家向发展中国家的传递，往往这种有偏型技术进步蕴含技术创新国的要素禀赋特征，会改变技术引进国的要素使用偏好和要素需求结构。基于此，本章选择中国最大的贸易伙伴——美国，研究美国对华直接投资对中美技术进步偏向性跨国传递影响的问题，并探究技术差距对以外资为载体的技术进步偏向性跨国传递效应的影响，以及 FDI 水平溢出和垂直溢出传递效果差异。

第一节 技术进步偏向性趋势

依据希克斯和阿西莫格鲁技术进步偏向性思想，将生产函数设为 CES 型：

$$Y_t = \left[(1 - \alpha)(A_t L_t)^{\frac{\varepsilon-1}{\varepsilon}} + \alpha(B_t K_t)^{\frac{\varepsilon-1}{\varepsilon}} \right]^{\frac{\varepsilon}{\varepsilon-1}}, \ 0 < \varepsilon < +\infty \qquad (7-1)$$

其中，Y_t 表示第 t 年的总产出、L_t 表示第 t 年的劳动投入、K_t 表示第 t 年的资本投入，$1 - \alpha$ 和 α 表示劳动和资本的投入份额。A_t 和 B_t 分别表示劳动增进型和资本增进型技术进步。ε 表示行业中劳动和资本的要素替代弹性。

根据生产函数分别对劳动和资本求偏导，可得第 t 年资本劳动边际产出比：

$$H_t = \frac{\partial Y_t / \partial K_t}{\partial Y_t / \partial L_t} = \frac{\alpha}{1-\alpha} \left(\frac{K_t}{L_t}\right)^{-\varepsilon} \left(\frac{B_t}{A_t}\right)^{\frac{\varepsilon-1}{\varepsilon}} \qquad (7-2)$$

由资本劳动边际产出比的变化，得到离散型技术进步偏向性指数 TB_t：

$$TB_t = \frac{MPK_t}{MPL_t} - \frac{MPK_{t-1}}{MPL_{t-1}} = \frac{\alpha}{1-\alpha} \left(\frac{K_0}{L_0}\right)^{-\frac{1}{\varepsilon}} \left[\left(\frac{B_t}{A_t}\right)^{\frac{\varepsilon-1}{\varepsilon}} - \left(\frac{B_{t-1}}{A_{t-1}}\right)^{\frac{\varepsilon-1}{\varepsilon}}\right] \qquad (7-3)$$

可知，$\left(\dfrac{B_t}{A_t}\right) > \left(\dfrac{B_{t-1}}{A_{t-1}}\right)$ 或 $\left(\dfrac{B_t}{A_t}\right) > \left(\dfrac{B_{t-1}}{A_{t-1}}\right)$ 分别表示资本增进型技术进步大于或小于劳动增进型技术进步。当 $\varepsilon < 1$ 时（劳动与资本互补），$TB_t > 0 (TB_t < 0)$，该行业技术进步方向为资本（劳动）偏向型；当 $\varepsilon > 1$（劳动与资本相互替代）时，$TB_t < 0 (TB_t > 0)$，该行业技术进步方向为资本（劳动）偏向型。当 $\varepsilon = 1$ 时，$TB_t = 0$，该行业技术进步方向为中性。

根据式（7 – 1）及资本与劳动边际产出公式，可计算劳动技术进步 A_t 和资本技术进步 B_t。

假设劳动和资本的收入份额分别为 $SL_t = \dfrac{w_t L_t}{Y_t}$ 和 $SK_t = \dfrac{r_t K_t}{Y_t}$，其中 w_t 和 r_t 分别表示行业的工资率和资本报酬率，则有：

$$\frac{r_t}{w_t} = \frac{\partial Y_t / \partial K_t}{\partial Y_t / \partial L_t} = \frac{\alpha}{1-\alpha} \left(\frac{K_t}{L_t}\right)^{-\frac{1}{\varepsilon}} \left(\frac{B_{it}}{A_{it}}\right)^{\frac{\varepsilon-1}{\varepsilon}} \qquad (7-4)$$

进一步可以得出：

$$A_t = \frac{Y_t}{L_t} \left(\frac{SL_t}{1-\alpha}\right)^{\frac{\varepsilon}{\varepsilon-1}} \qquad (7-5)$$

$$B_t = \frac{Y_t}{K_t} \left(\frac{SK_t}{\alpha}\right)^{\frac{\varepsilon}{\varepsilon-1}} \qquad (7-6)$$

对于技术进步偏向性指数的计算，需要算出要素替代弹性 ε 以及资本与劳动要素在生产中分配参数 α 的值。根据克伦普等（Klump et al.，2007，2008）

提供的供给面标准化三方程系统方法，设定行业劳动和资本技术效率的增长方

式满足 $A_t = \bar{A}_t \exp\left\{\dfrac{\gamma_l}{\lambda_l}\bar{t}\left(\left(\dfrac{t}{\bar{t}}\right)^{\lambda_l} - 1\right)\right\}$ 和 $B_t = \bar{B}_t \exp\left\{\dfrac{\gamma_k}{\lambda_k}\bar{t}\left(\left(\dfrac{t}{\bar{t}}\right)^{\lambda_k} - 1\right)\right\}$，其中 γ_l

和 γ_k 分别为资本和劳动增进型技术效率的增长参数，λ_l 和 λ_k 分别为资本和劳

动增进型技术曲率。ξ 为规模因子，用以修正标准化造成的产出不平等。若参

数 γ_l 和 γ_k 不变，仅当 $\lambda_k = \lambda_l = 1$ 时，资本和劳动技术效率的增长率不随时间变

化。标准化三方程可整理为：

$$\log\left(\frac{Y_t}{\bar{Y}_t}\right) = \log\xi + \frac{\varepsilon}{\varepsilon-1}\log\left[\alpha\left(\frac{B_t K_t}{\bar{B}_t \bar{K}_t}\right)^{\frac{\varepsilon-1}{\varepsilon}} + (1-\alpha)\left(\frac{A_t L_t}{\bar{A}_t \bar{L}_t}\right)^{\frac{\varepsilon-1}{\varepsilon}}\right] \quad (7-7)$$

$$\log\left(\frac{r_t K_t}{Y_t}\right) = \log\alpha + \frac{\varepsilon-1}{\varepsilon}\log\xi + \frac{\varepsilon-1}{\varepsilon}\log\left(\frac{B_t}{\bar{B}_t}\right) + \frac{1-\varepsilon}{\varepsilon}\log\left(\frac{Y_t/\bar{Y}_t}{K_t/\bar{K}_t}\right) \quad (7-8)$$

$$\log\left(\frac{w_t K_t}{Y_t}\right) = \log(1-\alpha) + \frac{\varepsilon-1}{\varepsilon}\log\xi + \frac{\varepsilon-1}{\varepsilon}\log\left(\frac{A_t}{\bar{A}_t}\right) + \frac{1-\varepsilon}{\varepsilon}\log\left(\frac{Y_t/\bar{Y}_t}{L_t/\bar{L}_t}\right)$$

$$(7-9)$$

令 $\bar{Y}_t = Y_0$，$\bar{K}_t = K_0$，$\bar{L}_t = L_0$，$\bar{A}_t = A_0$，$\bar{B}_t = B_0$。行业中要素替代弹性 ε 和

资本与劳动要素在生产中分配参数 α 的值，可以通过建立 SUR 模型并使用

FGLS 方法估计出来。

本节将利用中国制造业分行业相关数据分析 1990～2014 年美国对华直接投

资对我国技术进步偏向性指数的影响。因此，需要测算中国制造业六大行业

（食品加工行业，化学原料及化学制品制造业，初级和加工金属制造业，电气机

械和器材制造业，通信设备、计算机及其他电子设备制造业，交通运输设备制

造业）的技术进步偏向性指数。根据前面构建的技术进步偏向性指数，测算技

术进步偏向性指数需要产出、资本存量、劳动投入、资本报酬和劳动报酬等变

量。制造业分行业选用产出增加值作为产出的衡量指标，数据来源于历年《中

国工业统计年鉴》。资本存量需要通过估算得到，本节采用被广泛使用由戈德史

密斯（Goldsmith）开创的永续盘存法对资本存量进行估算。永续盘存法可表示为：$K_t = \dfrac{I_t}{P_t} + (1 - \delta_t) K_{t-1}$，其中，$K_t$ 为 t 期实际资本存量，I_t 为 t 期投资额，P_t 为 t 期资本价格指数，δ_t 为 t 期折旧率。本节以 1985 年为基年，将《中国工业统计年鉴》中的固定资产原价减去累计折旧得到固定资产净值，并用以 1985 年为基年的固定资产价格指数进行平减，即可获得固定资产投资额 I_t 的数据。劳动投入指标直接选用就业人员数来表征，而劳动报酬用职工工资与社会保险基金之和来衡量，数据均来源于历年《中国劳动统计年鉴》。关于资本报酬，本节选用固定资产折旧与营业利润之和作为衡量指标，其中当年实现的固定资产折旧额为当年固定资产累计折旧额与上一年累计折旧额之差，固定资产累计折旧和营业利润数据均来自《中国工业统计年鉴》。美国对华直接投资即 FDI 数据来源于美国商务部和历年《中国商务年鉴》。依据上述方法估算出中国制造业六大类行业技术进步偏向性的参数，结果如表 7.1 所示。

表 7.1　　　　　　中国制造业分行业技术进步偏向性的参数估计结果

项目	ξ	ε	α	γ_l	λ_l	γ_k	λ_k
食品及其加工行业	0.687 *** (0.053)	0.354 *** (0.038)	0.580 *** (0.031)	0.162 *** (0.006)	1.115 *** (0.096)	0.064 *** (0.004)	1.395 *** (0.282)
化学原料及化学制品制造业	0.653 *** (0.037)	0.432 *** (0.040)	0.612 *** (0.031)	0.153 *** (0.009)	1.673 *** (0.201)	0.032 *** (0.005)	3.278 *** (0.474)
初级和加工金属制造业	0.626 *** (0.047)	0.460 *** (0.042)	0.596 *** (0.037)	0.162 *** (0.011)	1.682 *** (0.255)	0.054 *** (0.005)	2.149 *** (0.372)
电气机械和器材制造业	0.770 *** (0.052)	0.391 *** (0.033)	0.560 *** (0.030)	0.129 *** (0.007)	1.073 *** (0.147)	0.048 *** (0.003)	1.609 *** (0.320)
通信设备、计算机及其他电子设备制造业	0.871 *** (0.065)	0.546 *** (0.069)	0.589 *** (0.027)	0.097 *** (0.015)	0.549 *** (0.160)	0.048 *** (0.004)	1.235 *** (0.288)
交通运输设备制造业	0.686 *** (0.043)	0.453 *** (0.045)	0.569 *** (0.044)	0.138 *** (0.009)	0.993 *** (0.165)	0.049 *** (0.008)	2.526 *** (0.585)

注：系数下方括号内为对应的标准误，*** 表示在 1% 水平下显著。

由表 7.1 可知，制造业分行业的规模因子 ξ 基本处于 0.6 ~ 0.8，估计结果较为稳定；中国制造业六大类行业劳动与资本的要素替代弹性均小于 1，且大部分小于 0.5，即在这六大类行业中劳动与资本要素之间是一种互补关系。表 7.2 给出了 1990~2014 年历年中国制造业分行业技术进步偏向性水平。

表 7.2 中国制造业分行业技术进步偏向性水平

年份	食品及其加工制造业	化学原料及化学制品制造业	初级和加工金属制造业	电气机械和器材制造业	通信设备、计算机及其他电子设备制造业	交通运输设备制造业
1990	0.440	0.156	0.390	0.401	0.533	0.302
1991	0.737	0.157	0.046	0.038	0.130	0.208
1992	0.205	0.089	0.348	1.299	0.313	0.557
1993	0.375	0.216	0.287	−1.588	0.189	0.675
1994	1.738	0.312	0.005	0.257	0.439	0.187
1995	0.507	0.066	0.205	0.833	0.156	0.000
1996	0.394	0.088	0.527	0.401	0.303	0.017
1997	1.432	0.074	0.029	1.994	1.175	0.356
1998	4.104	0.518	1.143	4.692	0.236	0.664
1999	−3.379	−0.453	−1.477	1.603	0.276	−0.566
2000	11.874	2.298	2.160	7.204	1.385	4.243
2001	5.138	−0.774	0.921	5.958	0.326	2.291
2002	1.394	1.106	0.353	4.566	0.363	3.592
2003	5.204	1.609	2.338	4.556	0.277	2.545
2004	7.495	2.524	2.142	−3.206	0.415	0.921
2005	12.453	0.510	1.071	4.646	0.138	0.514
2006	12.410	2.176	2.720	3.583	0.355	1.289
2007	14.628	3.003	3.875	9.218	0.041	3.897
2008	20.205	1.686	0.363	13.846	0.038	0.628
2009	12.474	−2.023	1.430	3.925	−0.875	2.656
2010	23.029	8.871	6.230	7.629	1.549	4.067
2011	5.470	3.766	0.567	3.101	−1.246	−2.145
2012	−7.663	−1.959	−1.531	−7.280	−2.736	−1.131
2013	−8.106	−0.998	−1.938	2.075	−0.365	0.669

年份	食品及其加工制造业	化学原料及化学制品制造业	初级和加工金属制造业	电气机械和器材制造业	通信设备、计算机及其他电子设备制造业	交通运输设备制造业
2014	− 8.132	− 0.743	− 0.858	− 2.465	− 0.078	− 0.305
均值	4.577	0.891	0.854	2.691	0.133	1.045

资料来源：笔者自己测算得出。

由表 7.2 可知，1990～2014 年我国制造业六大类行业的技术进步偏向性指数总体上大于 0，只有个别行业的个别年份技术进步偏向性指数小于 0。这说明，我国制造业技术进步方向整体上偏向于资本，即更有利于提高资本要素的边际产出，这与其他文献测算的技术进步偏向性的结果基本一致。在 2011 年及以前，六大类行业的技术进步偏向性指数基本上都大于 0，即偏向于资本，但在 2011 年均出现了不同程度的下降趋势，下降幅度最大的两个行业是通信设备、计算机及其他电子设备制造业与交通运输设备制造业，分别下降了 180%和 152%，因而这两个行业转而偏向劳动。六大行业中食品及其加工制造业技术进步方向在这 20 多年的时间里波动最为明显，在 2011 年以前食品及其加工制造业技术进步偏向性指数基本大于 0，技术进步方向总体上是偏向于资本的，其指数也是六大行业中最大的，但在 2012 年技术进步方向发生了逆转，技术进步偏向性指数快速下降至零值以下，技术进步转向更有利于提高劳动的边际产出。其次是电气机械和器材制造业，相较于其他 4 个行业波动幅度也较大，1993 年其技术进步偏向性指数下降到负值，技术进步偏向劳动，但在其后 10余年中都偏向于资本，在 2004 年出现短时回落转向劳动，其后 7 年间技术进步稳定偏向于资本，但在 2012 年和 2014 年技术进步偏向性指数发生大幅度下降，偏向于劳动。从均值来看，25 年间电气机械和器材制造业的技术进步偏向性指数大于 0，技术进步方向偏向资本。从均值上看，六大行业技术进步偏向性指数均大于 0，技术进步偏向于资本，即更有助于提高资本相对于劳动的边际产出。依据希克斯和阿西莫格鲁的研究思想，一个国家应该偏向发展相对丰裕要素的技术，但中国事实与之相悖。改革开放以来，我国劳动力资源相对资本丰裕，且劳动力价格相对偏低，但上述结果显示我国制造业六大行业技术进步偏向性指数是逆要素禀赋的。

第二节　FDI 的技术进步偏向性的跨国传递效应

一、中美制造业技术进步偏向性存在性检验

为检验美国制造业分行业技术进步偏向性指数对中国制造业分行业技术进步偏向性指数的跨国传递效应，本节设计如下模型：

$$TB_{it} = \alpha + \beta \times atb_{it} + \gamma X_{it} + \varepsilon_{it}$$

其中，TB_{it} 表示中国制造业 i 行业 t 年技术进步偏向性指数；atb_{it} 为美国制造业 i 行业 t 年技术进步偏向性指数；ε_{it} 表示随机误差项。X_{it} 为控制变量，包括：第一，行业产出增加值 iav_{it}，一般而言，行业发展水平不同，技术进步方向和偏向强度会存在差异；第二，资本劳动比 kl_{it}，阿西莫格鲁（Acemoglu，2002）和王林辉等（2017）研究均显示，要素禀赋结构是技术进步偏向性的重要影响因素，因而我们在模型中引入资本劳动比 kl，同时也引入 kl 的二次项，以考察要素禀赋结构的非线性影响；第三，国内自主研发投入 $r\&d_{it}$，反映国内自主研发资金投入对技术进步偏向性的影响；第四，高技能人力资本的投入量 $skill_{it}$，技术进步偏向性不仅依赖于研发资金投入的影响，也与人力资本投入密切相关；第五，技术差距 $tfpg_{it}$，用中美制造业分行业全要素生产率之差表示，即美国制造业分行业全要素生产率减中国制造业分行业全要素生产率之差。本节使用固定效应方法、随机效应方法、GLS（广义最小二乘法）方法、PCSE（面板校正标准误）方法、全面 FGLS 方法、MLE（极大似然）方法和以滞后一期美国技术进步偏向性指数为工具变量的 2SLS（两步最小二乘）方法分别进行回归。回归结果如表 7.3 所示。

表 7.3　美国制造业分行业技术进步偏向性对中国的影响

变量	方程 1	方程 2	方程 3	方程 4	方程 5	方程 6	方程 7
	固定效应	随机效应	GLS	PCSE	全面 FGLS	MLE	2SLS
atb	46.434	136.750 ***	177.835 ***	128.383 ***	80.770 ***	69.768 *	142.834 ***
	(42.633)	(35.072)	(31.927)	(32.594)	(17.844)	(41.944)	(37.822)
tfpg	9.267	15.211 *	5.883	2.486	2.304	10.761	15.344 *
	(8.041)	(8.516)	(5.226)	(6.085)	(3.389)	(7.879)	(8.589)
r&d	−0.015	−0.04	−0.018	0.037 *	−0.013	−0.021	−0.04
	(0.044)	(0.040)	(0.023)	(0.020)	(0.009)	(0.042)	(0.040)
skill	−0.534	−1.080 ***	−0.409 **	−0.559 **	−0.750 ***	−0.655 *	−1.091 ***
	(0.364)	(0.304)	(0.181)	(0.228)	(0.108)	(0.348)	(0.307)
iav	0.004 ***	0.007 ***	0.002 ***	0.001	0.005 ***	0.005 ***	0.007 ***
	(0.001)	(0.001)	(0.001)	(0.002)	(0.000)	(0.001)	(0.001)
kl	6.433 ***	6.002 ***	2.150 **	2.063	2.384 ***	6.276 ***	6.097 ***
	(1.438)	(1.406)	(0.983)	(2.049)	(0.831)	(1.381)	(1.453)
kl^2	−0.361 ***	−0.408 ***	−0.124 **	−0.115	−0.191 ***	−0.370 ***	−0.411 ***
	(0.077)	(0.075)	(0.057)	(0.081)	(0.045)	(0.074)	(0.077)
constant	−11.055 **	−2.918	0.099	4.002	2.192	−9.022	−3.278
	(5.423)	(5.367)	(3.521)	(7.525)	(3.210)	(6.367)	(5.801)
Hausman 检验	Prob > chi2 = 0.0002	—	—	—	—	—	
R^2	0.357	0.449	—	0.21			0.444
Wald	—	115.54	65.36	30.79	195.63	—	113.41
Log likelihood	—	—	—	—	—	−638.851	
OBS	150	150	150	150	150	150	144

注：系数下方括号内为对应的标准误，*、** 和 *** 分别表示在 10%、5% 和 1% 水平下显著。

　　表 7.3 列出了不同回归方法下美国制造业分行业技术进步偏向性指数对中国制造业分行业技术进步偏向性指数影响的作用结果。观察方程 2~方程 7 估计结果可以发现，不同模型下美国技术进步偏向性指数的系数数值存在差别，但均显著大于 0。这表明中国制造业分行业技术进步偏向性指数受美国制造业分行业技术进步偏向性指数的正向作用，即美国制造业技术进步方向会引致中国制造业技术进步方向偏向于资本，中美技术进步方向存在跨国传递效应。中国制造业呈现出逆要素禀赋的资本偏向特征，主要源于美国技术进步方向

的影响，中国向美国引进先进技术的同时，蕴含在技术中的资本偏向特征也随之传递过来。

根据现有文献的研究，不少学者认为，两国之间的技术水平差距是影响技术跨国传递的重要因素。因而我们将中美全要素生产率之差（美国全要素生产率－中国全要素生产率）引入模型，方程 1～方程 7 均显示技术差距 *tfpg* 对中国技术进步偏向性指数呈现正向影响，但只有方程 2 和方程 7 在 10% 水平下显著，其他方程不显著。同时，也发现不同模型中国内自主研发的系数除方程 4 外也不显著。这说明，当前中国制造业分行业技术的自主研发水平对其技术进步偏向性的影响甚微，制造业分行业的技术进步偏向性受制于外部引进技术的影响。而高技能人力资本投入在方程 2～方程 7 中显著，说明高技能劳动力投入的增加将会使制造业分行业技术进步偏向性指数下降。一方面，高技能劳动力投入的增加会使技术研发方向偏向于劳动，技术创新侧重于充分发挥高技能劳动的边际产出；另一方面，高技能劳动力在生产过程中可能会对现有技术进行改良，使技术与技能相匹配，则技术进步表现出劳动偏向的特点，技术进步偏向性指数下降。行业发展水平与技术进步偏向性指数呈正向关系，表明随着行业发展水平的提升，技术进步偏向性指数会上升，即越发偏向于资本。要素禀赋结构与技术进步偏向性指数之间的关系是非线性的倒"U"形关系，即当人均资本存量较低时，随着人均资本存量的增加，技术进步偏向性指数也会增大，技术进步表现为提高资本的边际产出从而促进经济的整体发展。但是当人均资本积累达到一定程度时，由于我国制造业分行业资本与劳动的要素替代弹性小于 1，资本与劳动互补，所以继续增加人均资本存量就需要增加劳动与之相匹配，导致技术进步偏向性指数会随其增加而下降。

二、FDI 的技术进步偏向性的跨国传递效应

技术进步偏向性如何实现跨国传递？除了商品贸易和技术贸易，外商直接投资是技术溢出的重要渠道。以跨国公司为例，跨国公司进入东道国后，可以

通过同行业间的竞争效应、示范效应和人员流动效应实现技术进步偏向性的传递，也可以通过与上下游企业的前后关联实现技术进步方向在行业间的传递，所以外商直接投资是技术进步方向跨国传递的重要渠道和载体。因此，本节认为，在美国对华直接投资的过程中，美国技术进步偏向性发生了跨国传递效应，成为中国制造业技术进步资本偏向性的重要影响因素。据此，将分析外商直接投资在技术进步偏向性跨国传递中发挥的作用。

为考察中国制造业六大行业技术进步偏向性的影响因素，并探究美国对华直接投资对中国制造业技术进步方向的作用，本节设定如下模型：

$$TB_{it} = \alpha + \beta \times \ln(fdi_{it}) + \gamma X_{it} + \varepsilon_{it}$$

其中，$\ln(fdi_{it})$ 为 i 行业 t 年美国对华直接投资额的自然对数，其余变量与前面相同。本节采用固定效应方法、随机效应方法、GLS 方法、PCSE 方法、全面 FGLS 方法、MLE 方法和以滞后一期美国技术进步偏向性指数为工具变量的 2SLS 方法分别进行回归。回归结果如表 7.4 所示。

表 7.4　　　　　　　　　　　美国对华投资效应检验

变量	方程 1 固定效应	方程 2 随机效应	方程 3 GLS	方程 4 PCSE	方程 5 全面 FGLS	方程 6 MLE	方程 7 2SLS
$\ln(fdi)$	2.270 (1.950)	3.840 *** (1.320)	2.124 ** (0.825)	2.610 ** (1.274)	0.895 * (0.508)	2.775 (1.710)	4.161 *** (1.513)
$tfpg$	8.867 (7.998)	12.216 (8.687)	5.879 (6.270)	1.987 (5.758)	5.467 (4.144)	9.696 (7.793)	12.821 (8.740)
$r\&d$	−0.012 (0.044)	0.003 (0.043)	−0.001 (0.025)	0.043 ** (0.021)	−0.005 (0.012)	−0.012 (0.042)	0.002 (0.043)
$skill$	−0.527 (0.363)	−1.338 *** (0.337)	−0.667 *** (0.239)	−0.386 * (0.225)	−0.517 *** (0.143)	−0.666 * (0.354)	−1.343 *** (0.341)
iav	0.004 *** (0.001)	0.006 *** (0.001)	0.003 *** (0.001)	0.001 (0.002)	0.004 *** (0.000)	0.005 *** (0.001)	0.006 *** (0.001)
kl	4.550 * (2.343)	3.107 * (1.790)	1.534 (1.195)	1.092 (2.561)	1.431 * (0.732)	4.095 * (2.090)	3.060 * (1.856)
kl^2	−0.297 *** (0.103)	−0.313 *** (0.089)	−0.133 ** (0.063)	−0.104 (0.107)	−0.147 *** (0.041)	−0.295 *** (0.095)	−0.311 *** (0.091)

续表

变量	方程 1	方程 2	方程 3	方程 4	方程 5	方程 6	方程 7
	固定效应	随机效应	GLS	PCSE	全面 FGLS	MLE	2SLS
constant	−6.621 (7.188)	5.222 (6.177)	3.242 (4.426)	5.742 (11.242)	2.774 (3.073)	−4.009 (7.677)	4.722 (6.456)
Hausman 检验	Prob > chi2 = 0.0002	—	—	—	—	—	
R^2	0.354	0.424	—	0.070	—	—	0.419
Wald	—	104.49	39.50	13.47	66.94		102.57
Log likelihood	—	—	—	—	—	−638.956	—
OBS	150	150	150	150	150	150	144

注：系数下方括号内为对应的标准误，*、** 和 *** 分别表示在 10%、5% 和 1% 水平下显著。

表 7.4 给出了在不同方法下的回归结果。我们发现，美国对华制造业分行业直接投资（FDI）对中国制造业技术进步偏向性指数有着显著的正向影响，即随着美国对华投资的增加，中国制造业技术进步偏向性指数会增大，技术进步越偏向于资本，越有助于提高资本的边际产出，使中国技术进步形成逆要素禀赋的偏向特征。原因在于，外商直接投资作为重要的国际技术转移途径之一，能够把技术创新国如美国研发的适应自身要素禀赋结构的资本偏向性技术传递过来，使得技术引进国中国的技术进步也被动地偏向于资本。可见，FDI 不仅是国际技术溢出和技术扩散的载体，也是技术进步偏向性跨国传递的渠道。其他控制变量的作用和表 7.3 的结果基本一致，其中技术差距对技术进步偏向性作用仍不显著，自主研发投入 $r\&d_{it}$ 只有在方程 4 中呈现显著的正向作用，在其他方程中作用都不显著；高技能人力资本投入在方程 2 ~ 方程 7 中呈显著的负向作用，即随着高技能人力资本投入的增加，技术进步会向劳动方向偏向；而行业发展水平与高技能人力资本的作用相反；要素禀赋结构与技术进步偏向性仍呈现倒 "U" 形关系，即随着人均资本存量的增加，对技术进步偏向性作用呈现先增后减的变化。

三、美国对华直接投资与技术差距耦合作用检验

由表 7.4 的回归结果可知，由于技术差距对技术进步偏向性的作用不显著，

技术差距与外商直接投资可能存在对技术进步偏向性的耦合作用，而非单独影响技术进步偏向性，因而我们在模型中引入交互项进行检验，其结果列于表 7.5 中。

表 7.5　　　　　　　　美国对华直接投资与技术差距的耦合效应检验

变量	方程 1 固定效应	方程 2 随机效应	方程 3 GLS	方程 4 PCSE	方程 5 全面 FGLS	方程 6 MLE	方程 7 2SLS
ln (fdi)	2.002 (1.924)	3.308 ** (1.332)	2.083 ** (0.828)	3.308 *** (1.078)	0.685 (0.515)	2.426 (1.689)	3.335 ** (1.555)
ln (fdi)$\times tfpg$	6.929 ** (3.298)	7.978 ** (3.596)	3.888 (2.575)	7.978 ** (3.585)	2.844 * (1.727)	7.221 ** (3.214)	7.968 ** (3.645)
$r\&d$	− 0.009 (0.043)	0.009 (0.042)	0.002 (0.023)	0.009 (0.023)	− 0.006 (0.011)	− 0.007 (0.041)	0.01 (0.043)
$skill$	− 0.56 (0.357)	− 1.371 *** (0.333)	− 0.712 *** (0.234)	− 1.371 *** (0.290)	− 0.573 *** (0.138)	− 0.701 ** (0.350)	− 1.382 *** (0.336)
iav	0.004 *** (0.001)	0.006 *** (0.001)	0.003 *** (0.001)	0.006 *** (0.001)	0.004 *** (0.001)	0.005 *** (0.001)	0.006 *** (0.001)
kl	4.295 * (2.314)	3.043 * (1.770)	1.592 (1.170)	3.043 * (1.606)	2.045 *** (0.765)	3.907 * (2.061)	3.019 (1.836)
kl^2	− 0.292 *** (0.102)	− 0.315 *** (0.088)	− 0.143 ** (0.062)	− 0.315 *** (0.082)	− 0.176 *** (0.042)	− 0.293 *** (0.093)	− 0.314 *** (0.091)
constant	− 5.352 (7.141)	6.123 (6.113)	3.809 (4.368)	6.123 (7.124)	1.516 (3.226)	− 2.881 (7.603)	6.301 (6.387)
Hausman 检验	Prob > chi2 = 0.0003	—	—	—	—	—	—
R^2	0.370	0.436	—	0.436	—	—	0.430
Wald	—	109.53	44.26	60.81	81.65	—	107.40
Log likelihood	—	—	—	—	—	− 637.239	—
OBS	150	150	150	150	150	150	144

注：系数下方括号内为对应的标准误，＊、＊＊ 和 ＊＊＊ 分别表示在 10%、5% 和 1% 水平下显著。

表 7.5 显示的大部分方程中美国对华投资 FDI 对中国制造业技术进步偏向性指数存在正向显著的作用，美国对华直接投资每提高 1%，将会使中国制造业分行业技术进步偏向性指数提高 3 个百分点左右。可见，美国等发达国家的技术进步偏向性会以外资为载体传递到中国，引致中国技术进步向资本方向偏转。方程 1 ~ 方程 7 显示，研发资金投入 $r\&d$、高技能劳动力 $skill$、产业发展水

平 *iav*、要素禀赋结构等指标对技术进步偏向性指数作用方向、作用大小与表 7.4 的结果基本一致。方程中加入了美国对华直接投资自然对数与中美技术差距的交互项，通过观察变量的系数显著性，我们发现此交互项对于中国制造业分行业技术进步偏向性指数有着重要影响。可以初步判断，美国对华投资对中国技术进步偏向性的影响，受两国技术差距的限制。因此，我们将进一步研究技术差距是否为 FDI 传递技术进步偏向性的关键因素。

第三节 技术差距与 FDI 的技术进步偏向性的跨国传递效应

建立以技术差距为门槛变量的门槛效应模型。根据 Hansen 门槛面板模型，研究中美技术差距对技术进步跨国传递的影响。将门槛模型设定如下：

$$TB_{it} = \alpha + \beta_1 \ln(fdi) I(tfpgap_{it} \leq \theta) + \beta_1 \ln(fdi_{it}) I(tfpgap_{it} > \theta) + \gamma X_{it} + \varepsilon_{it}$$

其中，TB_{it} 表示 i 行业在 t 年的技术进步偏向性指数；$\ln(fdi)$ 为 i 行业第 t 年美国对华直接投资额的自然对数；$tfpgap_{it}$ 是中美技术差距，为门槛变量；θ 为特定门槛值；X_{it} 为一系列控制变量，包括第 t 年中国制造业 i 行业的产出增加值 iav_{it}、资本劳动比 kl_{it}、国内自主研发投入额 $r\&d_{it}$ 和技能劳动投入额 $skill_{it}$；此外，ε_{it} 为随机误差项。本节依次检验存在一个门槛、两个门槛和三个门槛的情况，对模型进行估计。门槛效果采用自抽样检验（Bootstrap）法反复抽样 300 次，得到结果如表 7.6 所示。

表 7.6 门槛效应检验

模型	F 值	P 值	临界值		
			1%	5%	10%
单一门槛	10.895 ***	0.000	9.115	6.029	4.116
双重门槛	4.324	0.277	14.330	9.892	7.513
三重门槛	4.435 *	0.057	5.872	4.762	3.488

资料来源：笔者自己测算得出。

注：* 和 *** 分别表示在 10% 和 1% 的水平下显著。

通过表 7.6，我们发现单一门槛效果在 1% 水平下显著，双重门槛效果不显著，而三重门槛效果在 10% 的水平下显著，对应的 P 值分别为 0.000、0.277 和 0.057。单一门槛、双重门槛和三重门槛模型的估计值和置信区间如表 7.7 和图 7.1 所示。

表 7.7   门槛估计值和置信区间

模型	门槛估计值	95% 置信区间
单一门槛模型	−0.005	[−0.008, 0.242]
双重门槛模型		
Ito1	0.149	[−0.221, 0.684]
Ito2	−0.005	[−0.221, 0.684]
三重门槛模型	0.071	[−0.229, 0.684]

资料来源：笔者自己测算得出。

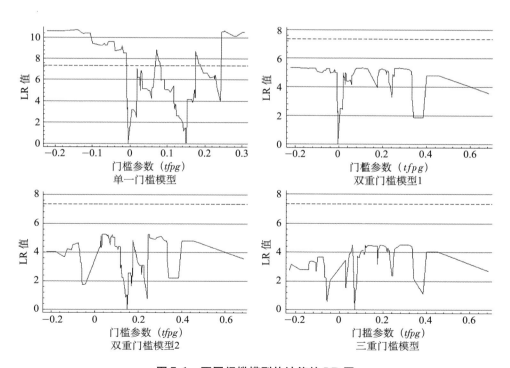

图 7.1   不同门槛模型估计值的 LR 图

表 7.7 给出了在单一门槛模型、双重门槛模型和三重门槛模型下所估计出

的阈值估计值和其对应的 95% 置信水平下的置信区间。为了检验是否真的存在门槛值，需要对以上的估计结果进行有效性检验，图 7.1 为不同门槛效应下的似然比函数图，其中的虚线表示 LR 统计量在 95% 置信水平上的临界值。从图 7.1 的单一门槛模型中可以看出，所估计的单一门槛值和实际门槛值是一致的。但是在双重门槛模型和三重门槛模型中临界值明显高于似然比值，即所估计出的门槛值与实际门槛值不一致。根据检验结果，我们选用单一门槛估计值进行分析并将门槛值设为 −0.005。根据门槛值 $\theta_1 = -0.005$，可以将中美技术水平差距分为 2 个区间，分别为 $tfpgap_{it} \leqslant -0.005$ 和 $tfpgap_{it} > -0.005$。当 $tfpgap_{it} \leqslant -0.005$ 时表明中国制造业生产技术水平赶超美国，而当 $tfpgap_{it} > -0.005$ 时则表明中国的技术生产水平与美国之间还存在一定差距。进而采用单一门槛模型进行回归，结果如表 7.8 所示。

表 7.8 门槛回归变量系数检验结果

变量	系数估计值	95% 置信区间	变量	系数估计值	95% 置信区间
$\ln\ (fdi)$ $(tfp\,g_{it} \leqslant -0.005)$	0.417 (2.095)	[−3.653, 4.486]	$skill$	−0.572 (0.377)	[−1.319, 0.175]
$\ln\ (fdi)$ $(tfpg_{it} > -0.005)$	3.960 ** (1.327)	[−0.009, 7.930]	$r\&d$	0.021 (0.0290)	[−0.112, 0.070]
gdp	0.004 *** (0.001)	[0.002, 0.006]	ki^2	−0.359 *** (0.103)	[−0.564, −0.153]
kl	5.716 ** (2.398)	[0.969, 10.463]	constant	−11.903 (7.844)	[−27.42, 3.619]

注：** 和 *** 分别表示在 5% 和 1% 的水平下显著。

由表 7.8 可以发现，当中美技术水平差距处于不同区间时，美国对华直接投资对中国制造业技术进步偏向性指数的影响系数和显著性都是有较大区别的。当 $tfpgdp_{it} \leqslant -0.005$ 时，美国对华直接投资增加 1%，会使国内该行业的技术进步偏向性指数上升 0.417；当 $tfpgdp_{it} > -0.005$，美国对华直接投资增加 1%，会使国内该行业的技术进步偏向性指数上升 3.96。这说明，美国对华直接投资额影响中国制造业分行业技术进步偏向性指数，其影响方向和影响程度受中美技术水平差距的影响。当中国制造业分行业技术水平落后于美国时，美国对华直接投资将对中国制造业技术进步偏向性指数产生较大的影响，使得中国技术进步偏重于提高资本的边际产出。可能的原因在于，当中国制造业技术水平与美国存在较大差距时，FDI 具有较大的技术示范空间，国内企业为了能够快速追赶发达国家的技术水平，往往会积极研究跨国企业的产品特征与效仿跨国企业的生产方式和技术，因而 FDI 在发挥技术溢出效应的同时也传递发达国家的技术进步偏向性；当该行业通过技术引进或者自主研发等方式努力提升技术水平，使其与美国技术差距缩小，甚至超越美国时，美国对华直接投资对中国技术进步方向的影响程度就会下降，中国制造业的技术进步方向将会更加依赖于国内自身的研发投入和要素禀赋。当中国制造业的技术水平达到世界前沿水平，想要进一步提升本行业的技术水平时，更应依靠自主研发。而自主研发出的新技术往往与自身要素禀赋结构相匹配，体现出本国要素禀赋结构特征。

进一步我们将中国制造业分成两组，即技术差距水平大于 − 0.005 的为一组，小于 − 0.005 的为另一组，分别使用固定效应、随机效应、ANOVA 方法（Swamy − Arora 估计量）和极大似然方法进行非平衡面板回归，作为门限回归的稳健性检验，回归结果如表 7.9 所示。

表 7.9　　　　　　　　　FDI 传递技术进步偏向性的效应检验

变量	技术差距 > − 0.005				技术差距 < − 0.005			
	方程 1	方程 2	方程 3	方程 4	方程 5	方程 6	方程 7	方程 8
	固定效应	随机效应	ANOVA	MLE	固定效应	随机效应	ANOVA	MLE
ln（fdi）	4.637 (2.917)	4.801 *** (1.643)	4.801 *** (1.644)	4.818 ** (2.155)	− 3.100 ** (1.306)	− 0.835 (1.144)	− 0.836 (1.144)	− 2.117 * (1.247)
tfpg	− 1.981 (14.731)	− 4.472 (15.634)	− 4.465 (15.633)	− 1.618 (14.091)	− 14.084 (9.273)	− 19.903 * (10.367)	− 19.900 * (10.366)	− 15.757 * (8.463)
r&d	0.034 (0.056)	0.027 (0.053)	0.027 (0.053)	0.033 (0.051)	− 0.048 (0.035)	− 0.025 (0.036)	− 0.025 (0.036)	− 0.043 (0.032)
skill	− 1.184 ** (0.482)	− 1.899 *** (0.422)	− 1.898 *** (0.422)	− 1.389 *** (0.451)	0.266 (0.253)	− 0.206 (0.257)	− 0.206 (0.257)	0.115 (0.247)

变量	技术差距 > −0.005				技术差距 < −0.005			
	方程1	方程2	方程3	方程4	方程5	方程6	方程7	方程8
	固定效应	随机效应	ANOVA	MLE	固定效应	随机效应	ANOVA	MLE
iav	0.005 *** (0.001)	0.008 *** (0.001)	0.008 *** (0.001)	0.006 *** (0.001)	0.003 *** (0.001)	0.004 *** (0.001)	0.004 *** (0.001)	0.003 *** (0.001)
kl	3.14 (3.304)	3.355 (2.144)	3.356 (2.144)	3.181 (2.531)	7.862 *** (1.839)	4.172 ** (1.641)	4.173 ** (1.641)	6.336 *** (1.811)
kl^2	−0.271 * (0.140)	−0.361 *** (0.105)	−0.361 *** (0.105)	−0.299 ** (0.116)	−0.422 *** (0.096)	−0.300 *** (0.098)	−0.300 *** (0.098)	−0.368 *** (0.090)
constant	1.725 (10.479)	10.576 (8.381)	10.567 (8.382)	3.559 (9.684)	−22.926 *** (5.942)	−9.452 * (5.431)	−9.456 * (5.432)	−16.969 *** (6.088)
Hausman 检验	Prob > chi2 = 0.1065	—	—	Prob > chi2 = 0.0000	—	—		
R^2	0.445	0.501	0.501	—	0.367	0.514	0.514	—
Wald	—	101.29	101.29	—	—	34.88	34.88	—
Log likelihood	—	—	—	−469.513	—	—	—	−135.301
OBS	109	109	109	109	41	41	41	41

注：系数下方括号内为对应的标准误，＊、＊＊和＊＊＊分别表示在10%、5%和1%水平下显著。

由表7.9可以发现，当中美技术水平差距大于门槛值−0.005时，Hausman检验结果显示接受原假设，即随机效应模型对样本数据的拟合效果更好。我们考察随机效应模型发现，美国对华直接投资对中国制造业技术进步偏向性呈现正向显著的影响，美国对华直接投资每提高1%，中国制造业技术进步偏向性指数向资本方向提高4.80左右，表明FDI传递技术进步偏向性的效应较强。ANOVA方法和MLE方法回归结果也验证了这一结论。当技术差距小于−0.005，Hausman检验结果显示拒绝原假设，即固定效应模型对样本数据的拟合效果更好，此时FDI对中国技术进步偏向性呈现负向作用，表明当中美技术水平差距小于门槛值时，随着美国对华直接投资的增大，中国制造业行业技术进步偏向性指数偏向于劳动，即表明当中国技术水平赶超美国之后，制造业分行业技术进步方向受美国的影响减小。而ANOVA方法和MLE方法结果也显示，FDI呈现负向作用，但不显著。对比两种情况下要素禀赋结构的作用可以发现，当技术差距较大时，要素禀赋结构的一次项并不显著；而随着技术差距缩小，要素禀赋结构的作用逐渐增大，显著性也增强。上述的门槛效应模型结果充分表明，中美技术差距对技术进步跨国传递存在门槛效应，即当中美技术水平差距较大时，中国制造业分行业技术进步偏向性受投资国技术进步方向特征的影响程度较深，而与本国要素禀赋结构相悖；而当技术进步达到一定水平之后，技术进步朝着充分提升自身优势资源边际生产率的方向发展，与要素禀赋结构相适应。由于技术差距对技术进步偏向性跨国传递产生门槛效应，因此我国制造业应努力提升自身的技术水平，通过自主研发有助于提升技术与自身要素禀赋结构的适宜性。

第四节 FDI 不同技术溢出途径的异质性及其与技术差距的耦合性

（一）FDI 不同技术溢出途径的异质性作用

由前述可知，FDI 可以通过技术溢出效应对中国技术进步方向产生影响。外商直接投资的技术溢出途径主要包括行业内水平溢出效应和行业间垂直溢出效应。水平溢出效应是指，外资中蕴含着先进技术，如美国对华设立跨国公司，其先进技术会对行业内其他内资企业起到示范效应，引起其他企业的模仿或复制，同时，行业内人员流动也会使技术发生水平扩散。垂直溢出效应则是通过对产业链上游或下游企业的关联效应实现技术溢出，具体分为前向溢出和后向溢出。外资企业向下游企业提供产品时，其产品的质量和价格会促进下游企业技术进步，产生前向溢出效应；外资企业向供货商购买原材料或中间品时，会对上游企业提出质量要求，并提供技术指导，产生后向溢出效应。本节借鉴 FDI 技术溢出效应理论，考察 FDI 水平溢出、前向溢出和后向溢出三种技术溢出途径的异质性作用。模型设计如下：

$$TB_{it} = \alpha + \beta_1 \times \ln hfdi_{it} + \beta_2 \times \ln ffdi_{it} + \beta_3 \times \ln bfdi_{it} + \gamma X_{it} + \varepsilon_{it}$$

其中，$hfdi_{it}$、$ffdi_{it}$ 和 $bfdi_{it}$ 分别表示 i 行业 t 年美国对华直接投资的水平溢出效应、前向溢出效应和后向溢出效应，其余变量与前述相同。水平溢出 $hfdi$ 使用美国对华直接投资额 fdi 与内资企业（包括国有企业、集体企业、股份合作制企业、股份制企业和私营企业）总资产比值表示；前向溢出 $ffdi$ 与后向溢出 $bfdi$ 分别使用水平溢出与前向及后向溢出系数的乘积表示。其中，前向溢出系数和后向溢出系数使用投入产出表计算所得，前向溢出系数为第 i 行业向第 m 行业购买产品占 i 行业的份额，后向溢出系数为第 i 行业向第 m 行业购买产品占 m 行业的份额。数据来源于《中国工业企业数据库》和各年投入产出基本流量表（IO 表）等，其中 2005~2006 年数据使用 2005 年 IO 表，2007~2009 年数据使用 2007 年 IO 表，2010~2011 年数据使用 2010 年 IO 表，2012~2014 年数据使用 2012 年 IO 表。鉴于数据的可得性，本节使用 2005~2014 年面板数据进行回归，回归结果如表 7.10 所示。

表 7.10　FDI 不同技术溢出途径对技术进步偏向性跨国传递的异质性作用

变量	方程 1 固定效应	方程 2 随机效应	方程 3 GLS	方程 4 全面 FGLS	方程 5 MLE
ln$hfdi$	9.940 * (5.469)	7.388 ** (3.488)	5.493 ** (2.299)	5.831 *** (1.442)	7.388 ** (3.184)
ln$ffdi$	5.911 (9.829)	−6.905 (5.150)	−2.633 (3.368)	−6.137 *** (1.359)	−6.905 (4.701)
ln$bfdi$	0.961 (4.694)	7.177 *** (2.715)	6.852 *** (1.812)	7.639 *** (1.133)	7.177 *** (2.479)
$tfpg$	−18.503 (29.630)	55.980 * (31.986)	27.129 (17.643)	20.986 ** (10.108)	55.980 * (29.199)
$r\&d$	0.228 * (0.130)	0.086 (0.153)	0.056 (0.103)	0.118 *** (0.029)	0.086 (0.140)
$skill$	−1.549 * (0.892)	−2.320 ** (0.972)	−1.646 ** (0.693)	−2.169 *** (0.279)	−2.320 *** (0.887)
iav	−0.005 * (0.003)	0.006 *** (0.002)	0.003 ** (0.001)	0.003 *** (0.001)	0.006 *** (0.001)
kl	9.337 (9.396)	−7.482 * (4.293)	−6.425 ** (2.779)	−6.675 *** (1.606)	−7.482 * (3.919)

续表

变量	方程 1	方程 2	方程 3	方程 4	方程 5
	固定效应	随机效应	GLS	全面 FGLS	MLE
kl^2	−0.228 (0.274)	0.048 (0.191)	0.099 (0.122)	0.09 (0.061)	0.048 (0.174)
constant	32.537 (70.267)	110.361 *** (30.077)	105.754 *** (24.814)	102.436 *** (17.455)	110.361 *** (27.457)
Hausman 检验	Prob > chi2 = 0.0000	—	—	—	—
R^2	0.015	0.610			
Wald	—	78.25	40.90	104.26	
Log likelihood	—	—	—	—	−264.876
OBS	60	60	60	60	60

注：系数下方括号内为对应的标准误，＊、＊＊和＊＊＊分别表示在10%、5%和1%水平下显著。

由表 7.10 可知，除方程 1 外，美国对华直接投资水平溢出效应 lnhfdi 和后向溢出效应 lnbfdi 均显著为正，说明美国对华投资水平溢出和后向溢出效应可以显著提高中国制造业分行业技术进步偏向性，使中国技术进步方向呈现资本偏向性，而前向溢出效应 lnffdi 的作用除方程 4 外基本不显著。外资企业在行业内具有技术、人力资源和管理水平等方面的优势，对东道国内资企业产生竞争效应，内资企业在竞争压力下积极研发先进技术，实现技术升级；同时，外资企业会在行业内部产生示范效应，从而吸引内资企业进行模仿，快速学习外资企业的先进技术投入生产，外资企业技术的资本偏向特征也随之在行业内迅速扩散。此外，由于外资企业一般具有完善的员工培养和管理机制，在外资企业受过培训的高技能劳动力在未来可能受各种原因的驱使流入内资企业工作，这使得外资企业的技术优势通过人员流动效应扩散到内资企业。因此，美国对华直接投资的水平溢出效应使中国制造业技术进步产生资本偏向。对于后向溢出效应，由于外资企业在华生产大多使用本国技术，而发达国家制造业技术由于其丰裕的资本要素禀赋呈现出资本偏向性特征，其生产所需要的中间投入品也蕴含着资本偏向特征，在华外资企业倾向于向内资供货商购买蕴含资本偏向性的中间产品，为保证产品质量，当外资企业向内资企业购买投入品时，外资企业可能会与内资企业达成协议，即以优惠价格向其供货商提供技术，对内资供货商提供技术支持，使内资供货商生产技术偏向于资本，因此，后向技术溢出有利于提高上游行业的技术进步偏向性指数。对于前向溢出效应 $\ln ffdi$，在 5 个方程中基本不显著，说明前向溢出效应相对于后向溢出和水平溢出，传递技术进步偏向性效应较弱。可能的原因在于，外资企业并不对下游企业提供自身生产使用的技术，或者内资企业使用外资企业生产的中间投入品后，更有利于集中资源投资于多使用本国丰裕要素的行业。

综合 3 种 FDI 技术溢出效应可知，不同 FDI 技术溢出方式的传递效应存在异质性，其中水平溢出和后向溢出引发中国制造业技术进步产生资本偏向。

（二）FDI 不同技术溢出途径与技术差距对技术进步偏向性跨国传递的作用

由前述可知，FDI 传递技术进步偏向性与两国技术差距直接相关，因而 FDI 水平溢出、前向溢出、后向溢出会与技术差距形成对技术进步方向跨国传递的耦合效应。受 FDI 三种溢出途径的数据限制，无法类似于前述进行门槛回归检验，为探究不同技术差距水平下 FDI 三种溢出途径在技术进步方向跨国传递中的异质性，使用虚拟变量 $i.\ tfpg$ 将样本分为两部分，当技术差距 $tfpg > -0.05$ 时，虚拟变量取值为 $i.\ tfpg = 1$；当技术差距 $tfpg < -0.05$ 时，虚拟变量取值为 $i.\ tfpg = 0$，用虚拟变量与 FDI 水平溢出 $\ln hfdi$、前向溢出 $\ln ffdi$ 和后向溢出 $\ln bfdi$ 的交叉项 $i.\ tfpg \times \ln hfdi$、$i.\ tfpg \times \ln ffdi$ 和 $i.\ tfpg \times \ln bfdi$ 表征 FDI 不同技术溢出途径与技术差距对技术进步偏向性跨国传递的耦合影响。使用不同回归方法进行估计，回归结果如表 7.11 所示。

表 7.11　　　不同技术差距下 FDI 技术溢出对技术进步偏向性跨国传递的影响

变量	方程 1	方程 2	方程 3	方程 4	方程 5
	固定效应	随机效应	GLS	全面 FGLS	MLE
$i.\ tfpg \times \ln hfdi$	9.689 ** (4.366)	6.952 ** (3.293)	3.698 * (2.163)	5.883 *** (1.461)	6.952 ** (3.006)

续表

变量	方程 1	方程 2	方程 3	方程 4	方程 5
	固定效应	随机效应	GLS	全面 FGLS	MLE
$i.\,tfpg \times \ln\!ffdi$	-6.841 (5.617)	-11.599^{***} (3.937)	-6.539^{**} (2.929)	-10.693^{***} (1.575)	-11.599^{***} (3.594)
$i.\,tfpg \times \ln\!bfdi$	0.868 (3.477)	4.253 (2.835)	3.780^{*} (2.051)	4.348^{***} (1.009)	4.253 (2.588)
$tfpg$	-0.529 (30.346)	52.883 (36.204)	46.507^{*} (25.284)	22.893^{**} (11.365)	52.883 (33.050)
$r\&d$	0.211 (0.130)	0.112 (0.151)	0.046 (0.114)	0.129^{***} (0.035)	0.112 (0.138)
$skill$	-1.450^{*} (0.855)	-2.328^{**} (0.970)	-1.602^{**} (0.747)	-2.023^{***} (0.335)	-2.328^{***} (0.886)
iav	-0.005^{*} (0.002)	0.006^{***} (0.002)	0.004^{***} (0.002)	0.005^{***} (0.001)	0.006^{***} (0.002)
kl	12.148 (8.682)	-8.977^{**} (4.152)	-7.845^{**} (3.153)	-8.006^{***} (1.791)	-8.977^{**} (3.790)
kl^2	-0.296 (0.262)	0.101 (0.185)	0.15 (0.136)	0.119^{*} (0.072)	0.101 (0.168)
constant	-35.289 (50.401)	82.898^{***} (25.081)	76.819^{***} (21.607)	68.479^{***} (14.966)	82.898^{***} (22.895)
Hausman 检验	Prob > chi2 = 0.0000	—	—	—	—
R^2	0.003	0.606	—	—	—
Wald	—	76.81	36.08	77.66	
Log likelihood	—	—	—	—	-265.216
OBS	60	60	60	60	60

注：系数下方括号内为对应的标准误，*、** 和 *** 分别表示在10%、5%和1%水平下显著。

　　表 7.11 中的结果表明，与技术差距小于 -0.005 相比，当技术差距大于 -0.005 时，FDI 的 3 种技术溢出途径的跨国传递效应更强。表 7.11 中 FDI 水平溢出效应系数显著为正，FDI 前向溢出效应系数显著为负，而后向溢出效应系数显著为正，即美国 FDI 水平溢出和后向溢出使中国技术进步方向偏向于资本，而前向溢出效应使之偏向于劳动，且当技术差距大于 -0.005 的门槛值时，FDI 的 3 种溢出途径的跨国传递效应更强。与表 7.10 对比，表 7.11 中变量

$i.\ tfpg \times \ln hfdi$、$i.\ tfpg \times \ln ffdi$ 和 $i.\ tfpg \times \ln bfdi$ 系数的正负性与表 7.10 中 $\ln hfdi$、$\ln ffdi$ 和 $\ln bfdi$ 保持一致，但 3 种溢出途径对技术进步方向跨国传递的作用强度发生变化。当技术差距较大时，FDI 水平溢出效应除方程 3 中系数值由表 7.10 中的 5.493 下降为表 7.11 中的 3.698 外，其余方程的系数大小均未发生明显变化，说明 FDI 水平溢出效应受技术差距大小变化影响不明显。FDI 垂直效应系数与表 7.10 中的结果相比差距较大，其中，使用不同方法估计出的前向溢出效应系数绝对值在方程 1 ~ 方程 5 中均明显变大，说明当技术差距超过 - 0.005 时，美国 FDI 前向溢出效应对中国技术进步方向的负向拉动作用更明显；与此相同，后向溢出效应系数绝对值在方程 1 ~ 方程 5 中也明显变大，说明与技术差距较小时相比，当技术差距较大时，美国 FDI 后向溢出效应对中国技术进步方向的正向拉动作用也更明显。其他变量作用大小和方向均未产生较大变化。这从侧面反映出 FDI 的 3 种溢出途径在跨国传递过程受到技术差距的影响，技术差距越大，越有助于 FDI 通过垂直溢出传递技术进步偏向性。

第五节　本章小结

本章根据希克斯和阿西莫格鲁对技术进步偏向性指数的定义，构建 CES 生产函数，用三方程标准化系统方法测算技术进步偏向性指数，发现中国制造业分行业技术进步整体是偏向资本的，即呈现逆要素禀赋特征。利用中国制造业六大类行业的面板数据模型进行分析，发现美国技术进步偏向性对中国制造业技术进步偏向性指数有着显著的正向影响，技术进步偏向性具有跨国传递效应。FDI 不仅是国际技术溢出和技术扩散的载体，也是技术进步偏向性跨国传递的渠道。随着美国对华直接投资的增加，中国制造业技术进步越偏向于资本，这在于外商直接投资能够把技术创新国如美国研发的适应自身要素禀赋结构的资本偏向性技术传递过来，引致中国技术进步也呈现出资本偏向性，是中国制造业技术进步方向与自身要素禀赋结构非匹配的原因之一。但外商直接投资在技术进步跨国传递过程中的作用受技术差距的影响，当中国技术水平明显落后于发达国家时，外商直接投资对技术进步偏向性的作用更强，会使该行业的技术进步更加偏向资本。而当该行业技术水平超越美国且达到一定程度时，美国对华直接投资对中国技术进步方向的影响程度就会下降，中国制造业的技术进步方向将会更加依赖于国内自身的要素禀赋。进一步的分析表明，不同 FDI 技术溢出方式的传递效应存在异质性，其中水平溢出和后向溢出引发中国制造业技术进步向资本偏向。由于我国实际国情与美国有所不同，要素禀赋结构也不同，因而在以外资为技术传递载体时，要充分考虑我国要素禀赋结构与技术的适配性，以及不同行业与发达国家技术差距的差异，这样才能有效发挥以外资为载体的技术溢出效率，以及正向引导发达国家技术进步偏向性对中国要素配比结构的影响。同时，应努力提升技术水平，逐步缩小与发达国家的技术差距，通过自主研发来提升技术进步与自身生产要素禀赋结构的适宜性，才能更加有效地促进经济的健康发展。

第八章

基本结论和政策建议

第一节　基本结论

通常，发达国家依赖技术创新推动经济增长，而发展中国家则依靠技术引进和自主创新两种方式提升生产率。由于技术创新往往耦合创新的要素禀赋，进而表现出创新的要素丰裕度特性。为此，如何选择适宜的技术进步方向，对于一国能否实现技术赶超尤为关键。

第一，引入技术水平提升幅度不同的渐进式与蛙跳式创新，考虑人力资本技能高低，重构中间品质量阶梯模型，探讨人力资本与异质性技术耦合对后发国家技术追赶的影响。结合中国经济时序数据校准理论模型参数，模拟不同参数约束下后发国家对先发国家的技术追赶过程。模型演绎和数值模拟结果表明，人力资本与异质性技术耦合影响技术进步，一国整体技术进步率可以分解为低技能人力资本和技术耦合的渐进式创新和蛙跳式创新贡献。后发国家存在技术追赶失败的可能，若技术均衡时后发国家技术进步率小于先发国家，将落入"技术追赶陷阱"，反之则实现技术赶超。而如果两国均衡技术进步率相等，后发国家需要满足特定的人力资本与异质性技术条件，才能实现技术赶超，其赶超时间受制于异质性技术进步率和人力资本投入结构与技能结构，但两者存在不同影响。其中渐进式与蛙跳式技术进步表现为反向作用，而人力资本投入结构和技能结构则表现出"U"形影响特征。当技术进步率提升且人力资本结构适宜时，后发国家能以更快速度实现技术赶超。

第二，将技术创新方向和要素匹配度引入经典技术进步方向模型，重构两部门技术创新方向与技术追赶周期模型，数理推演技术创新方向和技术追赶周期的动态变化过程，利用经济时序数据数值模拟真实经济中技术创新方向变化对技术差距和技术追赶周期的影响。结果发现，技术创新方向在技术追赶过程中扮演重要作用。在不同技术创新方向下，远离前沿行业、准前沿行业以及总体的技术追赶表现出差异性，并最终影响技术追赶过程和均衡技术差距。通常远离前沿行业初始阶段模仿创新水平较高则技术进步率越高，技术差距下降速度更快；但在技术追赶后期自主创新投入越大，则技术进步率越高且技术追赶速度越快。而对于准前沿行业，自主创新研发投入越高，则越有利于其更快实现技术追赶。在行业替代弹性既定条件下，技能匹配度会改变行业技术进步贡献率。对于远离前沿行业，如果模仿创新占优，技能匹配度更有利于提高行业和总体技术进步率；但对于准前沿行业，自主创新占优时技能匹配度的作用有限。后发国家并非一定能够成功实现技术追赶，通常准前沿行业与远离前沿行业初始时期的技术进步率越小，初始技术差距越大，则技术追赶周期越长。如果后发国家技术进步率低于先发国家，则技术差距不断扩大，容易形成均衡技术差距而陷入低技术均衡陷阱。如果中国保持现阶段的技术创新方向，准前沿行业可实现技术追赶，但远离前沿行业无法在短时间内缩小技术差距，因此有必要动态调整技术创新方向以缩短技术追赶周期。

第三，将技术进步路径分成自主研发和技术引进两类，并将技术进步路径引入 CES 生产函数，构建内生的技术进步方向模型，阐释发达国家和发展中国家间技术进步偏向性的跨国传递机制，在不同情境中模拟要素禀赋与技术进步方向的动态关系，国外技术进步方向如何诱发技术引进国要素结构的演变，以及技术进步方向跨国传递的动态过程。结果发现，创新国技术进步偏向性取决于其本国的要素禀赋，引进国技术进步偏向性由两国要素禀赋和投入结构共同决定。技术进步偏向性跨国传递主要依赖要素重新配置方式，而技术进步偏向性变动又会非对称地影响两部门边际成本，进而改变两部门要素投入结构。创新国技术进步偏向冲击对本国要素结构的影响程度受制于两国技术的适配度，若引进技术与引进国的要素禀赋相匹配且技术非适宜参数低于某一临界值，即若是引进资本偏向型技术，将提高自主研发和技术引进部门的资本密集度，推动部门的要素禀赋升级，在自主研发部门技术进步偏向性呈现同向传递特征，在技术引进部门则表现出反向传递，进而在整个经济体中表现为反向传递特性。如果引进的技术并不适合技术引进国要素结构的条件，技术非适宜参数高于某一临界值时，国外资本偏向型的技术冲击导致技术创新部门资本密集度下降，技术进步偏向性在自主研发部门反向传递，在技术引进部门同向传递，进而引致整体经济中技术进步偏向性的同向传递。技术进步偏向强度在跨国传递过程中会弱化，衰减程度与两国技术适配程度密切相关，反向传递率随着技术非适宜程度的增强而增大，正向传递率随技术非适宜性的增强表现出先增大后减小。

第四，依据希克斯和阿西莫格鲁的技术进步方向定义，将生产函数设定为CES形式，使用三方程标准化系统方法，测定和对比中美制造业22个细分行业的技术进步偏向性，结合面板数据检验中美制造业技术进步偏向性是否存在跨国传递效应。检验结果发现，中国制造业技术进步整体呈现资本偏向特征，且与美国制造业技术进步偏向性指数走势基本一致，证实技术进步偏向性存在跨国传递，但中国技术进步偏向属性的变化趋势滞后于美国。在技术进步偏向性跨国传递过程中，美国制造业技术进步偏向性对中国制造业技术进步偏向性具有明显的正向作用，表明技术进步表现出由发达国家向发展中国家传递特征。原因在于，适宜性技术从创新国到引进国的过程中，引进国对先进技术设备的选择、引进、模仿、消化吸收和适配性改良需要一定时间。同时，中国制造业要素禀赋结构对技术进步偏向性指数的作用系数为负，适合中国要素禀赋结构的自主研发技术也偏向于多使用劳动而节约资本。这表明，中国技术进步方向的资本偏向属性，表现出逆要素禀赋趋势，这主要源于美国技术的资本偏向影响。现阶段在技术进步过程中，自主创新可能并未主导技术进步路径，国内要素禀赋发挥作用较小。

第五，按照国民经济行业分类和北美产业分类体系，将中美制造业重新划分为 7 个行业，使用三方程标准化系统方法测算中美制造业 7 个行业技术进步偏向性，通过行业层面的面板数据模型，检验在中美制造业技术进步偏向性跨国传递过程中，不同行业和不同技术进步路径诱发技术进步偏向性跨国传递效应的异质性，阐释技术进步资本偏向性跨国传递的成因及要素与技术非匹配可能诱发的就业波动。结果表明，在细分行业领域，中美技术进步偏向性存在跨国传递效应，中国行业的技术进步方向也表现出逆要素禀赋的资本偏向特性。如前所述，这主要源于美国资本和技能密集型技术属性和技术进步偏向性跨国传递的结果。技术引进过程中，往往借助于资本投资、专利技术软件或机器设备或为载体，即 FDI、对美商品进口和机器设备引进，是美国制造业技术进步方向向中国传递的主要路径。不难推断，不同路径由于载体自身的技术强度不同，这三种路径在传递过程中发挥的效应也不同。检验结果发现，当技术进步偏向性强度较小时，对美商品进口发挥主要传递作用；随着中国与美国技术进步偏向性相似程度的提高，跨国公司技术易于与国内本土要素匹配，也易于被同类竞争企业模仿，因而 FDI 传递偏向性的作用渐强。国际贸易中的设备引进路径，由于物化形态技术传递的直接性和完整性，使其在不同偏向性强度上发挥的跨国传递效应均很强。不过，中国的技术进步方向也会对美国制造业产生跨国影响但传递效果有限，现阶段仅通过商品贸易渠道实现。此外，美国技术进步资本偏向性借助跨国传递影响中国技术进步方向，诱发要素再配置和就业波动。

第六，FDI 不仅是国际技术溢出和技术扩散的载体，也是技术进步偏向性跨国传递的重要渠道。利用中国制造业分行业的面板数据模型进行实证检验，考察 FDI 在技术进步偏向性跨国传递中的载体作用，不同技术差距情境中 FDI 对技术进步偏向性的作用差异，以及 FDI 水平溢出、前向溢出、后向溢出与技术差距形成对技术进步方向跨国传递的耦合效应。检验结果显示，FDI 对技术进步偏向性具有跨国传递效应，且 FDI 在技术进步跨国传递过程中的作用受技术差距的影响。当中国技术水平明显落后于发达国家时，FDI 对技术进步偏向性的作用更强，会使该行业的技术进步更加偏向资本。而当该行业技术水平超越美国且达到一定程度时，美国对华直接投资对中国技术进步方向的影响程度就会下降，中国制造业的技术进步方向将会更加依赖于国内自身的要素禀赋。FDI 通过技术溢出效应对中国技术进步方向产生影响，其中水平溢出和后向溢出引发中国制造业技术进步向资本偏向。在不同中美技术差距约束下，FDI 技术溢出途径的跨国传递效应不同，其中技术差距越大，越有助于 FDI 通过垂直溢出传递技术进步偏向性。

第二节　政策建议

当前中国经济已进入新常态，经济增长迫切需要从要素驱动转为创新驱动。同时，新时期美国等发达国家对华技术封锁日趋明显，有效推动技术创新实现技术追赶显得尤为迫切。因此，应重视以下方面。

第一，企业应准确评估自身的技术水平和要素禀赋条件，选择差异化的技术进步方向。对于远离技术前沿行业企业，在技术引进的同时应重视技术吸收效率，防止盲目与无效引进。同时，伴随着企业技术水平的提升，与发达国家技术差距的不断缩小，应逐步调整技术进步方向，即从技术引进转向自主创新。对于处于技术前沿行业的企业，应以自主创新为主而技术引进为辅。并由龙头企业牵头和中小微企业协作，形成行业的创新联合体，找准技术攻关的方向，通过合力攻克周期长、风险大和难度高的技术，进而快速实现对发达国家的技术追赶。

第二，企业在设备引进时，应注重机器设备与生产技术环境的适配性，提高设备的引进效率。一般来说，发展中国家的企业从发达国家引进的设备，往往蕴含前沿技术。企业购买设备时应进行筛选，挑选与自身生产技术环境匹配度高的机器设备，将企业内部调整的成本控制在合理范围内，并根据自身生产要素投入结构对设备进行适配性改良，减少引进设备"水土不服"造成的效率损失。同时，先进设备对使用者的技能和素质有特定要求，尤其是一些精密、先进、稀有设备需要与之相匹配的使用、保养和维修技能。在引进发达国家先进机器设备的同时，应及时对企业内设备使用人员进行培训，提高设备的使用效率。

第三，政府部门搭建"政产学研"协同创新平台，通过政策激励创新主体，实现"卡脖子"技术的突破。在国家创新驱动发展战略引导下，各级政府部门应积极搭建"政产学研"协同创新平台，将各创新主体联合起来，各类创新要素互联互通，并通过研发补贴、税收优惠和创新创业基金等政策，激励创新主体积极开展创新活动，充分释放创新活力。同时，注重扶持创新性较强的新兴产业发展，特别是一些专精特新企业积极开展原创性研究，产生高质量创新成果。此外，对于"卡脖子"技术，通过政府主导让资金和人才投入到关键核心技术重大项目的研发上，充分发挥科技领军企业的引领作用，进行技术攻关，实现对发达国家的技术赶超。

第四，政府部门应注重优化 FDI 的产业流向提高 FDI 的利用效率。FDI 是技术引进的主要方式之一，应优化 FDI 产业流向结构和提高 FDI 利用效率。FDI 是发达国家技术和技术进步偏向性向发展中国家传递的重要渠道，也有助于提升发展中国家的技术水平。中国各行业要素密集度和技术水平不同，吸引外资时应考虑自身与世界前沿技术的差距，以及各行业的比较优势和竞争优势，优化 FDI 流向的产业结构。对于基础薄弱且亟待发展的行业应鼓励跨国公司进入，吸引科技实力雄厚和管理高效的跨国企业投资，通过产业集聚的资本集成效应带动本土产业发展。对于地区的优势产业或特色产业，则应有选择性地引进优质外资，发挥优质外资在技术或信息等方面的优势，助力本地优势与特色产业的发展。

第五，政府相关部门应注重加强人力资本积累和提升人力资本水平，发挥人力资本在技术追赶中的关键作用。各级地方政府应建立良好的人才引进和培育机制，提升人力资本水平以适应引进技术而提高技术应用效率；并注重完善薪酬工资等激励制度，激发人力资本的创新活力，推动制造业技术升级。此外，人力资源管理部门应依据劳动力市场的技能需求，建立动态的劳动技能培训机制，通过岗前培训、在职教育和继续教育等方式，使劳动者快速掌握生产技能而适应新技术环境，提高技能匹配度，充分发挥人力资本在技术追赶中的关键作用。

参考文献

［1］白俊红. 中国的政府 R&D 资助有效吗？来自大中型工业企业的经验证据［J］. 经济学（季刊），2011，10（4）：1375－1400.

［2］包群，赖明勇. FDI 技术外溢的动态测算及原因解释［J］. 统计研究，2003（6）：33－38.

［3］蔡昉，都阳，王美艳. 经济发展方式转变与节能减排内在动力［J］. 经济研究，2008（6）：4－11.

［4］陈慈玉. 近代中国的机械缫丝工业（1860－1945）［M］. 台北：中央研究院近代史研究，1989.

［5］陈凤仙，王琛伟. 从模仿到创新——中国创新型国家建设中的最优知识产权保护［J］. 财贸经济，2015（1）：143－156.

［6］陈欢，王燕. 国际贸易与中国技术进步方向——基于制造业行业的经验研究［J］. 经济评论，2015（3）：84－96.

［7］陈晓玲，连玉君. 资本－劳动替代弹性与地区经济增长——德拉格兰德维尔假说的检验［J］. 经济学（季刊），2012（10）：93－118.

［8］陈晓玲，徐舒，连玉君. 要素替代弹性、有偏技术进步对我国工业能源强度的影响［J］. 数量经济技术经济研究，2015（3）：58－76.

［9］陈勇，李小平. 中国工业行业的面板数据构造及资本深化评估：1985－2003［J］. 数量经济技术经济研究，2006（10）：57－68.

[10] 程颖慧，王健. 能源消费、技术进步与经济增长效应——基于脉冲响应函数和方差分解的分析 [J]. 财经论丛，2014 (2)：10 – 15.

[11] 戴天仕，徐现祥. 中国的技术进步方向 [J]. 世界经济，2010 (11)：54 – 70.

[12] 邓明. 人口年龄结构与中国省际技术进步方向 [J]. 经济研究，2014 (3)：130 – 14.

[13] 董直庆，安佰珊，张朝辉. 劳动收入占比下降源于技术进步偏向性吗 [J]. 吉林大学社会科学学报，2013 (4)：65 – 74.

[14] 董直庆，戴杰，陈锐. 技术进步方向及其劳动收入分配效应检验 [J]. 上海财经大学学报，2013 (5)：65 – 72.

[15] 董直庆，焦翠红，王林辉. 技术进步偏向性跨国传递效应：模型演绎与经验证据 [J]. 中国工业经济，2016 (10)：74 – 91.

[16] 董直庆，宋伟，赵景. 技术差距与经济增长收敛性：来自省际面板数据的实证检验 [J]. 华东师范大学学报（哲学社会科学版），2015 (6)：129 – 139.

[17] 董直庆，赵景. 不同技术来源、技术进步偏向性与能源强度 [J]. 东南大学学报（哲学社会科学版），2017，19 (5)：102 – 111.

[18] 董直庆，蔡啸，王林辉. 财产流动性与分布不均等：源于技术进步方向的解释 [J]. 中国社会科学，2016 (10)：72 – 92.

[19] 董直庆，蔡啸，王林辉. 技能溢价：基于技术进步方向的解释 [J]. 中国社会科学，2014 (10)：22 – 40，205 – 206.

[20] 董直庆，王林辉. 我国经济增长来源——来自资本体现式技术进步的经验证据 [J]. 吉林大学社会科学学报，2010，50 (4)：129 – 136.

[21] 董直庆，赵景，康红叶. 有偏技术进步、技术来源及其经济增长效应 [J]. 东南大学学报（哲学社会科学版），2017，19 (1)：65 – 74.

[22] 范建亭，汪立. 出口导向、技术类型与跨国公司内部技术转移——基于在华日资企业的实证分析 [J]. 财经研究，2015，41 (10)：83 – 95.

［23］范黎波，王肃．中国跨国公司海外并购的成长路径演进——基于北一并购科堡的案例分析［J］．财贸经济，2011（8）：101－105．

［24］方福前，祝灵敏．人口结构、人力资本结构与经济增长［J］．经济理论与经济管理，2013（8）：5－16．

［25］费孝通．江村经济［M］．北京：商务印书馆，2003．

［26］冯根福，刘军虎，徐志霖．中国工业部门研发效率及其影响因素实证分析［J］．中国工业经济，2006（11）：46－51．

［27］傅晓霞，吴利学．技术差距、创新路径与经济赶超——基于后发国家的内生技术进步模型［J］．经济研究，2013，48（6）：19－31．

［28］国涓，凌煜，郭崇慧．中国工业部门能源消费反弹效应的估算——基于技术进步视角的实证研究［J］．资源科学，2010，32（10）：1839－1845．

［29］国胜铁，王林辉．技术进步与要素禀赋的适配性分析［J］．经济纵横，2012（12）：16－19．

［30］郝枫，盛卫燕．中国要素替代弹性估计［J］．统计研究，2014（7）：12－21．

［31］何小钢，王自力．能源偏向型技术进步与绿色增长转型——基于中国33个行业的实证考察［J］．中国工业经济，2015（2）：50－62．

［32］何兴强，欧燕，史卫，刘阳．FDI技术溢出与中国吸收能力门槛研究［J］．世界经济，2014，37（10）：52－76．

［33］黄先海．蛙跳型经济增长——后发国发展路径及中国的选择［D］．上海：复旦大学，2003．

［34］黄先海，徐圣．中国劳动收入比重下降成因分析——基于劳动节约型技术进步的视角［J］．经济研究，2009（7）：34－44．

［35］黄先海，胡馨月，陈航宇．知识产权保护、创新模式选择与我国贸易扩展边际［J］．国际贸易问题，2016（9）：110－120．

［36］黄先海，刘毅群．设备投资，体现型技术进步与生产率增长：跨国经

验分析［J］．世界经济，2008（4）：47-61．

［37］黄先海，宋学印．准前沿经济体的技术进步路径及动力转换——从"追赶导向"到"竞争导向"［J］．中国社会科学，2017（6）：60-79．

［38］吉亚辉，祝凤文．技术差距、"干中学"的国别分离与发展中国家的技术进步［J］．数量经济技术经济研究，2011，28（4）：49-63．

［39］景维民，张璐．环境管制，对外开放与中国工业的绿色技术进步［J］．经济研究，2014（9）：34-47．

［40］孔帅，张玉，李平．外商直接投资对中国技术进步影响的门限效应［J］．当代经济研究，2015（6）：74-80．

［41］孔宪丽，米美玲，高铁梅．技术进步适宜性与创新驱动工业结构调整——基于技术进步偏向性视角的实证研究［J］．中国工业经济，2015（11）：62-77．

［42］赖明勇，包群，彭水军，等．外商直接投资与技术外溢：基于吸收能力的研究［J］．经济研究，2005（8）：95-105．

［43］赖明勇，包群，阳小晓．外商直接投资的吸收能力：理论及中国的实证研究［J］．上海经济研究，2002（6）：9-17．

［44］雷钦礼．偏向性技术进步的测算与分析［J］．统计研究，2013，30（4）：83-91．

［45］李海峥，梁赟玲，Barbara Fraumeni，等．中国人力资本测度与指数构建［J］．经济研究，2010，45（8）：42-54．

［46］李虹，邹庆．环境规制、资源禀赋与城市产业转型研究——基于资源型城市与非资源型城市的对比分析［J］．经济研究，2018，53（11）：182-198．

［47］李金昌，杨松，赵楠．中国能源强度影响因素分析——基于分位数回归法［J］．商业经济与管理，2014（12）：73-80．

［48］李廉水，周勇．技术进步能提高能源效率吗？——基于中国工业部门的实证检验［J］．管理世界，2006（10）：82-89．

［49］李玲，陶锋．中国制造业最优环境规制强度的选择——基于绿色全要素生产率的视角［J］．中国工业经济，2012（5）：70-82．

［50］李小平．自主 R&D、技术引进和生产率增长——对中国分行业大中型工业企业的实证研究［J］．数量经济技术经济研究，2007（7）：15-24．

［51］李小平，卢现祥．中国制造业的结构变动和生产率增长［J］．世界经济，2007（5）：52-64．

［52］李小平，朱钟棣．中国工业行业的全要素生产率测算——基于分行业面板数据的研究［J］．管理世界，2005（4）：56-64．

［53］李秀香，张婷．出口增长对我国环境影响的实证分析——以 CO_2 排放量为例［J］．国际贸易问题，2004（7）：9-12．

［54］李雪艳，赵吟佳，钱雪亚．人力资本异质性、结构与经济增长［J］．商业经济与管理，2012（5）：82-88．

［55］李卓，李智娟．中国贸易开放战略为何不利于劳动增收？——兼论"Stolper-Samuelson"效应未在中国显现的原因［J］．经济评论，2014（6）：14-26．

［56］梁润，余静文，冯时．人力资本对中国经济增长的贡献测算［J］．南方经济，2015（7）：1-14．

［57］廖茂林，任羽菲，张小溪．技术进步能源偏向性的测算及对能源效率的影响研究——基于制造业 27 个细分行业的实证考察［J］．金融评论，2018，10（2）：15-31．

［58］林伯强，杜克锐．理解中国能源强度的变化：一个综合的分解框架［J］．世界经济，2014，37（4）：69-87．

［59］林伯强，刘泓汛．对外贸易是否有利于提高能源环境效率——以中国工业行业为例［J］．经济研究，2015，50（9）：127-141．

［60］林毅夫，张鹏飞．适宜技术、技术选择和发展中国家的经济增长［J］．经济学（季刊），2006（3）：985-1006．

［61］林毅夫，张鹏飞．后发优势、技术引进和落后国家的经济增长［J］．

经济学（季刊），2005（4）：53 - 74.

[62] 刘畅，孔宪丽，高铁梅. 中国能源消耗强度变动机制与价格非对称效应研究——基于结构 VEC 模型的计量分析 [J]. 中国工业经济，2009（3）：59 - 70.

[63] 刘慧慧，雷钦礼. 中国能源增强型技术进步率及要素替代弹性的测算 [J]. 统计研究，2016，33（2）：18 - 25.

[64] 刘小鲁. 我国创新能力积累的主要途径：R&D，技术引进，还是 FDI [J]. 经济评论，2011（3）：88 - 96.

[65] 刘小鲁. 知识产权保护、自主研发比重与后发国家的技术进步 [J]. 管理世界，2011（10）：10 - 19，187.

[66] 刘修岩，董会敏. 出口贸易加重还是缓解中国的空气污染 [J]. 财贸研究，2017（1）：76 - 84.

[67] 刘智勇，李海峥，胡永远等. 人力资本结构高级化与经济增长——兼论东中西部地区差距的形成和缩小 [J]，经济研究，2018（3）：50 - 63.

[68] 陆雪琴，章上峰. 技术进步偏向定义及其测度 [J]. 数量经济技术经济研究，2013（8）：20 - 34.

[69] 陆雪琴，文雁兵. 偏向型技术进步、技能结构与溢价逆转——基于中国省级面板数据的经验研究 [J]，中国工业经济，2013（10）：18 - 30.

[70] 罗堃. 我国污染密集型工业品贸易的环境效应研究 [J]. 国际贸易问题，2007（10）：96 - 100.

[71] 罗良清，尹飞霄. 人力资本结构与经济增长——基于普通面板模型和门槛回归模型的实证研究 [J]. 江西财经大学学报，2013（2）：63 - 72.

[72] 吕一博，韩少杰，苏敬勤. 翻越由技术引进到自主创新的樊篱——基于中车集团大机车的案例研究 [J]. 中国工业经济，2017（8）：174 - 192.

[73] 毛昊，尹志锋，张锦. 中国创新能够摆脱"实用新型专利制度使用陷阱"吗 [J]. 中国工业经济，2018（3）：98 - 115.

[74] 倪晓觎. 技术差距与跨国公司的技术转移——基于我国制造业行业面

板数据的实证研究 [J]. 国际贸易问题, 2008 (7): 72-76.

[75] 欧阳峣, 汤凌霄. 大国创新道路的经济学解析 [J]. 经济研究, 2017, 52 (9): 11-23.

[76] 潘士远, 林毅夫. 发展战略、知识吸收能力与经济收敛 [J]. 数量经济技术经济研究, 2006 (2): 3-13.

[77] 潘文卿, 吴天颖, 胡晓. 中国技术进步方向的空间扩散效应 [J]. 中国工业经济, 2017 (4): 17-33.

[78] 庞敏, 邱代坤, 张志伟. 技术进步影响能源消费的机制与对策分析 [J]. 统计与决策, 2017 (16): 60-63.

[79] 彭国华. 中国地区收入差距、全要素生产率及其收敛分析 [J]. 经济研究, 2005 (9): 19-29.

[80] 钱娟, 李金叶. 中国工业能源节约偏向型技术进步判别及其节能减排效应 [J]. 经济问题探索, 2018 (8): 148-159.

[81] 秦腾, 佟金萍, 曹倩, 陈曦. 技术进步与能源消费的经济门槛效应研究 [J]. 科技管理研究, 2015, 35 (10): 32-36.

[82] 邵帅, 杨莉莉, 黄涛. 能源回弹效应的理论模型与中国经验 [J]. 经济研究, 2013, 48 (2): 96-109.

[83] 邵帅. 环境规制如何影响货物贸易的出口商品结构 [J]. 南方经济, 2017 (10): 111-125.

[84] 沈春苗. 垂直专业化分工对技能偏向性技术进步的影响——基于我国制造业细分行业的实证研究 [J]. 国际贸易问题, 2016 (2): 77-87.

[85] 沈健. 中国要素替代弹性与有偏技术进步 [D]. 南京: 南京大学, 2013.

[86] 沈坤荣, 耿强. 外国直接投资、技术外溢与内生经济增长——中国数据的计量检验与实证分析 [J]. 中国社会科学, 2001 (5): 82-93.

[87] 舒元, 才国伟. 我国省际技术进步及其空间扩散分析 [J]. 经济研

究，2007（6）：106 – 118.

［88］宋冬林，王林辉，董直庆. 技能偏向型技术进步存在吗？——来自中国的经验证据［J］. 经济研究，2010（5）：68 – 81.

［89］孙文杰，沈坤荣. 人力资本积累与中国制造业技术创新效率的差异性［J］. 中国工业经济，2009（3）：81 – 91.

［90］孙早，宋炜. 中国工业的创新模式与绩效——基于2003 – 2011年间行业面板数据的经验分析［J］. 中国工业经济，2013（6）：44 – 56.

［91］孙早，许薛璐. 前沿技术差距与科学研究的创新效应——基础研究与应用研究谁扮演了更重要的角色［J］. 中国工业经济，2017（3）：5 – 23.

［92］王班班，齐绍洲. 有偏技术进步、要素替代与中国工业能源强度［J］. 经济研究，2014，49（2）：115 – 127.

［93］王班班，齐绍洲. 中国工业技术进步的偏向是否节约能源［J］. 中国人口·资源与环境，2015，25（7）：24 – 31.

［94］王锋，冯根福. 优化能源结构对实现中国碳强度目标的贡献潜力评估［J］. 中国工业经济，2011（4）：127 – 137.

［95］王杰，刘斌. 环境规制与企业全要素生产率——基于中国工业企业数据的经验分析［J］. 中国工业经济，2014（3）：44 – 56.

［96］王林辉，蔡啸，高庆昆. 中国技术进步技能偏向性水平：1979—2010［J］. 经济学动态，2014（4）：56 – 65.

［97］王林辉，董直庆. 资本体现式技术进步、技术合意结构和我国生产率增长来源［J］. 数量经济技术经济研究，2012（5）：3 – 18.

［98］王林辉，江雪萍，杨博. 异质性技术溢出和技术进步偏向性跨国传递：来自中美的经验证据［J］. 华东师范大学学报（哲学社会科学版），2019，51（2）：136 – 151.

［99］王林辉，王辉，董直庆. 经济增长和环境质量相容性政策条件——环境技术进步方向视角下的政策偏向效应检验［J］. 管理世界，2020，36（3）：

39 - 60.

[100] 王林辉，王辉，董直庆．技术创新方向、均衡技术差距与技术追赶周期 [J]．世界经济，2022，45（3）：28 - 55.

[101] 王林辉，袁礼．要素结构变迁对要素生产率的影响：技术进步偏态的视角 [J]．财经研究，2012（11）：38 - 47.

[102] 王林辉，赵景，李金城．劳动收入份额"U"形演变规律的新解释：要素禀赋结构与技术进步方向的视角 [J]．财经研究，2015（10）：17 - 30.

[103] 王林辉，杨博，董懿萱．技术进步偏向性的跨国传递效应——来自中美制造业的经验证据 [J]．东南大学学报（哲学社会科学版），2017，19（4）：63 - 75.

[104] 王林辉，杨博，董直庆．技术进步偏向性跨国传递和不同传递路径异质性效应检验 [J]．数量经济技术经济研究，2019，36（4）：82 - 100.

[105] 王林辉，袁礼．有偏型技术进步、产业结构变迁和中国要素收入分配格局 [J]．经济研究，2018，53（11）：115 - 131.

[106] 王林辉，张伊侬．技术差距对技术引进效果存在门限效应吗？——基于中美制造业产品质量视角的实证检验 [J]．东南大学学报（哲学社会科学版），2016，18（3）：85 - 95.

[107] 王小鲁．灰色收入拉大居民收入差距 [J]．中国改革，2007（7）：9 - 12.

[108] 王永进，盛丹．要素积累、偏向型技术进步与劳动收入占比 [J]．世界经济文汇，2010（4）：33 - 50.

[109] 魏楚，沈满洪．结构调整能否改善能源效率：基于中国省级数据的研究 [J]．世界经济，2008（11）：77 - 85.

[110] 魏玮，周晓博．1993 - 2012年中国省际技术进步方向与工业生产节能减排 [J]．资源科学，2016，38（2）：300 - 310.

[111] 魏玮，郝威亚．劳动力技能结构与技术进步引致的经济增长——基

于中国经验的实证研究 [J]. 经济与管理研究, 2015, 36 (11): 33 – 39.

[112] 吴巧生, 成金华. 中国工业化中的能源消耗强度变动及因素分析——基于分解模型的实证分析 [J]. 财经研究, 2006 (6): 75 – 85.

[113] 吴延兵. 自主研发、技术引进与生产率——基于中国地区工业的实证研究 [J]. 经济研究, 2008 (8): 51 – 64.

[114] 吴延兵. R&D 存量、知识函数与生产效率 [J]. 经济学 (季刊), 2006 (3): 1129 – 1156.

[115] 徐新吾. 中国近代缫丝工业史 [M]. 上海: 上海人民出版社, 1900.

[116] 阳立高, 龚世豪, 王铂, 晁自胜. 人力资本、技术进步与制造业升级 [J]. 中国软科学, 2018 (1): 138 – 148.

[117] 杨灿明, 孙群力. 中国各地区隐性经济的规模、原因和影响 [J]. 经济研究, 2010, 45 (4): 93 – 106.

[118] 杨飞. 南北贸易与技能偏向性技术进步——兼论中国进出口对前沿技术的影响 [J]. 国际经贸探索, 2014, 30 (1): 4 – 16.

[119] 杨俊, 李晓羽, 杨尘. 技术模仿、人力资本积累与自主创新——基于中国省际面板数据的实证分析 [J]. 财经研究, 2007 (5): 18 – 28.

[120] 姚树洁, 冯根福, 韦开蕾. 外商直接投资和经济增长的关系研究 [J]. 经济研究, 2006 (12): 35 – 46.

[121] 姚毓春, 袁礼, 董直庆. 劳动力与资本错配效应: 来自十九个行业的经验证据 [J]. 经济学动态, 2014 (6): 69 – 77.

[122] 姚毓春, 袁礼, 王林辉. 中国工业部门要素收入分配格局——基于技术进步偏向性视角的分析 [J]. 中国工业经济, 2014 (8): 44 – 56.

[123] 易先忠, 张亚斌, 刘智勇. 自主创新、国外模仿与后发国知识产权保护 [J]. 世界经济, 2007 (3): 31 – 40.

[124] 易信, 刘凤良. 金融发展、技术创新与产业结构转型——多部门内

生增长理论分析框架 [J]. 管理世界, 2015 (10): 24-39.

[125] 尤济红, 高志刚. 政府环境规制对能源效率影响的实证研究——以新疆为例 [J]. 资源科学, 2013, 35 (6): 1211-1219.

[126] 袁礼, 王林辉, 欧阳峣. 后发国家适宜性技术选择及其对经济增长的作用研究 [J]. 经济科学, 2021 (6): 38-55.

[127] 余泳泽, 张先轸. 要素禀赋、适宜性创新模式选择与全要素生产率提升 [J]. 管理世界, 2015 (9): 13-31.

[128] 原毅军, 谢荣辉. 环境规制与工业绿色生产率增长——对"强波特假说"的再检验 [J]. 中国软科学, 2016 (7): 144-154.

[129] 战明华. 经济内生与外资的利用绩效 [J]. 中国软科学, 2004 (2): 32-36.

[130] 张成, 陆旸, 郭路, 于同申. 环境规制强度和生产技术进步 [J]. 经济研究, 2011, 46 (2): 113-124.

[131] 张海洋, 史晋川. 中国省际工业新产品技术效率研究 [J]. 经济研究, 2011, 46 (1): 83-96.

[132] 张军, 吴桂英, 张吉鹏. 中国省际物质资本存量估算: 1952—2000 [J]. 经济研究, 2004 (10): 35-44.

[133] 张俊, 钟春平. 偏向型技术进步理论: 研究进展及争议 [J]. 经济评论, 2014 (5): 148-160.

[134] 张茂元, 邱泽奇. 技术应用为什么失败——以近代长三角和珠三角地区机器缫丝业为例 (1860—1936) [J]. 中国社会科学, 2009 (1): 116-132.

[135] 张茂元. 近代中国机器缫丝技术应用与社会结构变迁 [D]. 北京: 北京大学, 2008.

[136] 张意翔, 成金华, 汤尚颖, 李通屏. 技术进步偏向性、产权结构与中国区域能源效率 [J]. 数量经济技术经济研究, 2017, 34 (8): 72-88.

[137] 张月玲, 叶阿忠, 陈泓. 人力资本结构、适宜技术选择与全要素生

产率变动分解——基于区域异质性随机前沿生产函数的经验分析 [J]. 财经研究, 2015, 41 (6): 4 – 18.

[138] 赵俊康. 我国劳资分配比例分析 [J]. 统计研究, 2006 (12): 7 – 12.

[139] 钟世川, 雷钦礼. 技术进步偏向对要素收入份额的影响——基于中国工业行业数据的研究 [J]. 产经评论, 2013 (5): 16 – 27.

[140] 周晶, 王磊, 金茜. 中国工业行业能源 CES 生产函数的适用性研究及非线性计量估算 [J]. 统计研究, 2015, 32 (4): 51 – 58.

[141] 周四军, 唐静媛, 江秋池, 钟原. 能源效率影响因素分位研究——基于分位数空间自回归模型 [J]. 调研世界, 2019 (9): 10 – 16.

[142] 朱承亮, 师萍, 岳宏志, 等. 人力资本、人力资本结构与区域经济增长效率 [J]. 中国软科学, 2011 (2): 110 – 119.

[143] 朱平芳, 李磊. 两种技术引进方式的直接效应研究——上海市大中型工业企业的微观实证 [J]. 经济研究, 2006 (3): 90 – 102.

[144] 朱平芳, 徐大丰. 中国城市人力资本的估算 [J]. 经济研究, 2007 (9): 84 – 95.

[145] 邹薇, 代谦. 技术模仿、人力资本积累与经济赶超 [J]. 中国社会科学, 2003 (5): 26 – 38.

[146] Acemoglu D. Directed technical change [J]. The Review of Economic Studies, 2002a, 69 (4): 781 – 809.

[147] Acemoglu D. Equilibrium bias of technology [J]. Econometrica, 2007, 75 (5): 1371 – 1409.

[148] Acemoglu D. Labor and capital-augmenting technical change [J]. Journal of European Economic Association, 2003, 1 (1): 1 – 37.

[149] Acemoglu D. Patterns of skill premia [J]. The Review of Economic Studies, 2003, 70 (2): 199 – 230.

[150] Acemoglu D. Technical change, inequality and the labor market [J].

Journal of Economic Literature, 2002b, 40 (1): 7 – 72.

[151] Acemoglu D. Why do new technologies complement skills? Directed technical change and wage inequality [J]. Quarterly Journal of Economics, 1998, 113 (4): 1055 – 1089.

[152] Acemoglu D, Ahguion P, Zilibotti F. Distance to frontier, selection, and economic growth [J]. Journal of the European Economic Association, 2006, 4 (1): 37 – 74.

[153] Acemoglu D, Akcigit U, Hanley D, Kerr W R. Transition to clean technology [J]. Journal of Political Economy, 2016, 124 (1): 52 – 103.

[154] Acemoglu D, Autor D, Dorn D, Hanson, G. H. Return of the Solow paradox? IT, productivity, and employment in US manufacturing [J]. American Economic Review, 2014, 104 (5): 394 – 399.

[155] Acemoglu D, Aghion P, Bursztyn L. The environment and directed technical change [J]. The American Economic Review, 2012, 102 (1): 131 – 166.

[156] Acemoglu D, Cao D. Innovation by entrants and incumbents [J]. Electronic Journal, 2015, 157: 255 – 294.

[157] Acemoglu D, Zilibotti F. Productivity differences [J]. Quarterly Journal of Economics, 2001, 116 (2): 563 – 606.

[158] Ahmad S. On the theory of induced invention [J]. The Economic Journal, 1966, 76 (302): 344 – 357.

[159] Aghion P, Howitt P. A model of growth through creative destruction [J]. Econometrica, 1992, 60 (2): 323 – 351.

[160] Aghion P, Howitt P. The economics of growth [M]. Cambridge: MIT Press Books, 2009.

[161] Akcigit U, Kerr W R. Growth through heterogeneous innovations [J]. Journal of Political Economy, 2018, 126 (4): 1374 – 1443.

[162] Albrizio S, Kozluk T, Zipperer V. Environmental policies and productivity growth: Evidence across industries and firms [J]. Journal of Environmental Economics and Management, 2017, (81): 209 – 226.

[163] Andre W D, Daniel C E. Sustaining the Asia Pacific miracle: Environment protection and economic integration [M]. Washington: Peterson Institute Press, 1997.

[164] Andrew T Y. US elasticities of substitution and factor-augmentation at the industry level [J]. Macroeconomic Dynamics, 2013, 17 (4): 861 – 897.

[165] Anil K G, Vijay G. Knowledge flows within multinational corporations [J]. Strategic Management Journal, 2000, 21: 473 – 496.

[166] Antweiler W, Copeland B R, Taylor M S. Is free trade good for the environment [J]. The American Economic Review, 2001, 91 (4): 877 – 908.

[167] Atkinson, A B, and Stiglitz J E. A new view of technological change [J]. Economic Journal, 1969, 79 (315): 573 – 578.

[168] Barro R J, Sala-i-martin X. Technological diffusion, convergence, and growth [J]. Journal of Economic Growth, 1997, 2 (1): 1 – 26.

[169] Barro R, Sala-i-martin X. Economic growth [M]. Cambridge: MIT Press, 2004.

[170] Bartelsman E J, Doms M. Understanding productivity: lessons from longitudinal microdata [J]. Journal of Economic Literature, 2000, 38 (3): 569 – 594.

[171] Basu S, Weil D N. Appropriate technology and growth [J]. The Quarterly Journal of Economics, 1998, 113 (4): 1025 – 1054.

[172] Benhabib J, Perla J, Tonetti C. Catch-up and fall-back through innovation and imitation [J]. Journal of Economic Growth, 2014, 19 (1): 1 – 35.

[173] Blanchard O J, Nordhaus W D, Phelps E S. The medium run [J]. Brookings Papers on Economic Activity, 1997 (2): 89 – 158.

[174] Brezis E S, Krugman P R, Tsiddon D. Leapfrogging in international

competition: A theory of cycles in national technological leadership [J]. American Economic Review, 1993, 83 (5): 1211 – 1219.

[175] Brookes L. Energy efficiency fallacies revisited [J]. Energy Policy, 2000, 28 (6 – 7): 355 – 366.

[176] Caselli F, Coleman W J. The world technology frontier [J]. American Economic Review, 2006, 96 (3): 499 – 522.

[177] Chang T, Chu H P, Chen W Y. Energy consumption and economic growth in 12 Asian countries: Panel data analysis [J]. Applied Economics Letters, 2013, 20 (3): 282 – 287.

[178] Chen X. Biased technical change, scale, and factor substitution in U. S. manufacturing industries [J]. Macroeconomic Dynamics, 2016 (1): 1 – 27.

[179] Chirinko, R. S. Corporate taxation, capital formation, and the substitution elasticity between labor and capital [J]. National Tax Journal, 2002, 55 (2): 339 – 355.

[180] Chirinko R S. The long and short of it [J]. Journal of Macroeconomics, 2008, 30 (2): 671 – 686.

[181] Coe D T, Helpman E, Hoffmaister A W. North-South R&D spillovers [J]. Economic Journal, 1997, 107 (440): 134 – 149.

[182] Cole M A, Rayner A J, Bates J M. Trade liberalization and environment: The case of the uruguay round [J]. The World Economy, 1998, 21 (3): 337 – 347.

[183] Copel B R, Taylor M S. North-south trade and the environment [J]. Quarterly Journal of Economics, 1994, 109 (3): 755 – 787.

[184] David P A, Klundert T. Biased efficient growth and capital-labor substitution in the U. S. , 1899 – 1960 [J]. American Economic Review, 1965, 55 (3): 357 – 394.

[185] Dinopoulos E, Thompson P. Schumpeterian growth without scale effects [J]. Journal of Economic Growth, 1998, 3 (4): 313 - 335.

[186] Dinopoulos E, Thompson P. Scale effects in Schumpeterian models of economic growth [J]. Journal of Evolutionary Economics, 1999, 9: 157 - 185.

[187] Dogan E, Turkekul B. CO_2 emissions, real output, energy consumption, trade, urbanization and financial development: Testing the EKC hypothesis for the USA [J]. Environmental Science and Pollution Research, 2016, 23 (2): 1203 - 1213.

[188] Dollar D. Technological innovation, capital mobility, and the product cycle in North-South trade [J]. The American Economic Review, 1986, 76 (1): 177 - 190.

[189] Drandakis E, Phelps E. A model of induced invention, growth and distribution [J]. Economic Journal, 1965, 76 (304): 823 - 840.

[190] Duranton G, Puga D. Micro-foundations of urban agglomeration economies [M]. Handbook of regional and urban economics. Elsevier, 2004, 4: 2063 - 2117.

[191] Eaton J, Kortum S. International technology diffusion: Theory and measurement [J]. International Economic Review, 1999, 40 (3): 537 - 570.

[192] Epifani P, Gancia G. The skill bias of world trade [J]. The Economic Journal, 2008, 118 (530): 927 - 960.

[193] Fan Y, Liao H, Wei Y M. Can market oriented economic reforms contribute to energy efficiency improvement? Evidence from China [J]. Energy Policy, 2007, 35 (4): 2287 - 2295.

[194] Färe R, Grosskopf S, Noh D W, William W. Characteristics of a polluting technology: Theory and practice [J]. Journal of Econometrics, 2005, 126 (2): 469 - 492.

[195] Fisher-Vanden K, Jefferson G H, Jingkui M, Jianyi X. Technology development and energy productivity in China [J]. Energy Economics, 2006, 28 (5).

[196] Foster L, Haltiwanger J C, Krizan C J. Aggregate productivity growth: lessons from microeconomic evidence [M]. University of Chicago Press, 2001: 303 – 372.

[197] Fracasso A, Marzetti G V. International R&D spillovers, absorptive capacity and relative backwardness: A panel smooth transition regression model [J]. International Economic Journal, 2014, 28 (1): 137 – 160.

[198] Fu X. Foreign direct investment, absorptive capacity and regional innovation capabilities: Evidence from China [J]. Oxford Development Studies, 2008, 36 (1): 89 – 107.

[199] Gancia G, Zilibotti F. Technological change and the wealth of nations [J]. Annual Review of Economics, 2009, 1 (1): 93 – 120.

[200] Gancia G. Globalization, Divergence and stagnation [R]. University of Pompeu Fabra Working Paper, 2003.

[201] Gorg H, Greenaway D. Much ado about nothing? Do domestic firms really benefit from foreign direct investment? [J]. World Bank Research Observer, 2004, 19 (2): 171 – 197.

[202] Goulder L H, Schneider S H. Induced technological change and the attractiveness of CO_2 abatement policies [J]. Resource and Energy Economics, 1999, 21 (3 – 4): 211 – 253.

[203] Greening L A, Greene D L, Difigli C. Energy efficiency and consumption—the rebound effect—a survey [J]. Energy Policy, 2000, 28 (6 – 7): 389 – 401.

[204] Grossman G M, Krueger A B. Economic growth and the environment

[J]. Quarterly Journal of Economics, 1995, 110 (2): 357 – 377.

[205] Grossman G M, Helpman E. Quality ladders and product cycles [J]. The Quarterly Journal of Economics, 1991a, 106 (2): 557 – 586.

[206] Grossman G M, Helpman E. Quality ladders in the theory of growth [J]. The Review of Economic Studies, 1991b, 58 (1): 43 – 61.

[207] Gupta A K, Govindarajan V. Knowledge flows within multinational corporations [J]. Strategic Management Journal, 2000, 21 (4): 473 – 496.

[208] Ha J, Yong J K, Lee J W. Optimal structure of technology adoption and creation: Basic versus development research in relation to the distance from the technological frontier [J]. Asian Economic Journal, 2009, 23 (3): 373 – 395.

[209] Habakkuk H J. American and British technology in the nineteenth century [D]. London: Cambridge University Press, 1962.

[210] Hanlon W W. Necessity is the mother of invention: input supplies and directed technical change [J]. Econometrica, 2015, 83 (1): 67 – 100.

[211] Haskel J E, Slaughter M J. Does the sector bias of skill-biased technical change explain changing skill premia? [J]. European Economic Review, 2002, 46 (10): 1757 – 1783.

[212] Hémous D. Environmental policy and directed technical change in a global economy: is there a case for carbon tariffs? [R]. Harvard University, 2012.

[213] Hicks J R. The theory of wages [M]. London: Macmillan, 1932.

[214] Howitt P. Endogenous growth and cross-country income differences [J]. American Economic Review, 2000, 90 (4): 829 – 846.

[215] Jefferson G H, Rawski T G, Zheng Y. Chinese industrial productivity: Trends, mesurement issues, and recent developments [J]. Journal of Comparative Economics, 1996, 23 (2): 146 – 180.

[216] Jensen R, Thursby M. A decision theoretic model of innovation, technol-

ogy transfer, and trade [J]. The Review of Economic Studies, 1987, 54 (4): 631 – 647.

[217] Jensen R, Thursby M. A strategic approach to the product life cycle [J]. Journal of International Economics, 1986, 21 (3 – 4): 269 – 284.

[218] Jones C I. R&D-based models of economic growth [J]. Journal of Political Economy, 1995, 103 (4): 759 – 784.

[219] Thursby M, Jensen R, Thursby J. Smuggling, camouflaging, and market structure [J]. The Quarterly Journal of Economics, 1991, 106 (3): 789 – 814.

[220] Karanfil F, Yeddir-Tamsamani Y. Is technological change biased toward energy? A multi-sectoral analysis for the French economy [J]. Energy Policy, 2010, 38 (4): 1842 – 1850.

[221] Keller W. Do trade patterns and technology flows affect productivity growth [J]. The World Bank Economic Reviw, 2000, 14 (1): 17 – 47.

[222] Keller W. International technology diffusion [J]. Journal of Economic Literature, 2004, 40 (3): 752 – 782.

[223] Keller W, Yeaple S R. Multinational enterprises, international trade, and productivity growth: Firm-level evidence from the United States [J]. The Review of Economics and Statistics, 2009, 91 (4): 821 – 831.

[224] Kennedy C. Induced bias in innovation and the theory of distribution [J]. The Economic Journal, 1964, 74 (295): 541 – 547.

[225] Kiley M T. The supply of skilled labour and skil - biased technological progress [J]. The Economic Journal, 1999, 109 (458): 708 – 724.

[226] Khazzoom J D. Energy saving resulting from the adoption of more efficient appliances [J]. The Energy Journal, 1987, 8 (4): 85 – 89.

[227] Klump R, Mcadam P, Willman A. Factor substitution and factor-augmenting technical progress in the United States: A normalized supply-side system ap-

proach [J]. Review of Economics and Statics, 2007, 89 (1): 183 – 192.

[228] Klump R, Mcadam P, Willman A. Unwrapping some Euro area growth puzzles: Factor substitution productivity and unemployment [J]. Journal of Macroeconomics, 2008, 30 (2): 645 – 666.

[229] Kokko A. Foreign direct investment, host country characteristics and spillovers [M]. Economic Research Institute, Stockholm School of Economics (EFI), 1992.

[230] König M D, Lorenz J, Zilibotti F. Innovation vs. imitation and the evolution of productivity distributions [J]. Theoretical Economics, 2016, 11 (3): 1053 – 1102.

[231] Krugman P. A model of innovation, technology transfer, and the world distribution of income [J]. Journal of Political Economy, 1979, 87 (2): 253 – 266.

[232] Krusell P. Investment-specific R&D and the decline in the relative price of capital [J]. Journal of Economic Growth, 1998, 3 (2): 131 – 141.

[233] Krusell P, Ohanian L E, Ros-Rull J V, Violante G L. Capital-skill complementarity and inequality: A macroeconomic analysis [J]. Econometrica, 2000, 68 (5): 1029 – 1053.

[234] Kurt H, Raphael K. The global restructuring of technology, labor, and investment in the automobile and components industry [M]. Boulder, Colo: Westview Press, 1988.

[235] Lentz R, Mortensen D T. An empirical model of growth through product innovation [J]. Econometrica, 2008, 76 (6): 1317 – 1373.

[236] Los B, Timmer M P. The "appropriate technology" explanation of productivity growth differentials: An empirical approach [J]. Journal of Development Economics, 2005, 77 (2): 517 – 531.

[237] Lucas R E. On the mechanics of economic development [J]. Journal of Monetary Economics, 1988, 22 (1): 3 –42.

[238] Ma C, Stern D I. China's changing energy intensity trend: A decomposition analysis [J]. Energy Economics, 2008, 30 (3): 1037 –1053.

[239] Mahmood I P, Rufin C. Government's dilemma: The role of government in imitation and innovation [J]. Academy of Management Review, 2005, 30 (2): 338 –360.

[240] Markusen J R, Venables A J. Foreign direct investment as a catalyst for industrial development [J]. European Economic Review, 1999, 43 (2): 335 –256.

[241] Meng F Y, Zhou P, Zhou D Q. Inefficiency and congestion assessment of mix energy consumption in 16 APEC countries by using DEA window analysis [J]. Energy Procedia, 2014, 61: 2518 –2523.

[242] Morris M, Western B. Inequality in Earnings at the Close of the Twentieth Century [J]. Annual Review of Sociology, 1999, 25 (1): 623 –657.

[243] Mukouama T. Innovation, imitation, and growth with cumulative technology [J]. Journal of Monetary Economics, 2003, 50 (2): 361 –380.

[244] Nancy L S. Technology, skill and the wage structure [R]. NBER Working Papers, 2016.

[245] Nancy L S. The race between technology and human capital [C]. Society for Economic Dynamics, 2014 Meeting Papers, 2014: 1 –19.

[246] Naotaka S. Technology gap matters on spillover [J]. Review of Development Economics, 2010, 14 (1): 103 –120.

[247] Nelson R R, Phelps E S. Investment in humans, technological diffusion, and economic growth [J]. The American Economic Review, 1966, 56 (1/2): 69 –75.

[248] Okawa Y. Innovation, imitation, and intellectual property rights with international capital movement [J]. Review of International Economics, 2010, 18 (5): 835 – 848.

[249] Otto V M, Loschel A, Dellink R. Energy biased technical change: A CGE analyses [J]. Resource and Energy Economics, 2007, 29 (2): 137 – 158.

[250] Polgreen L, Silos P. Capital – skill complementarity and inequality: a sensitivity analysis [J]. Review of Economic Dynamics, 2008, 11 (2): 302 – 313.

[251] Popp D. Induced innovation and energy prices [J]. American Economic Review, 2002, 92 (1): 160 – 180.

[252] Popp D. International innovation and diffusion of air pollution control technologies: the effects of NO_X and SO_2 regulation in the US, Japan, and Germany [J]. Journal of Environmental Economics and Management, 2006, 51 (1): 46 – 71.

[253] Popp D, Newell R G, Jaffe A B. Energy, the environment, and technological change [J]. Handbook of the Economics of Innovation, 2010, 2: 873 – 937.

[254] Pprter M E, Van Der Linde C. Toward a new conception of the environment-competitiveness relationship [J]. Journal of Economic Perspectives, 1995 (9): 97 – 118.

[255] Romer P M. Endogenous technological change [J]. Journal of Political Economy, 1990, 98 (5): 71 – S102.

[256] Romer P M. Increasing returns and long-run growth [J]. Journal of Political Economy, 1986, 94 (5): 1002 – 1037.

[257] Saidi K, Hammami S. Economic growth, energy consumption and carbon dioxide emissions: Recent evidence from panel data analysis for 58 countries [J]. Quality & Quantity, 2016, 50 (1): 361 – 383.

[258] Sanstad A H, Roy J, Sathaye J A. Estimating energy-augmenting technological change in developing country industries [J]. Energy Economics, 2006, 28

（5）：720 – 729.

［259］ Sato R, Morita T. Quantity or quality: The impact of labor-saving inno-vation on US and Japanese growth rates, 1960 – 2004 ［J］. Japanese Economic Re-view, 2009, 60 （4）: 407 – 434.

［260］ Salter W. Productivity and technical change ［D］. Cambridge: Cam-bridge University Press, 1960.

［261］ Sawada N. Technology gap matters on spillover ［J］. Review of Develop-ment Economics, 2010, 14 （1）: 103 – 120.

［262］ Schneider F. Shadow economies: Size, cause, and consequences ［J］. Journal of Economic Literature, 2005, 38: 77 – 114.

［263］ Schumpeter J. Creative destruction ［J］. Capitalism, Socialism and De-mocracy, 1942, 825: 82 – 85.

［264］ Segerstrom P S, Anant T C A, Dinopoulos E. A Schumpeterian model of the product life cycle ［J］. The American Economic Review, 1990, 80 （5）: 1077 – 1091.

［265］ Solow R M. A contribution to the theory of economic growth ［J］. The Quarterly Journal of Economics, 1956, 70 （1）: 65 – 94.

［266］ Thoenig M, Thierry V. Trade-induced technical bias and wage inequali-ties: A theory of defensive innovations ［J］. American Economic Review, 2003 （93）: 709 – 728.

［267］ Vandenbussche J, Aghion P, Meghir C. Growth distance to frontier and composition of human capital ［J］. Journal of Economic Growth, 2006, 11 （2）: 97 – 127.

［268］ Vernon R. International investment and international trade in the product cycle ［J］, Quarterly Journal of Economics, 1966, 80 （2）: 190 – 220.

［269］ Violante G L. Skill-biased technical change ［J］. The New Palgrave Dictionary of Economics, 2008, 2: 1 – 6.

[270] Welsch H, Ochsen C. The determinants of aggregate energy use in west Germany: Factor substitution, technological change, and trade [J]. Energy Economics, 2005, 27 (1): 93 – 111.

[271] Wing S. Representing induced technological change in models for climate policy analysis [J]. Energy Policy, 2006, 28: 539 – 562.

[272] Wood A. How trade hurt unskilled workers [J]. Journal of Economic Perspectives, 1995, 9 (3): 57 – 80.

[273] Wu X, Ma R, Shi Y. How do latecomer firms capture value from disruptive technologies? A secondary business-model innovation perspective [J]. IEEE Transactions on Engineering Management, 2010, 57 (1): 51 – 62.

[274] Xu B. Factor bias, sector bias, and the effects of technical progress on relative factor prices [J]. Journal of International Economics, 2001, 54 (1): 5 – 25.